新世纪高职高专酒店管理专业系列规划教材
教育部高等学校高职高专旅游管理类专业教指委第一届

饭店人力资源管理

（第三版）

新世纪高职高专教材编审委员会 组编

主　编　张　波
副主编　王　进　洪　艳
　　　　武德力　郭秀峰

大连理工大学出版社

图书在版编目(CIP)数据

饭店人力资源管理 / 张波主编. -- 3版. -- 大连：大连理工大学出版社，2021.9
新世纪高职高专酒店管理专业系列规划教材
ISBN 978-7-5685-2804-7

Ⅰ.①饭… Ⅱ.①张… Ⅲ.①饭店－人力资源管理－高等职业教育－教材 Ⅳ.①F719.2

中国版本图书馆 CIP 数据核字(2020)第 243121 号

大连理工大学出版社出版

地址：大连市软件园路80号 邮政编码：116023
发行：0411-84708842 邮购：0411-84708943 传真：0411-84701466
E-mail:dutp@dutp.cn URL:http://dutp.dlut.edu.cn
大连图腾彩色印刷有限公司印刷 大连理工大学出版社发行

幅面尺寸：178mm×254mm 印张：15.25 字数：349千字
2009年10月第1版 2021年9月第3版
2021年9月第1次印刷

责任编辑：程砚芳 责任校对：刘俊如
封面设计：对岸书影

ISBN 978-7-5685-2804-7 定 价：40.80元

本书如有印装质量问题，请与我社发行部联系更换。

前 言

《饭店人力资源管理》(第三版)是新世纪高职高专教材编审委员会组编的酒店管理专业系列规划教材之一。

近年来,随着饭店业市场竞争的日益加剧,人力资源管理在现代饭店管理中的地位与作用也越显重要,常常能关系一个饭店的生存与发展,人力资源管理已成为饭店企业核心竞争力的关键。饭店人力资源管理就是通过对饭店员工科学、合理的选用,最大限度地发挥其工作潜能,充分调动他们的积极性、主动性和创造性,并最终实现饭店的服务目标。

为了更好地适应当前饭店业人力资源管理高技能专业人才需要,编者在对上版教材使用中存在的优势与劣势进行总结的基础上,对本课程的教学内容进行了全新的整合与提升。本教材从饭店企业的实际出发,注重理论与实践相结合,涵盖了饭店人力资源管理全过程的各项工作,展现了现代企业人力资源管理在饭店中的具体运用。

第三版教材主要针对以下两方面进行了提升:

1. 在内容选取上进一步完善,增减了部分章节内容,力求体现实用性和先进性,做到简洁、严密、深入浅出,突出可操作性和技能性。

2. 在结构与表现形式上,对传统教材进行了突破,每章开篇增加了引导案例,每章结尾增加了综合案例,中间增加了与相关理论关联的资料链接或经典小案例,以使理论与实际的联系更加紧密。

本教材主要作为高职高专院校旅游管理和酒店管理专业学生教材,也可作为星级饭店人力资源管理人员学习与培训的资料或教材。

本教材由淄博职业学院张波任主编,由黄河水利职业技术学院王进、淄博职业学院洪艳、浙江东方职业学院武德力、晋城职业技术学院郭秀峰任副主编。具体编写分工如下:第一章、第三章由张波编写,第二章、第五章由洪艳编

写，第四章由郭秀峰编写，第六章、第七章、第八章由王进编写，第九章由武德力编写，第十章由张波、郭秀峰编写。本教材由张波完成修改大纲与定稿工作。

  本教材在编写过程中，得到了北京中苑宾馆人力资源部李朝辉经理、淄博世纪大酒店人力资源部吕爱华经理等许多饭店业界专家的支持与帮助。

  在编写本教材的过程中，编者参考、引用和改编了国内外出版物中的相关资料以及网络资源，在此表示深深的谢意！相关著作权人看到本教材后，请与出版社联系，出版社将按照相关法律的规定支付稿酬。

  由于水平有限，在编写中难免存在诸多的缺陷与不足，敬请各位专家、同仁与读者批评指正，以待完善。

编 者
2021 年 9 月

所有意见和建议请发往：dutpgz@163.com
欢迎访问职教数字化服务平台：http：//sve.dutpbook.com
联系电话：0411-84707492　84706104

目 录

第一章　饭店人力资源管理概述 ⋯⋯⋯⋯⋯⋯⋯⋯⋯⋯⋯⋯⋯⋯⋯⋯⋯ 1
 第一节　人力资源与人力资源管理 ⋯⋯⋯⋯⋯⋯⋯⋯⋯⋯⋯⋯⋯⋯ 2
 第二节　饭店人力资源管理 ⋯⋯⋯⋯⋯⋯⋯⋯⋯⋯⋯⋯⋯⋯⋯⋯⋯ 11
 本章小结 ⋯⋯⋯⋯⋯⋯⋯⋯⋯⋯⋯⋯⋯⋯⋯⋯⋯⋯⋯⋯⋯⋯⋯⋯ 21
 综合案例 ⋯⋯⋯⋯⋯⋯⋯⋯⋯⋯⋯⋯⋯⋯⋯⋯⋯⋯⋯⋯⋯⋯⋯⋯ 21
 实训练习题 ⋯⋯⋯⋯⋯⋯⋯⋯⋯⋯⋯⋯⋯⋯⋯⋯⋯⋯⋯⋯⋯⋯⋯ 22
 复习思考题 ⋯⋯⋯⋯⋯⋯⋯⋯⋯⋯⋯⋯⋯⋯⋯⋯⋯⋯⋯⋯⋯⋯⋯ 22

第二章　饭店人力资源规划与发展战略 ⋯⋯⋯⋯⋯⋯⋯⋯⋯⋯⋯⋯⋯ 23
 第一节　饭店人力资源规划概述 ⋯⋯⋯⋯⋯⋯⋯⋯⋯⋯⋯⋯⋯⋯⋯ 24
 第二节　饭店人力资源规划的程序与影响因素 ⋯⋯⋯⋯⋯⋯⋯⋯⋯ 28
 第三节　饭店人力资源规划预测 ⋯⋯⋯⋯⋯⋯⋯⋯⋯⋯⋯⋯⋯⋯⋯ 32
 第四节　饭店人力资源发展战略 ⋯⋯⋯⋯⋯⋯⋯⋯⋯⋯⋯⋯⋯⋯⋯ 40
 本章小结 ⋯⋯⋯⋯⋯⋯⋯⋯⋯⋯⋯⋯⋯⋯⋯⋯⋯⋯⋯⋯⋯⋯⋯⋯ 44
 综合案例 ⋯⋯⋯⋯⋯⋯⋯⋯⋯⋯⋯⋯⋯⋯⋯⋯⋯⋯⋯⋯⋯⋯⋯⋯ 44
 实训练习题 ⋯⋯⋯⋯⋯⋯⋯⋯⋯⋯⋯⋯⋯⋯⋯⋯⋯⋯⋯⋯⋯⋯⋯ 45
 复习思考题 ⋯⋯⋯⋯⋯⋯⋯⋯⋯⋯⋯⋯⋯⋯⋯⋯⋯⋯⋯⋯⋯⋯⋯ 46

第三章　饭店工作分析与设计 ⋯⋯⋯⋯⋯⋯⋯⋯⋯⋯⋯⋯⋯⋯⋯⋯⋯ 47
 第一节　饭店工作分析概述 ⋯⋯⋯⋯⋯⋯⋯⋯⋯⋯⋯⋯⋯⋯⋯⋯⋯ 48
 第二节　饭店工作分析方法 ⋯⋯⋯⋯⋯⋯⋯⋯⋯⋯⋯⋯⋯⋯⋯⋯⋯ 55
 第三节　饭店工作分析的程序 ⋯⋯⋯⋯⋯⋯⋯⋯⋯⋯⋯⋯⋯⋯⋯⋯ 61
 第四节　饭店工作设计 ⋯⋯⋯⋯⋯⋯⋯⋯⋯⋯⋯⋯⋯⋯⋯⋯⋯⋯⋯ 66

本章小结……………………………………………………………………… 71
　　综合案例……………………………………………………………………… 71
　　实训练习题…………………………………………………………………… 72
　　复习思考题…………………………………………………………………… 72

第四章　饭店员工招聘与选用 …………………………………………… 73
　　第一节　饭店员工招聘 …………………………………………………… 74
　　第二节　饭店员工选用 …………………………………………………… 85
　　第三节　饭店员工录用 …………………………………………………… 93
　　本章小结……………………………………………………………………… 94
　　综合案例……………………………………………………………………… 94
　　实训练习题…………………………………………………………………… 95
　　复习思考题…………………………………………………………………… 95

第五章　饭店员工培训 ……………………………………………………… 96
　　第一节　饭店员工培训概述 ……………………………………………… 97
　　第二节　饭店员工培训的内容与方法 …………………………………… 103
　　第三节　饭店员工培训体系 ……………………………………………… 107
　　本章小结……………………………………………………………………… 121
　　综合案例……………………………………………………………………… 121
　　实训练习题…………………………………………………………………… 122
　　复习思考题…………………………………………………………………… 122

第六章　饭店员工职业生涯设计 ………………………………………… 123
　　第一节　员工职业生涯概述 ……………………………………………… 124
　　第二节　饭店员工职业生涯设计与管理 ………………………………… 129
　　本章小结……………………………………………………………………… 136
　　综合案例……………………………………………………………………… 137
　　实训练习题…………………………………………………………………… 137
　　复习思考题…………………………………………………………………… 138

第七章 饭店员工激励 ··· 139
第一节 激励理论 ··· 140
第二节 饭店主要激励制度与方法 ··· 148
本章小结 ··· 156
综合案例 ··· 157
实训练习题 ··· 157
复习思考题 ··· 158

第八章 饭店绩效考核与管理 ··· 159
第一节 绩效考核与管理概述 ··· 161
第二节 绩效考核的原则与内容 ··· 164
第三节 绩效考核的方法与步骤 ··· 169
第四节 绩效考核的反馈与处理 ··· 178
本章小结 ··· 186
综合案例 ··· 186
实训练习题 ··· 188
复习思考题 ··· 188

第九章 饭店薪酬管理 ··· 189
第一节 饭店薪酬管理概述 ··· 192
第二节 饭店薪酬设计的一般步骤 ··· 200
第三节 工资和奖金 ··· 207
本章小结 ··· 212
综合案例 ··· 212
实训练习题 ··· 214
复习思考题 ··· 214

第十章　饭店劳动关系管理……………………………………………… 215
第一节　劳动关系 ……………………………………………… 216
第二节　劳动合同 ……………………………………………… 218
第三节　劳动争议的处理 ……………………………………… 229
本章小结 ………………………………………………………… 232
综合案例 ………………………………………………………… 232
实训练习题 ……………………………………………………… 233
复习思考题 ……………………………………………………… 233

参考文献 ……………………………………………………………… 234

第一章 饭店人力资源管理概述

学习目标

◆ 具有宏观把握饭店人力资源管理特点、熟悉行业环境的能力

◆ 具有正确分析饭店人力资源管理的发展动态和发展趋势的能力

知识目标

熟悉人力资源管理的内容

掌握现代人力资源管理与传统人事管理的区别

掌握现代饭店人力资源管理的内涵及特点

> **课程导入**

马里奥特酒店成功的关键

马里奥特国际酒店集团(以下简称马里奥特酒店)作为世界酒店业的领导者,在全球拥有和管理着2600多家酒店,雇用了将近13万名员工,被美国《财富》杂志评为"最值得敬佩的酒店"之一和"最佳工作地点"之一。

马里奥特酒店人力资源管理的精髓具体体现在以下几个方面:

1. 关心员工。关心员工就像关心自己,为他们铺平成功的道路,使他们自信并懂得自重,使员工喜欢本职工作并对其产生兴趣。

2. 与员工沟通。马里奥特酒店认为倾听员工的心声,征询他们的意见,发现他们的问题,询问他们的家庭生活,了解他们的人生理想、目标和工作动机,都是非常重要的。

3. 满足员工需求。员工忠诚度是非常重要的。经理们对待员工要像对待自己一样。员工忠诚、自豪感、团队精神及士气的培养和提高皆始于员工的需求,如干净的制服和合适的工具。马里奥特酒店说得好,"照顾好你的员工,他们将照顾好你的客人。"

4. 发展和赏识员工。如果不雇用合适的人,你将不会从他们那里得到任何东西。合适的人就是指友善、勤奋的人,真诚希望帮助别人的人。因为我们的事业需要更高水平的接待和服务,具备以上品质的人们将更容易管理,他们的反应更敏捷,其学习更迅速,能前进得更远。

马里奥特酒店的管理者们一致奉行:"好的员工将成为能干的经理。酒店要寻找、雇用和培训好的员工,并且像对待家人一样对待他们。"

请思考:结合马里奥特酒店人力资源管理的精髓,思考当前酒店业人力资源发展呈现出怎样的趋势和特征?

第一节 人力资源与人力资源管理

一、人力资源

(一)现代人力资源概念的产生

在经济领域,资源泛指投入到生产活动中去创造财富的各种生产条件。这些生产条件一般可以分为四大类:人力资源、自然资源、资本资源和信息资源。其中,人力资源是最活跃的能动资源。"人力资源"(Human Resource)这一概念曾经先后于1919年和1921年在约翰·R.康芒斯的两本著作《产业信誉》和《产业政府》中使用过,康芒斯也被认为是第一个使用"人力资源"一词的人。但当时他所指的"人力资源"和现在我们所理解的"人力资源"在含义上相差甚远,只不过使用了相同的词语而已。

我们目前所理解的"人力资源"概念,是由管理大师彼得·德鲁克于1954年在其名著《管理实践》中首先正式提出并加以明确界定的。德鲁克之所以提出这一概念,是想表达传统人事所不能表达的意思。他认为,与其他资源相比,人力资源是一种特殊的资源,必须通过有效的激励机制才能开发利用,并为企业带来可观的经济价值。

在我国,最早使用"人力资源"概念的文献是毛泽东于1956年为《中国农村的社会主义高潮》所写的按语。在按语中他写道:"中国的妇女是一种伟大的人力资源,必须发掘这种资源,为了建设一个伟大的社会主义国家而奋斗。"

20世纪60年代,随着西奥多·W·舒尔茨提出人力资本理论,人力资源的概念更加深入人心,人们对人力资源的研究也越来越多。到目前为止,对于人力资源的含义,学者们给出了多种不同的解释。

根据研究的角度不同,可以将这些定义分为以下两大类:

第一类主要是从能力的角度来解释人力资源的含义,持这种观点的人占了较大的比例,例如:

(1)所谓人力资源,是指能够推动整个经济和社会发展的劳动者的能力,即处在劳动年龄的已直接投入建设和尚未投入建设的人口的能力。

(2)人力资源是人类可用于生产产品或提供各种服务的能力、技能和知识。

(3)所谓人力资源,是指包含在人体内的一种生产能力,它是表现在劳动者身上、以劳动者的数量和质量表示的资源,对经济起着生产性的作用,并且是企业经营中最活跃、最积极的生产要素。

(4)人力资源是指社会组织内部全部劳动人口中蕴含的劳动能力的总和。

(5)所谓人力资源,是指劳动过程中可以直接投入的体力、智力、心力的总和及其形成的基础素质,包括知识、技能、经验、品性与态度等身心素质。

(6)人力资源是指企业员工天生拥有并自主支配使用的协调力、融合力、判断力和想象力。

第二类主要是从人的角度来解释人力资源的含义,例如:

(1)人力资源是指一定社会区域内所有具有劳动能力的适龄劳动人口和超过劳动年龄的人口的总和。

(2)人力资源是企业内部成员及外部的顾客等人员,即可以为企业提供直接或潜在服务及有利于企业实现预期经营效益的人员的总和。

(3)人力资源是指能够推动社会和经济发展的具有智力和体力劳动能力的人的总称。

我们认为,从能力的角度来理解人力资源的含义更接近它的本质。前面已经指出,资源是指财富形成的来源,而人对财富形成能起贡献作用的不是别的方面,是人所具有的知识、经验、技能、体能等能力,从这个意义上,人力资源的本质就是能力,人只不过是一个载体而已。

因此,所谓人力资源,就是指人所具有的对价值创造起贡献作用并能够被组织利用的脑力和体力的总和。它主要包括以下几个要点:

(1)人力资源的本质是人所具有的脑力和体力的总和,可以统称为劳动能力。

(2)这一能力要能对财富的创造起贡献作用,成为财富形成的来源。

(3)这一能力还要能够被组织所利用,这里的"组织"既可以大到一个国家或地区,也

可以小到一个企业或单位。

没有人力资源，一切经济活动都无法进行。但是，存在着"人力"这种资源的情况下，它是否被配置、被运用了？是否配置在合适的岗位上？其自身是否有充足的动力？其工作能力是否能够得到较充分的发挥？显然，不同的人力资源状态、不同的人力资源配置和使用状态，会产生不同的结果，造成不同的产出，取得不同的效益。应当指出，人力资源是具有思想性、能动性特征的资源，要取得人力资源的最大产出与最大效益，必须在宏观、微观、经济、社会多方面作出努力。

（二）人力资源的特征

人力资源的实体是人，或者说是负载于"人"这种有思想、有价值判断的社会动物身上的。作为社会经济资源中的一个特殊种类，人力资源主要具有以下特征：

1. 生物性

人力资源存在于人体之中，是一种"活"的资源，它与人的自然生理特征相联系，具有生物性。这是人力资源最基本的特点。人力资源的生产，基于人口再生产这种生命过程，其接受教育也需要一定的"智力"作为自然前提；人力资源的使用，更受到人的自然生命特征的限制，如工作疲劳、职业安全卫生、工作时间等。

从经济运行的角度看，人力资源的生物性还体现为人力资源的再生性，这是通过人口总体内各个个体的不断替换更新和"劳动力耗费→劳动力生产→劳动力再次耗费→劳动力再次生产"的过程得以实现的。

2. 能动性

能动性是人力资源区别于自然资源的一个最重要特征。从哲学角度来看，人力资源和自然资源是主体和客体的关系。前者是能动的主体，后者是被动的客体，主体作用于客体。人力资源开发利用的活动，赋予自然资源实际的社会价值，而人力资源自身的价值在相当程度上又取决于劳动者主体的主观能动性。也就是说，一切自然资源都是被开发的客体和对象，而人力资源不仅是被开发的客体和对象，而且还是自我开发的主体和动力。

人力资源的能动性表现在三个方面：第一，自我强化。人口的生产，教育的发展，使得人力资源得以形成和强化，这是通过人们自身有目的的活动实现的。此外，人们努力学习、锻炼身体，通过自身的积极行为使自己获得更高的劳动能力，这也是自我强化的内容。第二，选择职业。这是人力资源主动地与物质资源结合的过程。第三，积极劳动或劳动积极性的发挥。这是人力资源能动性的最重要的方面。劳动积极性的发挥，对于人力资源潜力的发挥，具有决定性的影响。

3. 智能性

人力资源包含智力的内容，即具有智能性，这使得它具有强大的功能。人类创造了工具、机器，把物质资料改造成为自己的手段，即通过自己的智力使自身人体器官得到延长和放大，从而增强了自身能力，制造了丰富的生产资料和生活资料；尤其是新科技革命的兴起、高科技的迅猛发展、人的思维不断扩大以及知识和智力的急速发展，使人们认识到，世界上的许多事情都是可能做到的。人力资源的这种智能性表明，人力资源具有巨大潜力，应花大力气予以挖掘，使之变成财富。

人类的智力具有继承性，这使得人力资源所具有的劳动能力随着时间的推移，得以积累、延续，从而进一步增强。

4. 个体差异性

个体差异性，即不同的人力资源个体在个人的知识技能条件、劳动参与率倾向、劳动供给方向、工作动力、工作行为特征等方面均有一定的差异。人的个体差异性，也使得社会人力资源需求岗位对其的选择产生一定的差异。

市场配置人力资源，可以在微观层次上通过个人与用人单位的相互选择，承认和完成有差异的配置，从而有效地达到人力资源的优化配置，达到人力资源与物质资源、资本资源的合理配置，最终取得较好的经济效益和社会效益。

5. 时效性

人力资源具有时效性，它的形成、生产、开发、使用都具有时间限制。从个体的角度看，人作为生物有机体有其生命周期；人作为人力资源，能从事劳动的自然时间就被限定在人生命周期的其中一段，人力使用的有效期为16～60岁。此外，人们在能够从事劳动的青年、壮年、老年等不同时期，表现出来的劳动能力也有所不同。在人力资源形成之后，如果在一定时间内不及时地开发和利用，它的效用就会降低甚至消失。可见，必须适时地开发和利用人力资源，而不能闲置或储备。从社会的角度看，在各个年龄段人口的数量以及他们之间的联系方面，特别是"劳动人口与被抚养人口"的比例方面，也存在着时效性的问题。由此，就需要考虑动态条件下社会人力资源总体在形成、开发、分配、使用等各项运动环节的相对平稳性以及合理的超前性。

(三) 人力资源的数量与质量

人力资源包含数量和质量两个方面的内容，具有质的规定性和量的规定性。人力资源总量表现为人力资源数量与人力资源质量的乘积，即

$$人力资源总量 = 人力资源数量 \times 人力资源质量$$

1. 人力资源数量

(1) 人力资源的绝对量与相对量

人力资源数量是构成人力资源总量的基础性指标，它反映了人力资源的量的特征。人力资源的数量又分为绝对量和相对量两个指标。

一个国家或地区的人力资源绝对量，可以用该国家或地区中具有劳动能力、从事社会劳动的人口总数来反映，即现实人力资源总数。通常认为，人力资源绝对量是反映一个国家或地区经济实力的重要指标。人力资源越丰富，社会生产中投入的活劳动越多，创造的价值也就越多。不过，人力资源必须和生产资料及其他生产要素在量上保持平衡，一旦人力资源数量超过社会实际可能提供的生产资料和其他生产要素的数量，就会出现人力资源过剩和浪费，成为经济和社会发展的负担。

人力资源相对量则是指现实人力资源总量占人口总量的比重，即人力资源率，用公式表示为

$$人力资源率 = 人力资源总量 / 人口总量 \times 100\%$$

人力资源相对量被认为是反映经济实力的更重要的指标。一个国家或地区的人力资源率高，表明该国家或地区的经济有某种优势。在劳动生产率和就业状况既定的条件

下，人力资源率越高，表明可投入生产过程中的活劳动数量越多，从而创造的国民收入也就越多。

(2) 影响人力资源数量的因素

① 人口总量及其变动

从直接意义上讲，人口的状况决定着人力资源的总数量。人力资源数量及其变动，首先取决于国家人口总量及其变动。在人口年龄构成一定的情况下，人力资源数量与人口总量成正比。人口总量越大，人力资源数量越多；反之，则越少。从动态看，人口数量由于人的出生和死亡而时刻处于变化之中，人口总量所制约的人力资源数量也会相应地发生变化。在人口年龄构成不变的情况下，人口总量的变化，必然会造成人力资源数量的变化。如果考察的是一个封闭人口环境，那么人口的自然增长率实际上也决定了人力资源数量的增长率。不过，两者在时间上相隔一个劳动力的成长周期。

② 人口的年龄构成

人口的年龄构成是影响人力资源数量的一个重要因素。也就是说，人口的年龄结构类型是属于年轻型、成年型还是老年型，对人力资源数量有重要影响。在人口总量一定的条件下，人口的年龄构成直接决定了人力资源的数量，即

人力资源数量＝人口总量×劳动年龄人口比例

由于人力资源主要集中在总人口中劳动年龄区域内，故年轻型或老年型的人口结构，会减少潜在的人力资源数量。

③ 劳动力参与率

劳动力参与率是决定人力资源数量的又一重要因素。在一定条件下，现实的人力资源数量直接取决于劳动力参与率。劳动力参与率是指一个国家或地区在一定时期内，实际参加社会劳动的人口和正在谋取职业的失业人口之和占总的人力资源数量的比率，也就是现实的人力资源在潜在的人力资源中所占的比重。用公式表示为

劳动力参与率＝(就业人口＋正在谋业人口)/具有劳动力的劳动人口×100%

＝现实的人力资源/潜在的人力资源×100%

劳动力参与率越高，人力资源利用的可能性就越高；反之，则越低。劳动力参与率的高低，受多种因素影响。不同的国家、不同的时期，影响因素也有所不同。主要因素是：劳动年龄的界限、教育普及程度、社会保险状况、宗教及社会风俗、劳动制度及工资制度、经济结构类型及其发展水平、卫生保健事业状况、经济生活状况，等等。

此外，人口的性别构成、人口迁移、人口质量和政治、经济、教育等社会条件对人力资源的数量也有一定程度的影响。

2. 人力资源质量

人力资源的质量是构成人力资源总量的另一个重要指标，它反映了人力资源的质的特征。人力资源的质量，是指一个国家或地区劳动者的总体素质和相应的劳动能力水平。劳动者的素质由身体素质、心理素质、文化技术素质和思想道德素质共同构成。劳动能力以这四种素质的耦合为基础，在社会生产实践中形成工作技能。人力资源的质量随着生产力发展、劳动方式变革和人类自身进化而不断得到提高。

(1) 身体素质

劳动者的身体素质是指劳动者的健康状况、体力状况、生命力和寿命，它是人力资源质量的生理基础。所谓健康状况，就是人的身体生理机能的运转能力。疾病和发病率是衡量人体健康状况的两个重要指标。体力状况，是指存在于人的肌肉和有关组织中的人体活动能力。体力的获得，一是依赖于人体所吸收的各种营养；二是依赖于长期的劳动和体育锻炼。力量、速度、耐力、柔韧度和灵敏度是构成体力的五大要素。生命力，简单地说就是生命的能力，或者叫作生存的能力。寿命，是生命力的生存年限。

(2) 心理素质

劳动者的心理素质是指劳动者心理特征的总体状况，是人力资源质量的心理基础，它包括劳动者的心理功能素质和人格素质。

心理功能素质由注意、言语、智能三要素构成。人格素质是指人的个体活动的倾向性和通常活动方式的心理特征，由气质、需要、动机、兴趣、情绪与情感、态度、习惯、意志等要素构成。心理功能素质与人格素质相互影响，相互制约。心理功能素质影响人格素质的完善，人格素质制约心理功能素质的发挥，二者的相互作用使劳动者具有不同的行为方式和行为能力。劳动者的心理素质是由先天遗传和后天的社会经历所共同决定的。

(3) 文化技术素质

劳动者的文化技术素质是指劳动者群体的文化知识、科学技术水平、生产经验和劳动技能等。它是人类在认识、改造自然和社会过程中长期积累的知识结晶，是人力资源质量的核心部分。

文化技术素质包括一般文化素质和科学技术素质。一般文化素质是智力正常者都具备的常识性、基础性、初级性的知识，是对社会生产和生活的一般性了解，各种生活经验和生活技能属于一般文化素质范围。科学技术素质是劳动者所掌握的自然科学、社会科学、生产技术等方面系统性、专业性的理论和应用技能。

劳动者文化技术素质的形成，一是通过接受各种形式的教育，包括在家庭教育、学校教育、职业教育和业余教育中获得系统的科学文化知识；二是在各种具体的体力和智力的劳动过程中积累的各种实际经验和劳动技巧。

(4) 思想道德素质

劳动者的思想道德素质是指劳动者的思想意识状况，主要由观念体系和观念更新机制构成，它是衡量人力资源质量的重要标准之一。

观念体系是劳动者世界观、人生观、伦理观、宗教观、法制观、道德品质和传统习惯的总和，是劳动者对人生、自我的根本看法及其个体行为的规范准则。它决定了劳动者对社会的态度和行为，决定着其生产的主动性、积极性和创造性。观念体系是一个有序的、动态的、相对稳定的系统，它必须不断地和外界进行接触、交换，才能保持系统的有序运行和平衡。这种与外界发生联系的功能，就是观念更新机制。观念更新机制由环境信息接受机制、自我更新机制和观念再组机制组成，它是时代与社会产生飞跃的精神动力。

二、人力资源管理

(一) 人力资源管理的概念

人力资源管理是指为了实现既定的目标(如取得经济效益、资产增值)，通过运用科学、系统的技术和方法对人力资源的取得、开发、保持和利用等方面所进行的计划、组织、领导、控制等一系列活动的总称。它是研究人与人关系的调整、人与事的配合,以充分开发人力资源、挖掘人的潜力、调动人的积极性、提高工作效率,实现组织目标的理论、方法和技术。

人力资源管理早期多被称为人事管理(Person Manpower)或人力管理(Manpower Management),为企业六大职能之一,其主要责任在于依据组织成长与发展的需要,适时提供有质量保证的人力,以支持组织中的各项作业,进而达成组织的使命与目标。企业人事管理的发展源自18世纪后期的工业革命时期,由于生产方式的改变,大量员工涌入工厂,产生了管理上的问题,例如人员的招募、甄选、出勤管理、薪资核算和人事数据的维护等,早期的人事管理内容大多以这些例行性行政事务为主,但由于工厂人数逐渐增多,企业所有者不能再亲自掌握并处理所有的人事工作,这才有了专业人事部门的成立。20世纪50~60年代,经济的高速成长使百业兴盛,也造成了就业市场劳动力供给的相对不足,人力规划(Manpower Planning)的观念开始进入企业界,希望通过对组织人力需求做前期的预测与规划,进而以各种手段确保所需人力的适当获得与维持。随着女权运动的兴起,"Manpower"这个被视为带有性别歧视的字眼也被中性的"Human Resource"取代。

随着经济发展浪潮的兴起,企业规模不断扩大,组织迅速膨胀的结果造成了管理人才的严重缺乏,企业开始重视人力资源的获得、培育与发展,并试图以更具竞争力的薪资、福利以及工作环境吸引企业所期望的人才进入企业,并以员工在组织中发展的展望与承诺,留住有发展潜力的员工,而人力资源规划与员工生涯发展管理即形成了人力资源管理的两大特色。随着20世纪70年代两次能源危机造成世界性的经济衰退,20世纪80年代企业的经营环境发生了空前的变化。其中,对人力资源管理影响最深的,一是高科技产业的高速发展;二是后工业社会服务业的兴起。在高科技产业和服务业中,企业的核心竞争力在于人才的素质,高水平人才的获得和维持成为企业获取竞争优势的重要武器,人力资源管理开始扮演策略性的角色,进入了所谓"战略性人力资源管理"的时代。

20世纪60年代以来,发展中国家和地区为促进经济发展与成长,推动了人力资源政策的制定与执行。人力资本理论的兴起使人们了解到"人力资本形成"比"物质资本形成"对于经济成长更为重要,而"人力资源的质量"又比"人力资源的数量"对于生产力提升更具影响。由于人力资源的质量取决于社会的教育及培训体系的运作,因此,许多发展中国家和地区相当重视由政府主导的人力资源政策的规划与制定。

(二)人力资源管理的职能

每一个组织的形式与结构虽然不尽相同,但是其人力资源开发与管理的职能基本是一样的,主要包括以下几个方面:

1. 获取

获取主要包括人力资源规划、招聘与录用。为了实现组织的战略目标,人力资源管理部门根据组织的工作要求,谋划并制订与组织目标相适应的人力资源需求与供给计划,并根据此供需计划对所需人员进行招募、考核、选拔、录用与配置等工作。显然,只有首先获取了所需的人力资源,才能对其进行开发与管理。

2. 整合

整合又称为融合，即使员工之间能够和睦相处、协调共事，使员工不仅在形式上加入到组织中，而且在思想上、感情上和心理上认同组织并与其融为一体。取得群体认同的过程，是员工与组织之间个人认知与组织理念、个人行为与组织规范的同化过程。现代人力资源管理强调个人在组织中的发展，个人的发展势必会引发个人与个人、个人与组织之间的冲突，产生一系列问题。整合职能则应努力去化解矛盾与冲突，协调各利益主体的关系。

3. 保持和激励

保持和激励是指保持员工工作的积极性，保持安全健康的工作环境。这包括如何管理员工的工资和薪金，做到按照员工的贡献等因素进行收入分配，做到奖惩分明，同时通过奖赏、福利等措施激励员工。这项基本职能的根本目的在于增强员工的满意感，提高其劳动积极性和劳动生产率，从而提高组织的绩效。

4. 调控

调控是对员工实施合理、公平的动态管理的过程，是人力资源开发与管理中的控制与调整职能。它包括合理而完整的绩效考评制度的设置与执行，并在此基础上采取适当的措施，如晋升、调动、奖惩、离退、解雇等，对员工进行动态管理。

5. 开发

开发是人力资源开发与管理的重要职能。它是指为提高雇员的知识、技能和能力而进行的一系列管理活动。其中主要包括组织与个人开发计划的制订、组织与个人对培训和继续教育的投入、培训与继续教育的实施、员工职业生涯开发设计及员工的有效任用等。对员工的有效任用是一种投资最少、见效最快的人力资源开发方法，因为它只需将员工的工作积极性和潜能充分发挥出来，即可提高劳动生产率。当员工得到有效任用时，对员工而言，满意感增强、劳动积极性提高；对组织而言，则使员工得到合理配置、组织得到高效运作、劳动生产率得到提高。

三、西方国家人力资源管理的演进历程

人力资源管理旧称人事管理，西方国家人力资源管理的发展经历了以下四个重要阶段。

第一阶段（1930年以前），属于传统人事管理阶段。工作的主要内容是确保员工按企业规定的生产程序、规章制度进行工作。人事管理部门主要做些诸如员工工资和福利计划、档案保管等琐细事务。在测试、面谈等技术出现后，人事管理部门的权限和职责进一步扩大，人事管理才开始在员工的甄选、培训、晋升等方面发挥积极的作用。

第二阶段（1930～1960年），随着工会运动的蓬勃发展，企业迫切需要人事部门与不断壮大的工会组织相抗衡，并能有效地应对工会、协调劳资纠纷。这就使人事管理部门的职能得到扩大，成为具有协商功能、评估工作条件功能的处理劳资关系的工具。随着新的测试技术、岗位分析技术、工作分析技术在企业中的运用，企业人事管理已成为企业经营管理的重要职能工作，发挥着越来越重要的作用。

第三阶段（1960～1980年），由于反歧视、公平就业等法律法规的出现，企业对员工的

各种歧视都会遭受法律诉讼、严厉处罚和巨额赔偿,因此,合法有效的劳资关系和人事管理活动开始变得越来越重要。此外,按绩效付酬、可变工资、股权分配等相关的工资补偿系统的出现,使得人事管理在企业经营管理中的地位和作用得到进一步加强。人事管理部门将为企业制定法律许可的劳资关系和人事政策,为企业设计薪酬制度和绩效考核制度,使企业免受政策困扰,直接为企业提高绩效做出贡献。这一时期,人事管理在企业管理中的地位已不可替代。

第四阶段(1980年以后),人事管理转变为人力资源管理。随着经济和社会的进步、科学技术的发展,传统的人事管理越来越不适应企业的发展和战略目标的实现,特别是在企业未来的发展中,对员工的素质要求越来越高,越来越依赖于员工的积极性、主动性、创造性以及潜能的发挥,于是人力资源管理的地位日益突出,传统的人事管理便被人力资源管理所取代。

四、21世纪人力资源管理的发展趋势

进入知识经济时代,经济全球化和信息技术正在以前所未有的力量和速度改变着企业外部环境,这给企业管理,特别是人力资源管理带来了巨大的压力,同时也带来了新的管理理念、管理方法、管理技术和管理手段。美国学者费瑞斯(Ferns)根据20世纪90年代人力资源管理的发展状况,对21世纪人力资源管理的发展趋势进行了展望和分析,提出了人力资源管理的发展趋势,具体包括以下五个方面:

1. 更强调人力资源管理的责任

责任是人力资源管理的基础,人力资源管理的许多职能都可以归入责任的框架之中,如人力资源的获取、培育、整合、激励、绩效评估、晋升等。现代责任理论的研究包括人们对责任的预见、责任的开发、责任的来源等。相关研究有缓和因素(包括工作中的不确定因素、工作压力与控制等)与责任现象之间关系的研究;提高员工兴趣、信息供给与责任关系的研究;不同类型个体对责任不同反应的假设分析与研究;人力资源管理职能如何通过责任机制得到发挥;构建责任现象模型的研究等。

2. 更强调人力资源管理的多样性

人力资源管理的多样性包括组织本身(是医院、学校还是企业,是小企业还是跨国公司)、组织结构(是金字塔型、扁平型还是网络型)、种族与文化的差异以及对组织突发事件的反应差异。如何针对上述状况对人力资源加以开发与利用,从而提高组织的效率与效益成为人力资源管理研究的重要课题。

3. 更强调人力资源管理的公平性

"公开、公正、公平"的观念为人力资源管理的研究提供了理论基础。例如,有的学者提出将公平影响和公正反应概念化,并把此概念和人力资源管理系统有机结合。

4. 更强调人力资源管理的象征性

人力资源管理的象征性反映了组织成员的价值观。人力资源管理的象征性和企业业绩之间具有很强的相关关系,有人提出建立"人力资源管理指数"来反映它对整个人力资源管理系统的创新和支持程度。

5. 更强调人力资源管理理论与实践的结合

目前,人力资源管理理论和实践之间尚缺乏紧密结合,巴克雷(Buckley)等将此称为

"不连续",这是由于理论家与实践工作者的分离而产生的。许多理论研究者的工作是为本学科创造知识,而不是解决企业中存在的问题。用"问题导向"的方法,研究的问题来自于实践,可称之为"有用研究"。这种研究的结果既有利于实践者改进人力资源管理工作,又有利于建立人力资源管理理论知识体系。

第二节 饭店人力资源管理

一、饭店人力资源管理的概念

饭店人力资源管理是指恰当地运用现代管理中的计划、组织、领导、控制等职能,通过科学、合理的人力资源规划、招聘、配置、培育、开发、绩效评估、考核激励等手段,实现饭店人力资源的优化组合,有效调动全体员工的积极性、主动性、创造性,挖掘员工潜能,实现饭店经营目标的一系列活动。

饭店人力资源管理不同于传统的饭店人事管理。许多饭店的人事部纷纷更名为人力资源部,这不仅仅是一种名称上的变化,更反映了饭店对员工管理模式的变革。传统的人事管理被看作企业管理中的一项具体职能,其功能也被理解为聘请员工、支付薪水、调节劳资纠纷等具体的工作。它以工作为中心,把人作为一种简单的生产要素和完成工作的工具,靠强制性监督和物质利益的引诱来推动工作的开展,不注重员工潜能的发挥,因而员工的积极性也难以被调动起来。现代人力资源管理则是以人为中心,强调通过尊重人与满足人的多方面需求来调动员工的积极性,挖掘员工潜能;把人看作企业的最重要的资源,强调人与工作的相互适应,并且认为具有良好素质的人力资源队伍绝不是自然形成的,而是通过企业的精心选择、培育、开发、使用、激励等逐渐形成和发展起来的。现代饭店人力资源管理既要继续做好传统的人事管理工作,确保人与工作的最佳组合,更要采用现代科学管理的方法与手段,关注员工各方面的需求,尽可能地激发员工的积极性、主动性、创造性,挖掘员工潜能,从而实现现代饭店的经营管理目标。

二、饭店人力资源管理的意义

1. 加强人力资源管理是饭店业自身发展的需要

对饭店业来说,产品的生产过程也就是产品的消费过程,顾客对产品的要求也不仅仅是产品的功能和外在服务,还包括内在的服务和心理的满足。例如,在饭店用餐时,顾客的需求通常不是一次性提出的,而是在用餐过程中不定时地多次提出的,并且可能随环境的变化随时改变用餐要求。如果服务人员处理得当,就会赢得顾客的满意;反之,就会引起顾客的不满,甚至被投诉。服务质量的高低直接取决于为顾客提供服务的员工的素质、服务态度及服务价值观。强化现代饭店人力资源管理有利于提高员工素质和服务态度,促进企业发展。

2. 加强人力资源管理是保证饭店业务经营活动顺利进行的需要

人力资源是饭店的第一要素,饭店最重要的经营活动是人的活动,其他活动都是通

过人的活动来实现的,因此人是饭店业务经营活动的中心,是决定因素。要保证饭店业务经营活动的正常进行,就必须科学地制定人力资源规划并招聘、录用合适的员工,然后对其进行安置、培育、开发、绩效评估、考核激励等,使饭店与员工有机地结合起来,有效地实现经营目标。这些正是饭店人力资源管理的基本职能。

3. 加强人力资源管理是提高企业素质、增强企业活力的需要

市场经济条件下,饭店要想在市场竞争中取得竞争优势,就必须提高企业素质、增强企业活力。企业素质归根到底是人的素质,只有员工素质的提高,才会有企业素质的真正提高。企业活力归根到底是人的活力,而人的活力源于人的积极性、主动性、创造性的发挥,取决于人们对工作的态度和价值观。人是有思想、有感情、有各种需要和目标的社会人、复杂人、自我实现人,仅靠强制的行政监督、物质利益的引诱、上级部门的发号施令是难以激发人的活力、调动人的积极性和主观能动性的,只有采取现代人力资源管理的理念、措施、手段和办法才能解决这一问题。因此,提高员工素质、激发员工活力,是提高企业素质、增强企业活力的关键所在。

4. 加强人力资源管理是提高企业竞争优势的需要

饭店之间的竞争,实质是人才的竞争。饭店行业必须尽快实现从"以物为中心、以工作为中心"的传统管理向"以人为中心"的现代管理转变,实现由传统的人事管理向现代人力资源管理转变。企业兴旺、人才为本、为政之要、唯才用人。人才优势就是饭店的竞争优势,已被广大企业所认识。饭店的兴衰存亡在很大程度上取决于饭店的人力资源管理水平以及饭店能否吸引、使用、留住合适的人才。例如,白天鹅宾馆之所以能成为我国第一家进入世界第一流饭店组织的饭店,并成为第一批五星级饭店之一,主要原因就在于它注重人力资源的投资与管理,造就了一支优秀的人力资源队伍,从而使企业硬件充分发挥效能,服务质量稳步上升。

三、饭店人力资源管理的目标

管理是一种通过调动人的积极性进而去做好各项工作的艺术。饭店管理要以人为本,突出人力资源管理。饭店人力资源管理的目标如下:

1. 建立一支专业化的员工队伍

饭店要正常运转并取得良好的经济效益和社会效益,不仅要有与饭店各个岗位相适应的员工,这些员工的素质还应符合饭店业务经营的需要。任何一家饭店要想在竞争中取胜,都必须建立一支专业化的员工队伍。专业化的员工队伍是不可能自发形成的,必须通过管理者有意识的挑选、培养和激励,经过一定熏陶和锻炼才能逐渐形成。

2. 形成最佳的员工组合

只有经过科学的配置,一支优秀的员工队伍才能形成最佳的人员组合,即每个人与其他人的行为协调一致,共同完成饭店管理的目标;否则,即使员工再优秀,也未必能取得好成绩。因此,管理者应制定明确的岗位职责,并使每个员工权责相当,能够各尽所能,形成最大限度的工作效能,进而形成一个有序、高效的饭店组织。

3. 充分调动员工的积极性

人力资源的管理实质并不在于"管人",而在于"得人",在于谋求人与事的最佳配合,

正所谓"天时不如地利,地利不如人和"。因此,饭店人力资源管理的最佳目标就是充分调动员工的积极性,即"得人",也就是通过采取各种有效的激励措施,发挥最佳的群体效应,创造一个良好的环境,使员工安心工作、乐于工作,从而最大限度地发挥其积极性、创造性。因此,饭店通常会建立一套科学的人力资源管理体系,包括招聘员工的程序和方法、培训制度及优化结构,以及其他发挥最佳效应的措施等。

四、饭店人力资源管理的内容

(一)饭店人力资源战略与规划

人力资源管理是一个涉及面相当广的领域,从根本上看,它是由组织的战略决定的。由此,人力资源管理就具有高层次的战略特征与一般业务性的经营特征,组织的人力资源战略也就成为人力资源管理体系的根本内容。根据组织的长期战略,人力资源战略要解决的主要问题有:组织的未来结构和所需要的组织成员数量与结构预测;组织的员工培训途径和选拔规划;关键技术人员、管理人员的选拔模式;应当建成的组织文化;对员工的管理理念,等等。

组织的人力资源规划,则要立足于组织的中长期发展,具体根据组织的近期发展所提出的对于人力资源的需求,寻找供给的缺口。例如,组织需要多少员工、需要哪些类型的员工、通过什么渠道和采取什么方式招聘员工、未来人力资源需求预测与供给提供等。饭店人力资源规划是根据饭店经营管理目标和组织结构的需要,对各项工作的工作性质、各个岗位的岗位职责及素质要求进行分析,从而确定饭店员工的需求量和需求标准的预测活动。

(二)工作分析

为了高效率地实现组织目标,有效地进行人力资源开发与管理,企业要做的第一件事就是去了解企业中各种工作的特点以及能胜任各种工作的各类人员的特点,以便为各项人力资源决策提供科学的、客观的依据,这就是工作分析,也称为职务分析。它是人力资源开发与管理的前提条件。通过对工作任务的分解,根据不同的工作内容,设计不同的岗位,规定每个岗位应承担的职责和工作条件、工作要求等,这样可使企业吸引和保留合格的员工,做到事得其人、人尽其才,从而提高工作效率。

(三)招聘和选拔

招聘和选拔即按照《饭店人力资源计划》招聘所需要的员工。挑选和录用合格乃至优秀的员工是企业占据竞争主动地位的重要环节。招聘是指通过各种途径发布招聘信息,将应聘者吸引过来;选拔是指企业挑选最合适的求职者,并安排在一定职位上。招聘录用员工应当按照科学的标准,达到人与岗位的最佳组合。

(四)培训与开发

为使每个员工都能胜任其工作,快速适应工作环境的变化,必须不断地对员工进行培训。通过培训提高员工个人、群体和整个组织的知识、能力、工作态度和工作绩效,进一步开发员工的智力潜能。培训与开发要强调针对性,即根据不同员工的技术水平和素质差异采用不同的训练方式和训练内容,为他们完成工作任务提供必要的知识、技术、能力和工作态度的培训。同时，还可进行交叉的岗位培训，帮助他们胜任不同的职务。由于培训对象不同、培训需要不同，饭店的培训方式和内容具有多元化特点。

（五）绩效管理

绩效管理是在特定的环境中，与特定的组织战略、目标相联系，组织对员工的绩效进行管理，目的是实现组织目标、促进员工发展。绩效管理的内容涉及绩效管理系统的构建、绩效考核指标的设计、绩效管理方法的分析、绩效考核结果的运用等。绩效考核是对员工的工作表现和工作业绩进行评估的手段，既是激励员工的有效机制，也是饭店人力资源开发管理效果的反馈方式。考核和评估的结果是员工提升、调职、培训和奖励的重要依据之一。

（六）薪酬福利

薪酬福利对员工基本需要的满足至关重要。薪酬与福利体系关系组织中员工队伍的工作积极性和稳定性，并且对组织的士气有很大影响，饭店可根据自身情况选用适当的工资形式，实行合理的奖励和津贴制度，其劳动保险和福利待遇对员工工作积极性的发挥具有重要作用。

（七）劳动关系

劳动关系是指饭店的所有者或其委托代理人、饭店的经营者与员工及其组织（主要是工会组织）之间基于有偿劳动所形成的权利义务关系，以解决员工在工作中发生的各种矛盾与冲突，保持组织运行的协调一致和高效率。企业管理者与企业内有组织的员工群体之间应依照《劳动法》的规定就工资、福利及工作条件等问题进行谈判，协调劳动关系。

（八）职业生涯规划和管理

职业生涯规划和管理是企业与员工共同制定的基于个人和企业需要的个人发展目标与发展道路的一系列管理活动。通过它，饭店的人力资源能得到合理配置，达到人尽其才、才尽其用；同时也能充分调动员工的积极性，赢得他们的忠诚，从而留住人才。

五、饭店人力资源管理的特点

（一）更加重视对人的管理

饭店业的大量工作是同人打交道，是面对面的服务，因此人的作用尤为重要。人力资源管理者所面对的是个性、习惯、爱好、兴趣等千差万别的一个个员工，员工面对的是形形色色的具有不同个性的顾客。这些顾客不仅需要饭店提供住宿舒适、饭菜可口、环境宜人的硬件条件，还需要热情周到、尊重礼貌、迅速及时服务的软件条件。只有当员工能够为顾客提供令其满意的服务时，饭店才能赢得并留住顾客，实现饭店经营目标，而只有满意的员工才能为顾客提供满意的服务。企业必须树立"员工第一、顾客至上"的管理理念，关心员工、爱护员工、尊重员工，真正把员工当"主人"看，并针对"主人"的特点，对员工进行培训、教育、开发、激励，帮助员工规划职业生涯，使其充分认识到饭店服务是对人的服务，能够在工作中用善意理解顾客，用诚意感动顾客，用热情、周到、礼貌的服务赢得顾客。

(二)全员性管理

企业兴旺发达的关键在于全体员工积极性的发挥。饭店服务质量的高低、经营效果的好坏涉及饭店的每个部门、每个岗位、每个工作环节。全员参与管理是饭店人力资源管理的必然要求,但是不能把饭店人力资源管理的全员性片面理解为"少数管理部门通过各种规章制度对一线全体员工的严格监督与管理",即通常所说的"管理全员"。实践证明,这种监督与管理不能从根本上解决企业的质量与效益问题,往往是越管越死,一线员工的抵触情绪越管越大,这种做法是不科学的。饭店人力资源管理的全员性是指"通过人力资源管理部门的科学规划,企业全体成员都能从所在岗位出发参与管理,人力资源管理是企业全体员工的职责之一"。饭店管理人员都应该了解和掌握人力资源管理的理论、方法以及人力资源管理的职能,科学合理地选聘、培育、使用、开发、考核、激励员工,给员工创造展示才能的机会和条件,调动员工的积极性,挖掘员工潜能;同时饭店员工也要积极参与饭店管理,为饭店发展献计献策。

(三)动态管理

饭店面临的环境是复杂的,面对的顾客是多变的;同时,饭店员工也是流动的,其心理需求、服务态度、工作目标等在不同时期也明显不同。因此,饭店人力资源管理也必须是动态的。首先,要根据外部环境条件的变化和企业自身的发展需求动态编制人力资源需求规划;其次,根据实际情况进行人力资源的招聘、录用、培育、开发、考核、奖惩、晋升、离职等全过程的动态管理。在具体工作中,管理人员要注重了解员工的心理需求、情绪波动、思想动态、素质变化等,对此要采取相应措施,调动员工的工作积极性和主观能动性,实现饭店的经营目标。

(四)科学化管理

饭店人力资源管理是一项复杂的、综合性的系统工程,因此,必须建立起一整套标准化、程序化、制度化、定量化的管理系统作为保证,进行科学化的管理。

标准化是指对饭店所有工作的有关数量、质量、时间、态度等所做的详细、具体、统一的要求和规定。例如,录用员工要有素质条件标准,岗位培训要有合格标准,服务工作要有质量标准,各部门要有定员标准等。

程序化是指对人力资源管理工作过程进行科学的分段,规定各阶段的先后顺序以及每个阶段的工作内容、完成标准、责任者、完成时间等。程序化管理能够使工作井然有序,使各环节协调配合,保证饭店正常运转和经营目标的实现。

制度化是指饭店人力资源管理工作要建立严格的规章制度,以保证招聘、录用、培育、考核、奖惩等工作的顺利进行。"没有规矩不成方圆",饭店的"规矩"就是各项规章制度。科学的规章制度可以使饭店员工统一思想、统一行动,饭店规模越大、设备设施越先进、功能越齐全、分工协作关系越复杂,规章制度就越重要。

定量化是指对饭店经营运作过程进行定量分析,即通过对饭店经营有关资料的收集、归纳、统计,建立数学模型进行分析计算,得出确定数据,为饭店经营决策提供科学依据。

资料链接

一切来自员工的满意

上海波特曼丽嘉酒店(以下简称波特曼丽嘉)的800名员工有充分的理由为自己的酒店感到自豪。在过去的两年里,他们分别蝉联了"亚洲最佳商务酒店"和"亚洲最佳雇主"的第一名。

对于到波特曼丽嘉来探寻成功秘诀的人们,总经理狄高志(Mark J. DeCocinis)喜欢勾画出一个三层金字塔,来解释一切的基础来自于员工满意度:"从下至上依次为员工满意度、顾客满意度和酒店赢利,所以我最重要的工作就是要保证酒店的员工们在每天的工作中都能保持愉快的心情,他们的努力决定一切。"

根据著名的人力资源咨询公司翰威特的"最佳雇主调查",员工满意度达到80%的公司,平均利润率增长要高出同行业其他公司20%左右。而事实上,从1998年正式营运以来,这家五星级酒店的员工满意度与顾客满意度就一直相携节节攀升,到今年同时达到了97%的高点。

波特曼丽嘉并不讳言与所有的商业机构一样,其经营的最终目标是不断实现赢利;每位员工也明确了解自己是促成总体经营结果的一部分。他们的制服口袋里装着酒店统一的信条卡,其中酒店对员工承诺的第一条写着:"在波特曼丽嘉,我们的绅士和淑女是对客服务中最重要的资源。"而这一点,也正体现了波特曼丽嘉处理一切员工事务的精髓要义。

1. 员工满意从招聘开始

上海市四星级以上酒店的员工流失率平均为22%~23%,而在波特曼丽嘉,去年这一数据仅为18%,为业内最低。"我们的员工流失率每年都在降低,更多的人愿意留在这里",人力资源经理丁萍说。她自己就是从酒店开张到现在一直在这里工作的老员工。在她看来,为减少员工流失、提高满意度而做的工作,从招聘时就已经开始。

在酒店行业里,波特曼丽嘉的招聘条件是出了名的严谨。它选中的员工既要拥有从事不同岗位所需的特殊天赋,其个性与价值观也必须与波特曼丽嘉文化相符合。只有同时具备了这两方面,员工才会真正找到归属感。"所以决定聘用一个人之前,我们会花很多心思和精力向他介绍波特曼丽嘉酒店的文化,以及了解他对这里的真实感受。"狄高志说。

公关协调员严娜2001年从旅游管理专业毕业,当时以培训生的身份进入酒店。"和正式员工一样,我们也要通过五关面试。"她对当初的严格选拔记忆犹新:首先应聘者要接受人事部共55个问题的选拔程序,由此判断是否具有从事服务行业的天赋和热情;随后需要就岗位知识技能、职业发展目标、酒店文化适应能力等方面分别接受部门经理、部门总监以及人事总监的考核;最后是与总经理本人直接面谈。"总经理会亲自参加所有岗位新员工的面试,他希望了解我们的个性,以及为什么想来这里工作。"

她的亲身感受是,一旦加入波特曼丽嘉,就会被当作未来相当长期的合作伙伴而受到信任。即使在一年的培训生阶段,她也得到了很多发挥自己才能的机会。"刚来不久我就参与了APEC的接待工作,去了其他酒店的那些同学都非常羡慕我。"

2. 尊重信任的相处之道

来上班之前,你可能会遇到很多不愉快的事情:丢了东西、没有赶上公车、迟到了……但是一旦来到酒店,身边每个同事都在对你微笑问候,这样大家庭式的工作氛围是否会增加你的工作动力?"营造互相尊重和信任的环境,是让员工在工作中保持愉快心态的最重要一环",丁萍强调说。

(1)尊重同事,重视自己

波特曼丽嘉不久前翻新了自己的员工餐厅,这大概已经是上海滩上最漂亮的"食堂"。"不仅有美味的食物,优雅的用餐环境更让人觉得酒店非常尊重我们。"严娜说。波特曼丽嘉的全球总裁高思盟(Simon Cooper)说过:"我们提供专业的服务,但我们绝非仆人。"与此相对应的是,波特曼丽嘉提出"我们以绅士淑女的态度为绅士淑女们忠诚服务"的座右铭,时刻提醒全体员工作为专业服务人士,要以相互尊重和保持尊严的原则对待客人以及同事。

在酒店里,工程部、客房部、管事部、厨房等一线岗位的员工通常需要付出大量的体力劳动。但相对辛苦的职位并不会让他们产生低人一等的感觉,因为波特曼丽嘉始终强调,每一位绅士淑女的工作,都是为酒店每天的成功运转贡献了重要的一部分。狄高志提起一位管事部的女士,她负责清洁客人们使用的那些精美的玻璃杯和瓷器。这位女士为自己的工作感到自豪,因为晶莹剔透的器皿也是客人愿意再次来到餐厅消费的原因;同时她觉得要保证器皿的流通速度,否则会影响侍应生为客人服务的心情。

"她给我留下了很深的印象。因为从这个例子可以看出,员工体会到,每个人的工作都会影响到其他同事的满意度、客人的满意度以及酒店的最终运营情况。"狄高志对这一点非常满意:"只有重视自己,才会把自己当作酒店的主人,也才会彼此尊重。"

其他部门的员工有时也会参与到服务性的工作中来。丁萍和她的同事们曾经在酒店举办大型活动时到宴会厅帮过忙,她说:"来宾有近千人,忙不过来,所以我们每个部门都抽一些人过去,做一些接待、端盘子这样力所能及的事情,也是体现我们人人平等、互相帮助的企业文化。"

在波特曼丽嘉,无论是老板、主管还是普通员工,如果想表示对他人工作的尊重和感谢,都可以在一流卡(First-Class Card)上写上鼓励的话,装在信封里交给他。"只是为了谢谢你的帮忙,或是说声你做得不错",公关经理章蕴说。上个星期狄高志就收到了分别来自公关部和客房部的一流卡。"这种感觉很好,我希望能收到更多,而且我们每个人都应该经常地送出一流卡表示对别人劳动的尊重。"他说。

狄高志还有一个别出心裁的方式来款待酒店的绅士淑女们——逢年过节,他会用自己的那辆三轮摩托载着两名员工在市中心兜上一圈。"这可是总统级的待遇",员工们笑言。因为这个"总经理市容观光游"通常只是为入住酒店总统套房的贵宾准备的。

(2)充分信任,授予权力

去年在伦敦,狄高志与酒店的亚洲大客户举行会谈时,一位女士走过来,告诉他一个行李生的故事。不久前,她与丈夫来到上海波特曼丽嘉下榻,打开整洁舒适的房间后,觉得很不错。但那位行李生主动提出,他认为她的丈夫非常高,所以建议并帮助他们换了另一间有大床的大房间。这位女士觉得非常惊喜和满意——换房间并非行李生的职责,而他自己可以运用权力做出这个决定。回到欧洲以后,她告诉了许多人波特曼丽嘉的员工是如何设身处地为客人考虑的，而且他们拥有酒店赋予的自主权力。"相信她的朋友和家人在选择酒店的时候，一定会先考虑我们。这就是充分信任员工给我们带来的回报。"狄高志非常自豪。

为了使客人获得更好的服务，波特曼丽嘉给每位员工 2000 美金的授权。在这个范围之内，员工不用请示上级就可以做出力所能及的决策，碰到突发事件也可以及时给客人满意的答复。这种高度信任的基础应当归结于慎重的招聘程序，到目前为止没有一位员工滥用这一权限。丁萍说："正是因为相信我们所挑选的每位员工都有服务的天赋和热情，才会充分信任他们用自己的想法为客人服务。"

波特曼丽嘉的信条中提到："波特曼丽嘉的服务经验除了可令宾客身心舒畅，甚至可以满足客人内心的需求与愿望。"为了做到这一点，每位员工为客人服务的主动性都被看重，酒店所做的就是信任他们、培养他们，并给予自由发挥才干的空间。狄高志强调信任是每一个人都需要的东西："比如我自己，我很享受我的工作是因为我得到了充分的自由去对酒店负责，而不是每件事情都请示集团的总裁。"只有创造相互信任的氛围，员工才会对工作感到满意，并把这种信任提升为对工作的积极投入，用出色的服务提高客人的忠诚度，最终给酒店带来回报。这是一个良性循环。

3. 肯定员工的个人价值

尽管波特曼丽嘉 90% 的员工工资都是上海市五星级酒店相同职位中最高的，但狄高志却认为薪酬并非创造员工满意度中最重要的因素。酒店开业的 1998 年恰逢亚洲金融危机，经营上出现一些困难，而多数员工都没有计较收入变动而选择与酒店共渡难关。丁萍提及，现在常有新开业的酒店到波特曼丽嘉来高薪挖角，但很少有员工愿意去。"我们的员工是很成熟的，为了一两千元放弃这里的企业文化、工作环境和经营理念对他们来说太不值得。"

根据酒店的调查，让员工最满意的方面除了"酒店把我们当绅士淑女看待"之外，还有他们的贡献得到了充分的肯定和奖励。这也是他们愿意留在酒店并付出更多努力的最重要动因。狄高志认为首先"要给员工一种作为个人被认可的感觉"。当经理人对一个部门或一个团队说，你们所有的人都很棒，固然很好——但这与单独对某一个员工说，你这件事情做得很不错，留下的印象深刻程度是完全不同的。如果仅仅表扬集体，忽视个人需要，那么从心理学角度，个人就会产生一种匿名感而被消极影响。

与一些高高在上的经理们不同，波特曼丽嘉从总经理到各级部门总监、主管都会经常在酒店巡视，关注每位员工的工作；平时也会注意收集自己员工的兴趣爱好，在奖励他或过生日时投其所好。"作为管理者，应当多花点时间去了解每位员工做了些什么特别的事情，他需要什么样的鼓励和肯定。这对于让员工保持积极心态是非常关键的。"狄高志说。

在酒店大堂，有一位专职问候来店客人的员工 Nick Huang，他可以叫出酒店所有常客的名字，并用各国语言和他们热情地打招呼。客人们都很喜欢他，看见他就如同看见自己的管家一样亲切。由于这份天赋，五年来 Nick 没有换过岗位，但为了表示对他个人价值的肯定，每年酒店都会提高他的待遇，目前他的级别相当于大堂副理（Chief Lobby）。"我感到非常满足"，这位年近半百的绅士说道。

除了日常的关注和奖励之外，酒店会在每个季度正式评选出五位五星奖员工和一位五星奖经理。这个奖项由员工们相互评选,只要认为是在此期间个人表现特别优秀的,都可以获得提名。颁奖那天,酒店举行一个由全体员工参加的隆重晚宴仪式,被提名的员工会得到一张认可证书。最后评选出的六位除了奖金外,还被授予一座精致的奖杯,以及一枚可以每天佩带的五星徽章。随后在年末,本年度的24位获奖者中会再评选出年度五星奖,有机会到丽嘉集团管理的其他酒店中去分享经验。"五星在酒店业里象征着最高级别。"在酒店开业第一年就当选为年度五星员工的Nick自豪地说。

4. 前景光明的职业道路

曾经在很多国家的丽嘉酒店工作过的狄高志认为,丽嘉集团在成立时确立的关注员工的公司哲学,与中国文化的精髓颇为吻合。"比如相互尊重、重视他人的劳动、关注个人抱负,等等。特别是这里的员工非常好学,而且每个人都很有自我发展的愿望。"员工感到满意的另一个重要方面,正是酒店为他们未来的职业发展考虑,让员工看到自己光明的前景。

(1) 保证充足的培训时间

波特曼丽嘉的员工基本守则里有一条是:所有员工都必须圆满完成其工作岗位的年度培训课程。酒店拥有一套非常全面、完善的培训体系,保证每一个员工一年有150个小时左右的培训时间。这一数字相当于任何其他亚洲最佳雇主所提供培训时数的两倍。

对于新员工,酒店首先进行为期两天的入职培训,主要介绍波特曼丽嘉的历史、企业文化和经营理念;进入各个部门之后,则是为期三个月的培训,根据不同的岗位需要依照详细的清单完成。"员工加入酒店21天以后,培训部会听取他们的反馈,相应调整培训计划并进一步强调公司理念。"丁萍介绍说。事实上,不仅与新员工就培训方案有所交流,酒店还会定期发出一些培训需求的咨询,根据员工的整体需要做出有关的课程安排。

在技能方面,每个部门都有自己的培训师,一般是由对培训工作有兴趣也有天赋的老员工担任。他们在人事部的指导下学习培训方法,并被授予相应的资格去培训部门的其他员工。在知识方面,酒店会定期开设课程,包括领导力、沟通技巧、企业管理等,员工如果到了一定级别或是有兴趣都可以参加。有些员工还会要求去外面读书,只要是与工作有关的课程,如旅游、英语、计算机等,酒店就会替他们支付继续深造的费用。

每个月各种培训课程都会贴在人事部的告示栏里,以供员工自由选择,同时酒店还鼓励员工跨职务、跨部门参加培训。"比如人事部有人去上烹饪班,餐饮部的可以去销售部学习。"丁萍说。这样既增强了部门间的联系,又增加了员工技能,为他未来的职业发展提供了更多的选择。

(2) 尽量选拔内部人才

在领班、主管、经理这一级别上,波特曼丽嘉几乎从来不考虑外聘,而是选择内部提拔。每年都有超过100位员工,可以在原来的岗位上得到提升。本地员工也有机会取代较高位置的外籍员工,目前前厅部经理、宴会厅总监、餐饮部副总监等重要职位都是由本地员工担任的。管理层对自己培养的员工寄望很高,并且认为让他们看到职业发展的前景,不仅有助于在工作中产生更大的动力,还能够给其家庭以信心并获得支持。

对员工的提拔一般根据每半年进行一次的员工评议来考量。部门负责人会就其工作表现和水准做出评价,同事们也会提出各自的意见,有些职位还需进行技能考核。"不过这些都只是我们参考的因素,很关键的一点是我们会和他沟通,看他本人是不是有上进的要求。"丁萍解释道。

(3) 给员工改进的机会

SARS期间，国内酒店业整体遭到沉重的打击，波特曼丽嘉无疑也受到影响。但在此期间，酒店没有裁掉一名员工。"其实我们基本上不会解雇员工，总是尽力把他们留在酒店里。"狄高志说，"特别是当出现了一些超出我们控制范围的问题，而导致酒店的效益受损，更不能将这种危害转嫁给员工。"

即使对那些一时表现不好的员工，人事部门也会仔细探求背后的原因——可能是最近家中有事使他无心工作；或是根本没有人好好教他，他不会做；也可能他主观上就不愿意做这个工作。经过客观的分析后，将分别有针对性地加以解决。

狄高志坦言，酒店尊重、关怀每位员工，但无疑期望他们都能够达到酒店要求的高水准，并做出最好的贡献。员工在举止、行事上出现偏差时，首先不是要责备，而是向他明确酒店标准并引导他改正。如果有需要，还可以为他调换工作岗位。"总之，员工有很多机会去改进。"

5. 随时敞开的沟通之门

狄高志认为，酒店目前已经实现了在薪酬、奖励、培训、职业发展等各方面的制度化执行。今后的进一步提高，来自于不断从小处着手，改进最基础的部分。每位员工都被鼓励寻找酒店运作中存在的弱点，并共同讨论解决。

在人事部工作多年的丁萍也感受到，影响员工心情的常常只是一些小事，如果沟通渠道不畅通，小事情得不到管理层的重视和解决，日积月累就会影响员工满意度乃至敬业度。

波特曼丽嘉的沟通制度是：每天的部门例会上，员工可以向主管反映前一天工作中发生的小问题，大家一起回顾具体出错的环节在哪里；每个月大部门会议，会讨论员工满意度的情况，向部门总监提出需要改进的地方，然后各部门会不断跟进事情的进展；另外，每个月人事总监还会随机抽取各部门10名左右员工，一起喝下午茶。话题大到酒店硬件设施的维修，小到制服的熨烫，都会反馈到相关的部门加以解决。"我们会用最快的速度及时改进，否则也会给出进展的期限或者不能解决的解释，总之会让员工得到满意的答复。"丁萍说。她讲了一个例子：酒店女员工穿的连裤袜，多年以来发的都是很薄的丝袜，但是今年春天上海天气很冷，有员工提出丝袜不够保暖，希望可以换成天鹅绒、羊绒的厚袜子。"这样一来成本肯定是提高的，但我们觉得是合情合理的要求，所以就及时换了。"

狄高志每月也会邀请不同部门的员工与他一起共进早餐，问问大家最近的工作情况。"大多数时候，员工都表示挺开心的，当然他们也会带来一些小问题。而当我问，你们的主管是不是已经知道了？答案总是'是的，并且已经在处理了'。所以他们告诉我，并不是因为他们得不到帮助，而只是想让我知道这件事情罢了。"他同时强调，自己要确保员工反映出来的每一个问题，都的确有人在关注和解决。"因为他们希望这些问题引起我的重视，但是我什么也不做的话，将是更加糟糕的。"

这个早餐会仅仅是狄高志与员工交流方式中的一种。作为酒店的总经理，他把70％左右的工作时间投入在与800名绅士淑女有关的事务方面。他认为自己了解员工需要和工作状况的最好方式，就是走到每个员工的实际工作环境中，亲身体会他们的感受，一起讨论如何更好地改进。而员工们也可以自由地到总经理办公室来,提出他们的建议和想法。"尽管我们每年都会进行员工满意度的调查,但员工满意与否是每天都要衡量的问题,而不是在进行某种调查时才存在。"

(资料来源:http://www.mie168.com 致信网)

本章小结

本章按照"人力资源→人力资源管理→饭店人力资源管理"的逻辑顺序,系统地阐述了人力资源的概念与特征,人力资源管理的概念与职能,人力资源管理理论的形成与发展,饭店人力资源管理的概念、内容、目标及特点。

综合案例

郑州一家饭店总台的韩女士从事接待服务工作已经有3年了,她甜美的笑容、温柔的言语、高雅的气质和热情周到的服务,给每一位入住的宾客留下了深刻的印象,因而经常受到宾客的表扬。十月初的一天上午,小韩刚换好工作服,便见到房务部朱经理兴冲冲地走过来。"小韩,恭喜你!"朱经理随手递上一封信,他爽朗的声音引来了小韩周围不少服务员惊奇的眼光。"咦,总经理的亲笔信",小韩不禁感到诧异,以前她曾受到朱经理的口头表扬,那是因为有宾客在意见书上点名称赞了她。今天,总经理竟给她写了亲笔信,对前两天她拾到日本小川先生20万日元及时上交这种拾金不昧的高尚品质大力赞扬。小韩看完信后高兴地说:"姐妹们,今天我请客。"

这件小事在饭店员工中引起了很大的反响。以前饭店收到"宾客意见书"后,如果是投诉,总经理一般会在每周例会上宣读投诉的内容并提出处理意见,过后还要落实处理结果。总经理办公室每月会对投诉情况进行分析,遇到带有高重复率的投诉,总经理会责成有关部门加强培训,以尽快消除这些方面的不足,直至宾客满意。相对而言,饭店对宾客的表扬重视程度则略为逊色,认为服务得好是应该的,无须表扬。其实这种做法是片面的。一家服务水平高的饭店,总会出现特别优秀的员工,如何抓住典型例子,以此促进整个饭店的服务水平是很重要的事。

案例评析

这家饭店总经理深刻认识到对员工激励并非是工资越高越好,奖金越多越有干劲,而是要对每位员工的工作有一个正确的评价。因此,总经理采用写亲笔信的激励手段,既体现了鼓励先进的管理思想,又大大缩短了饭店最高领导与基层员工的距离。一封表扬信让员工看到了自己工作得到了认同,他们将会永远记住这份荣耀,这是高工资和奖金所换不来的。

案例分析

某饭店的客房部黄经理接到主管的报告,说有位服务员私自拿了工作车上的小肥皂、牙刷和浴帽。于是黄经理将那位服务员叫来,经查问,情况属实。该员工检讨说因一个朋友跟自己索讨这些东西,不好意思拒绝,便趁客房服务员打扫房间时,偷偷藏了一些在口袋中,想不到被人看见并告诉了主管。考虑到那位员工以前一直表现尚可,从未犯过错误,根据饭店规定,黄经理决定对他扣除50元奖金并警告一次,并在内部公布这一处分结果。对此,全店上下均认为合情合理,连受处罚的员工本人也心服口服。客房部运用这一反面例子在全体员工中进行了一次教育。

半个月后,客房部主管又来报告黄经理,说10楼的侯领班在检查房间时,当着一位服务员的面拿了两小瓶洗发露。因为客房部原有的洗发露存货已经全部用完,这次进的货是一种新产品,质量相当不错,侯领班说她想试用一次,如果效果好,也给家里人买一些。黄经理接到这一报告后,有点不相信,因为一是刚在部门处理了类似事件,二是侯领班进店的时间更长,表现始终比较突出。于是他约侯领班下午4点到他办公室谈话,4时整,侯领班来到黄经理的办公室,心里七上八下,责怪自己贪小便宜,一时糊涂,还不知道要受什么处分呢。

"小侯,请坐下,别把脸拉得这么长,不就是两小瓶洗发露嘛,人非圣贤,孰能无过?意识到错误就好,下次不要再犯了,听见了吗?"恰逢那几天黄经理由于家逢喜事,经常春风满面,黄经理的话格外亲切。侯领班也没想到事情这么容易就解决了,她向黄经理保证此后再也不私拿饭店任何一件东西了。第二天,客房部员工纷纷议论开来,认为黄经理偏袒侯领班,厚此薄彼,执法不公。

问题:1. 黄经理对小侯私拿饭店物品的处理是否妥当?
2. 为何其他员工会不满?如果你是黄经理,你该如何处理这一事件?

实训练习题

了解附近一家三星级饭店,根据你对其经营规模、项目内容、产品服务、价格等的认识,写出一份关于饭店人力资源任务说明(应当包括背景资料、人员编制、人员素质要求、配套管理等内容)。

复习思考题

1. 简述人力资源管理理论的演变过程。
2. 人力资源管理的职能是什么?
3. 饭店人力资源管理的主要内容有哪些?
4. 饭店人力资源管理的特点有哪些?

第二章

饭店人力资源规划与发展战略

学习目标

◆ 能够运用人力资源规划对饭店人力资源的需求与供给进行预测

◆ 具有编写饭店人力资源规划的能力

知识目标

◆ 了解饭店人力资源规划的作用和内容
◆ 掌握饭店人力资源供求关系的平衡
◆ 把握企业发展战略与人力资源发展战略的形式和作用,以及它们的相互关系

课程导入

2005年3月,亚太地区最大的豪华酒店集团——香格里拉酒店集团正式宣布加入康奈尔大学网络培训计划,并于2005年4月1日起,推出管理人员在线培训课程。该培训课程计划在今后五年内向员工提供3000个在线资格以传授专业的酒店课程。培训课程涉及五个领域:人力资源管理、酒店基本管理、殷勤待客和餐饮服务管理、策略管理及财务管理,共计57门课程,学完任何一门课程都可获得康奈尔大学的相关证书,而学完一系列相关领域课程的个人可获得康奈尔大学的证书。"这项在线培训计划为员工进一步获取专业知识提供了平台,他们可以灵活掌握时间获得高学历。"香格里拉酒店集团董事总经理兼行政总裁安梓华表示,"鉴于集团在全球的快速拓展,向企业员工做出职业发展的承诺是至关重要的。"

香格里拉酒店集团为了配合其全球化快速扩张的发展战略,与康奈尔大学推出了在线培训计划。这不仅为员工提供了个人发展的机会,更为集团面向未来的发展解决了人才规划、建立人才储备的问题,也充分体现了香格里拉酒店集团人才规划战略的全局性和前瞻性。

请思考:结合香格里拉酒店集团的培训计划,试分析在制定人力资源规划时应考虑哪些因素。

第一节 饭店人力资源规划概述

人力资源规划工作是饭店人力资源管理的重要组成部分,它对饭店未来的人力资源供应与需求进行计划与安排,从而实现饭店对人力资源的有效配置。从内容与制定过程来说,饭店人力资源规划包含着上与组织战略相联系、下与行动方案相结合的更为广泛的内容。

一、饭店人力资源规划的概念

饭店人力资源规划(Human Resource Planning,HRP),是指为实现饭店组织发展目标与战略,根据饭店组织内外部环境的变化,运用科学的方法对所属人力资源的供需进行预测,并制定相宜的政策和措施,从而使饭店组织人力资源供给和需求达到平衡,使组织与成员均受益,最终实现饭店组织可持续发展目标的过程。简而言之,饭店人力资源规划就是指进行饭店人力资源供需预测,使之平衡并达到可持续发展的过程。其含义包含以下四个方面:

(一)饭店人力资源规划应适应环境和战略目标的动态变化

饭店的外部环境处于不断的变化之中,有些甚至是不可预测的,如"非典"事件给我国饭店业带来了空前的灾难。环境的变化将使饭店组织的战略目标也处于不断的变化和调整之中。饭店人力资源规划就是要在未来环境和饭店组织目标可能发生变化的前提下进行预测分析,对组织的需要进行识别和反应,把握环境和战略目标对组织的要求,确保饭店组织长期、中期和短期的人力资源需求，使饭店组织能够更快地对环境做出反应，从而增强竞争优势。

（二）饭店人力资源规划应有相应的政策与措施支撑

饭店人力资源规划需要通过制定新的政策、系统和方案来确定行动方针，指导人力资源管理的政策和实践，使人力资源管理在变化的条件下保持有效性和一致性，以确保饭店组织对人力资源需求的如期实现。政策要正确而明晰，如内部人员调动、补充、晋级或降职、外部招聘、培训与开发以及奖惩要有切实可行的措施保证，否则就无法确保饭店组织人力资源规划的实现。

（三）饭店人力资源规划应兼顾组织与成员双方的利益

饭店人力资源规划要以饭店组织目标与战略要求为出发点，以实现饭店组织利益为目的，其政策与措施的制定应充分考虑有利于组织的发展，提高组织的效率；与此同时，饭店人力资源规划也要切实关心组织中每个成员在物质、精神和个人发展等方面的需求，并帮助他们在实现组织目标的同时实现个人目标。只有兼顾两者利益，才能不断提高饭店组织与成员的工作效率，吸引和留住组织所需的人才。

（四）饭店人力资源规划应在管理循环中不断完善

饭店人力资源规划是饭店组织管理循环中的一个过程。规划为组织实施和评价控制提供目标和依据，同时通过反馈进行修正，在规划执行过程中若发现某些政策不合时宜，就应逐步改进。总之，饭店人力资源规划应在组织管理过程中不断总结，不断提升与完善。

二、饭店人力资源规划的作用

饭店人力资源规划的目标是确保饭店组织在适当的时间和不同的岗位获得适当的人员（包括数量、质量、层次和结构等）：一方面，满足变化的饭店组织对人力资源的需求；另一方面，最大限度地开发、利用饭店组织内现有人员的潜力，实现人力资源的最佳配置。为了实现饭店的战略目标和管理目标，必须在质量和数量上对人力资源有所规划。饭店竞争战略的成功与否在很大程度上取决于人力资源的参与程度。制定科学的人力资源规划，可以合理地利用人力资源，提高饭店劳动效率，降低人力成本，增加饭店经济效益。因此，饭店人力资源规划对于饭店的发展具有重要意义。

（一）推动饭店组织战略与目标的实现

饭店人力资源规划是根据饭店组织的战略目标而制定的，它实际上是饭店组织的战略目标在资源保障与配置上——人力资源供需（包括数量与质量）方面的分解，与组织的其他方面的计划共同构成组织目标的支撑体系。由于饭店组织所处的内外环境是不断变化的，组织的战略目标也需要不断进行调整，因此饭店组织对资源的需求——人力资源需求也随之而变化，这种需求的变化必然导致人力资源供需之间的失衡。比如，目前许多饭店企业面临的一个共同问题是企业人员流动率较高，员工录用标准低，从而影响饭店企业目标的实现。饭店人力资源规划的作用就是要根据组织目标的变化和组织的人力资源现状，分析预测人力资源的供需，采取必要的保证措施，平衡人力资源的供给与

需求,确保饭店组织目标的实现。

(二)实现饭店人力资源管理工作的有序化

饭店人力资源规划是饭店人力资源管理的基础,它在广泛收集内外部信息的基础上,具体规定了饭店人力资源管理需要做哪些工作和事项,它由总体计划和各分类执行计划构成,为管理活动,如确定饭店组织人员的需求量、供给量、调整职务和任务、培训等提供可靠的信息和依据,以保证饭店组织管理活动的有序化。通过人力资源规划,一方面,可以建立稳定的、有效的内部劳动力市场;另一方面,可以促使人才进行合理流动,优化组织的人员结构,最大限度地实现人尽其才、才尽其用,为饭店组织在竞争中充分发挥人才优势提供基础和保证。

(三)减少人力资源引进的盲目性

如果饭店对于人力资源的管理和引进缺乏规划性,而在饭店缺少员工时临时招聘员工,很容易导致录用标准的下降。特别是招聘进来的员工未经过本饭店一定时期的专业培训,可能因缺少专业知识或不适应饭店服务工作和员工纪律的要求,导致服务质量的下降,也有可能招进来的年轻员工对工作朝三暮四,迁徙性强,为今后饭店员工流动率的增高埋下伏笔。因此,人力资源战略计划要根据饭店离职率的情况,定期培训候补员工,以减少临时招聘的种种缺点。

(四)有助于调动员工的主动性和创造性

现代人力资源管理要求组织在实现发展目标的同时,尽可能满足员工个人的多层次需求,包括精神需求和物质需求两个方面。因此,只有在具备了合理的人力资源规划的前提条件之下,员工对自己需求的满足程度才是明确的,工作的积极性也会相应地被调动起来。也就是说,当组织所提供的机会或者福利待遇与员工所预期的需求基本一致时,他们会向这一明确的目标积极进取。反之,员工对自己和组织的目标或结果不明确,他们的积极性和创造性就会受到不同程度的削弱或抑制,在一定条件下还会严重影响组织的工作效率,甚至造成组织高级人力资源的流失,如对饭店企业经营与管理有重要影响的职业经理人与熟练员工的流失,这必然大大削弱组织的整体实力,同时会绝对或相对地增强竞争对手的实力;更严重的是形成人才流失的恶性循环,造成连锁反应,使人力资源的供求关系日益失衡。

(五)有助于保持饭店经营水平的稳定发展

饭店的经营水平与规模与社会经济、开放程度、人们的生活水平等因素息息相关,饭店的人力资源状况也随着社会的发展方向、酒店的经营水平不断变化。对饭店人力资源的未来需求缺少正确的判断,必然会影响饭店经营战略的转变,影响饭店经营水平的提高。因此,饭店人力资源计划的制订要根据整个社会经济、地区经济、人民的生活水平、旅游业的发展、同行业的竞争情况等进行科学的预测与规划,要根据形势的变化随时调整计划,可以通过拟订中短期计划等方式满足酒店发展中员工规模、质量不断变化的需要。

三、饭店人力资源规划的分类

(一)按规划的时限划分

根据规划期长短的不同,可以将饭店人力资源规划分为短期人力资源规划、中期人力资源规划和长期人力资源规划三类。短期人力资源规划是指 6 个月至 1 年的规划,其目标比较明确,内容也比较具体,更多地体现为执行性的计划。长期人力资源规划是指 5 年(一些企业为 3 年)或者 5 年以上的规划。由于规划的时间比较长,对各种因素不可能做出准确的预测,因此这类规划往往是指导性的,具有强烈的战略性,在具体实施时要随着内外部环境的变化而不断调整。中期人力资源规划则介于长期规划和短期规划之间,一般是指 1 年以上、5 年以下的规划。对短期规划来说,中期规划具有一定的指导性;对长期规划来说,中期规划又强调具体战术,常常是长期规划的阶段性目标。

(二)按规划的范围划分

根据规划的范围大小的不同,饭店人力资源规划可分为整体人力资源规划和部门人力资源规划。整体人力资源规划是指在整个饭店范围内进行的规划,它将饭店的所有部门都纳入到规划的范畴,具有全局性和整体性;部门人力资源规划则是指在一个部门范围内进行的规划。整体人力资源规划是在部门人力资源规划的基础上进行的。

(三)按规划的性质划分

根据规划性质的不同,饭店人力资源规划可分为战略性人力资源规划和战术性人力资源规划。前者的主要特点是具有全局性和长远性,通常是饭店人力资源战略的表现形式;后者一般指具体的短期的规划,具有专门针对性的业务计划,主要包括人员补充计划、人员分配计划、人员接替和提升计划、工资激励计划等。

四、饭店人力资源规划的内容

饭店人力资源规划是一个连续的过程,它的内容主要包括两个方面:人力资源总体规划和人力资源业务计划。饭店人力资源规划的制定要保持各项计划和政策的一致性,确保通过计划的实施使未来饭店对人力资源的需求得到满足、人力资源战略目标得以实现。

(一)饭店人力资源总体规划

饭店人力资源总体规划是在计划期内对人力资源管理的总目标、总政策、实施步骤和总预算的安排,是连接人力资源战略和人力资源管理具体行动的桥梁。总体规划一般包括以下几个方面:

(1)与饭店的总体规划有关的人力资源规划总原则、总目标、总方针以及任务的说明。

(2)关于饭店人力资源管理的各项政策、策略及其说明。

(3)饭店内部人力资源的供给与需求预测,饭店外部人力资源的情况与预测。

(4)饭店人力资源净需求。饭店人力资源净需求可在人力资源需求预测与人力资源供给预测的基础上求得。

(二)饭店人力资源业务计划

饭店人力资源业务计划包括人员补充计划、人员分配计划、人员接替和提升计划、教育培训计划、薪酬激励计划、劳动关系计划及退休解聘计划等。这些业务计划是总体规划的展开和具体化。每一项业务计划都由目标、政策、步骤及预算等部分组成。这些业务计划的实施能保证人力资源总体规划目标的实现。

由于饭店人力资源规划的内容涉及人员补充、培训、分配、晋升、工资等具体方面及其内在联系,因此在制订各项业务计划时应注意相互之间的平衡与协调。饭店人力资源规划的内容如表 2-1 所示。

表 2-1　　　　　　饭店人力资源规划内容一览表

计划类别	目标	政策	步骤	预算
总计划	总目标(绩效、人力资源总量素质、职工满意度等)	基本政策(扩大、收缩保持稳定等)	总步骤(按年安排,如降低人力资源成本等)	总预算
人员补充计划	合理的人力资源数量与结构,较高的员工绩效	人员素质标准、人员来源范围、起点待遇等	拟定补充标准,发布信息、设定选拔方法、录用、上岗教育	招聘选拔费用
人员分配计划	部门编制、人力资源结构优化及绩效改善、人员能位匹配、职务轮换幅度等	任职条件、职位轮换范围及时间	略	按使用范围、差别及人员状况决定的工资、福利预算
人员接替和提升计划	后备人才数量保持,提高人才结构及绩效目标	选拔晋升标准、晋升比例、未提升人员的安置等	略	职务变动引起的工资变动
教育培训计划	提高素质、技能,改善技巧、转变态度和作风等	培训时间的保证,培训效果的评估等	略	教育培训总投入及脱产损失
薪酬激励计划	人才流失减少,提高士气,绩效改进等	工资政策、激励政策、激励重点等	略	增加的工资奖金总额预算
劳动关系计划	降低非期望离职率,劳资关系改进,减少投诉,提升员工参与等	鼓励员工参与管理,加强沟通	略	法律诉讼费
退休解聘计划	编制合理,降低劳务成本,提高劳动生产率	退休政策及解聘程序	略	退休人员安置费、人员重置费

第二节　饭店人力资源规划的程序与影响因素

一、饭店人力资源规划的程序

饭店人力资源规划作为饭店人力资源管理的一项基础工作,其核心内容包括饭店人力资源需求预测、饭店人力资源供应预测、饭店人力资源供应与需求综合平衡三项工作。饭店人力资源规划的最终目的是通过对员工的规划与管理获得和保持企业的竞争优势。随着组织所处的环境、企业战略与战术计划、组织目前的工作结构与员工的工作行为的变化,人力资源规划的目标也在不断变化。因此,制定饭店人力资源规划不仅要了解饭店组织现状,而且要认清饭店组织的战略目标方向和内外环境的变化趋势;不仅要了解现实的情况，而且要认清饭店人力资源的潜力和问题。

饭店人力资源规划的程序一般可以分为调查分析、人力资源的供需预测、规划的制定实施和规划的评估反馈四个阶段（如图2-1所示）。

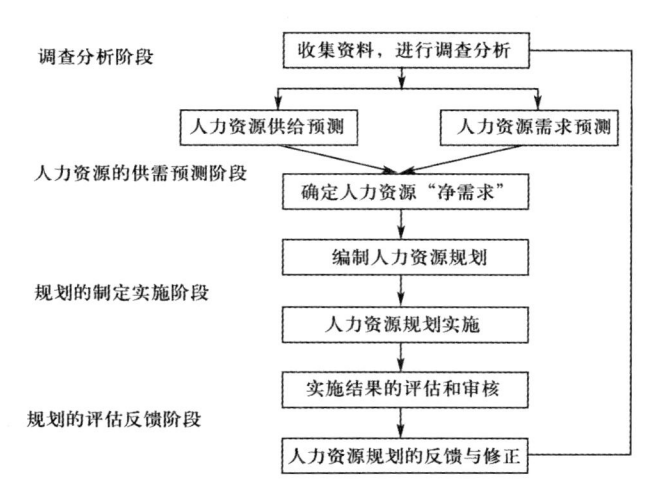

图 2-1　饭店人力资源规划的程序

1. 调查分析阶段

信息资料是制定饭店人力资源规划的依据。调查分析阶段的主要任务就是广泛收集饭店组织内部和外部的各种有关信息，并进行分析整理，为后续阶段确定实务方法和工具做准备。

饭店组织内部信息主要包括饭店组织战略、人力资源战略、组织员工流动状况、员工的素质、人力资源的成本及其变动趋势、产品的市场占有率、岗位需求的变化等。饭店组织外部信息主要包括宏观经济发展趋势、饭店行业的发展前景、主要竞争对手的动向、相关技术的发展、劳动力市场相关人才的供需状况、政府的政策法规等。

2. 人力资源的供需预测阶段

这一阶段是人力资源规划中关键性的部分。在所收集的人力资源信息基础上，采用定性与定量相结合，以定量为基础的各种统计方法和预测模型，对企业未来的人力资源状况进行预测，并考虑与所实施或假定的人力资源政策相关性，对组织的管理风格和传统往往会产生重大影响。预测的目的是得出计划期各类人力资源的余缺情况，即得到"净需求"的数据。

饭店人力资源的预测主要从供给和需求两个方面进行。饭店组织在进行人力资源预测时，应把重点放在内部人员拥有量的预测上，其预测的准确度相对比较高，而外部拥有量的预测则着重于关键人员，如高级管理人员、专业技术人员等。

饭店人力资源的供需预测是一项技术性较强的工作，其准确程度直接决定了规划的有效性。因此，除了方法的正确选择外，对预测人员数量、结构、素质、业务能力和经验的选择性也很高。

3. 规划的制定实施阶段

规划的制定与实施紧密相连。通常饭店组织首先形成人力资源战略,根据人力资源战略制定总体规划,再制定各项具体的业务计划以及相应的人事政策,以便各部门贯彻执行。饭店人力资源规划的制定要保持各项计划和政策的一致性,确保通过计划的实施使未来饭店组织对人力资源的需求得到满足,饭店人力资源战略的目标得以实现。饭店人力资源供需达到协调平衡是人力资源计划的基本要求,饭店人力资源供需预测是为这一活动服务的。

饭店人力资源规划的方案最终要在执行阶段付诸实施。方案执行阶段的关键问题在于,除必须要有实现既定目标的组织保证、分派负责执行的具体人员外,还要保证实现这些目标所需要的必要权力和资源。

4. 规划的评估反馈阶段

饭店人力资源规划是一个持续循环的动态过程,它具有滚动发展的性质。饭店组织将人力资源的总体规划和各项业务计划付诸实施后,要根据实施的结果进行评估,并及时对评估结果进行反馈,以修正人力资源规划,使其更切合实际,更好地促进饭店组织目标的实现。在评估审核的方法上,可以采用目标对照审核法,即以原定目标为标准进行逐项的评估审核;也可以采用广泛收集并分析研究有关数据的方法,如在某一时段内各类人员的流动情况、员工的生产积极性等。

在对饭店人力资源规划进行评估时,一定要尽量做到客观、公正和准确。同时,要进行"成本—效益分析"以及审核计划的有效性。而饭店人力资源是否有效运作,也可从若干指标显示出来,如人力成本降低、劳动生产率提高、服务质量改善等。

在某些企业中往往存在只重视人力资源规划的制定与实施,而忽视了人力资源规划的评估工作,这可能导致人力资源规划流于形式,最终导致战略目标无法实现。对人力资源规划的实施结果进行评估可以明确规划的有效性,了解问题所在,促使规划能够更好的落实。

二、影响饭店人力资源规划的因素

影响饭店人力资源规划的因素很多,总体上可分为两类,即饭店内部因素和饭店外部因素。

(一)饭店内部影响因素

1. 组织目标变化

组织目标主要指经营目标和管理目标,是组织持续发展的方向和动力。饭店人力资源规划的最终目的是通过对人员的规划与管理获得并保持饭店的竞争优势。随着市场需求日趋变化,市场竞争越来越激烈,加上组织内部员工结构与工作行为等因素的变化,为了保持稳定和持续的发展,组织需要根据外部环境的变化和自身情况的变化相应调整经营目标和管理目标,而目标的改变必然会影响到组织对人力资源的需求情况。因此,饭店的人力资源规划必须根据组织目标的变化进行相应的调整。

2. 组织形式变化

组织形式随着经济体制的变革和管理制度的改革而变化。过去,我国饭店企业实行的企业领导制度是"经理负责制",其组织形式呈"金字塔"状,层次比较繁杂,而现在要推行"现代企业制度",这一改革必然会对人力资源的需求带来相应的变革,从而要求人力资源规划也做出相应的调整,以符合现代化的、新型的组织形式的要求,促进饭店企业制度合理和不断完善。

3. 高层管理人员变化

组织高层管理人员的变化往往会使饭店企业的经营目标发生变化,从而影响人力资源规划,而且不同的高层管理人员对人力资源管理的理解以及所持的态度不同,从而会影响到对人力资源管理的支持和重视程度。如果饭店的高层管理者能够认识到人力资源管理在组织中的重要作用,而且对人力资源管理活动给予足够的重视和支持,那么人力资源规划工作就能顺利地进行,而制定出的人力资源规划也会促进企业经营战略的制定和实施。

4. 员工流动与素质变化

一方面,随着社会的进步和饭店行业的发展,饭店业员工的整体素质在不断地提高,饭店中知识型员工和管理人员的比重也发生了变化。在这种形势下,传统的人事管理体制和方法已不能适应发展的需求,现代人力资源管理体制和方法的运用越来越普遍。作为人力资源管理的基础工作,人力资源规划必须做出相应的调整,以保证人力资源管理活动既能适应员工素质的变化,又能促进员工素质的提高。

另一方面,员工流动率高是饭店行业比较普遍的现象,这也使饭店企业的员工队伍处于不稳定的状态,因此人力资源规划也需要根据这种变化不断地进行调整和修改。

(二)饭店外部影响因素

1. 劳动力市场变化

饭店制定人力资源规划的最重要依据之一就是劳动力市场的供给与需求预测,即在不同的人力资源供求情况下应该制定不同的人力资源规划。劳动力市场是饭店的一个外部人员储备,通过这种储备,饭店能够获得需要的员工。饭店员工的能力在很大程度上决定着饭店能否顺利地完成自己的目标。由于可从饭店外部聘用新的员工,因此劳动力市场便是人力资源管理必须考虑的一个外部环境因素。劳动力市场是随时变化的,这就引起饭店的劳动力的变化。在此变化中,饭店内部每个员工的变化都会影响到管理者处理问题的方式。若饭店急需大量的优秀管理人才,人力资源规划应充分满足饭店对管理人才的需求,认真设计优秀管理人才的补充、在职员工的培训与选拔以及薪酬激励等规划内容,力争为饭店招聘和培养更多的适应饭店需求的管理人才。

2. 政府政策变化

政府相关政策的制定与修改会影响饭店企业的人力资源规划。例如,从限制外地劳动力进入本地劳动力市场到允许人才自由流动,大学毕业生就业政策的调整与实施等,都会促使饭店企业制定相应的人力资源规划,来扩大人力资源的招聘范围,更广泛地吸引人才,为企业的持续发展提供充足的人力保证。

3. 市场竞争

行业发展现状会对企业人力资源规划产生影响。在激烈的市场竞争中,一些饭店企业由于不能适应市场需求,经营不善,发展前景暗淡。在这种情况下,企业会考虑调整经营结构、转变经营方向以改变现状,相应的,企业人力资源规划也会做出调整或改变。

第三节 饭店人力资源规划预测

资料链接

金秋酒店的人力资源规划

近来,金秋酒店常为人员空缺所困惑,特别是经理层次人员的空缺常使得酒店陷入被动的局面。金秋酒店最近进行了人力资源规划。酒店首先由4名人事部的管理人员负责收集和分析目前酒店对前厅部、客房部、餐饮部等几个部门的管理人员和服务人员的需求情况以及劳动力市场的供给情况,并估计在预测年度,各部门内部可能出现的关键职位空缺数量。

但这几个部门制订和实施行动方案的过程是比较复杂的,因为这一过程会涉及不同的部门,需要各部门的通力合作。

金秋酒店的4名人事管理人员克服种种困难,对经理层的管理人员的职位空缺做出了较准确的预测,制定详细的人力资源规划,使得该层次上人员空缺减少了50%,跨地区的人员调动也大大减少。从内部选拔工作任职者人选的时间也减少了50%,并且保证了人选的质量,合格人员的漏选率大大降低,使人员配备过程得到了改进。人力资源规划还使得酒店的招聘、培训、员工职业生涯计划与发展等各项业务得到改进,节约了人力成本。

金秋酒店取得的进步,不仅仅有利于人力资源规划的制定,还有利于酒店对人力资源规划的实施与评价。在每个季度,高层管理人员会同人事咨询专家共同对上述4名人事管理人员的工作进行检查评价。这一过程按照标准方式进行,即这4名人事管理人员均要在以下14个方面做出书面报告:各职能部门现有人员;人员状况;主要职位空缺及候选人;其他职位空缺及候选人;多余人员的数量;自然减员;人员调入;人员调出;内部变动率;招聘人数;劳动力其他来源;工作中的问题与难点;组织问题及其他方面(如预算情况、职业生涯考察、方针政策的贯彻执行等)。同时,他们必须指出上述14个方面与预测(规划)的差距,并讨论可能的纠正措施。通过检查,一般能够对下季度在各职能部门应采取的措施达成一致意见。

(资料来源:张玉改.酒店人力资源管理.北京:中国林业出版社,2010)

一、饭店人力资源需求预测

饭店人力资源需求预测就是估计组织未来需要多少员工,需要什么类型的员工。因此,饭店人力资源需求预测应该以组织的目标为基础,既要考虑现行的组织结构、生产力水平等因素,又要预见到未来由于组织目标调整而导致的一系列变化,如组织结构的调整、产品结构的改变、新技术的采用等，以及由此而产生的人力资源需求在数量和技能两方面的变化。

饭店人力资源需求预测的基本方法可分为主观法和客观法两种，具体方法有经理判断法、专家预测法、趋势分析法、比例分析法等。

(一) 经理判断法

经理判断法是最常用的预测方法之一，即各级经理或管理人员根据自己的经验和直觉，自下而上或自上而下地确定未来所需人员。

采用自下而上的形式预测人力资源需求时，由部门经理提交人力资源需求预测方案，通过饭店人力资源部上报最高管理层审批。在许多情况下，也可以采用自上而下的形式，由最高管理层预测饭店及各部门人力资源的需求情况，人力资源部参与讨论，提出建议。自上而下形式的预测结果要与部门经理讨论，并征得部门经理的同意。

最好的预测方法是将自下而上和自上而下两种形式结合起来。由最高管理层为部门经理准备一个人力资源规划指南，明确饭店未来经营活动的基本设想，以及预期所要实现的目标。部门经理根据规划指南对本部门的人力资源需求进行预测。同时，人力资源部要为业务部门的人力资源需求预测提供咨询和帮助，要对饭店整体的人力资源需求进行预测。最后，由主要部门负责人组成的人力资源规划小组对业务部门和人力资源部的需求预测报告进行审核和协调，将修改后的人力资源需求预测报告提交最高管理层审批。

(二) 专家预测法

专家预测法是一种定性预测的方法。它采用问卷的方式，以书面的形式收集各位专家对饭店未来人力资源需求量及其相关因素的分析，并经多轮反复，最终达成一致。

专家可以是从外部聘请的，也可以是饭店内部有丰富经验的管理人员或技术人员。具体操作步骤如下：首先，确定专家，并将所需要预测的内容编写成若干简明扼要的问题以问卷形式列出；第二，将问卷寄给选定的专家，请他们独立完成问卷；第三，归纳、分析专家们的意见，并将结果反馈给每个专家，请他们修改自己的答卷，再将修改后的意见寄回；第四，在分析讨论统计资料的基础上得出结论。

在具体实施过程中，专家们是在互不通气的情况下进行的预测，既不受其他专家预测结果的影响，也不受外界因素的干扰，因此能充分表达专家自己的意见，结果比较客观。但这种方法的难点在于很难判断问卷的设计和问题的提出是否具有专业性，这些问题对于预测饭店人力资源需求是否具有信度和效度。

(三) 趋势分析法

趋势分析法是通过找出企业中对劳动力数量和结构影响最大的因素，并分析由于这一因素的变动而导致企业劳动力数量和结构的变化规律，由此预测出未来企业的人力资源需求。这种分析方法一般分为六个步骤：

(1)确定适当的与员工人数有关的组织因素；
(2)根据这一组织因素与劳动力数量的历史记录做出二者的关系图；
(3)借助关系图计算出每人在单位时间内的平均产量，即劳动生产率；
(4)确定劳动生产率的趋势；
(5)对劳动生产率的趋势进行必要的调整；
(6)对预测年度的情况进行推测。

在运用趋势分析法预测时，可以根据经验估计，也可以利用计算机进行较为复杂但更准确的回归分析。所谓回归分析法，就是利用历史数据找出某一个或几个组织因素与人力资源需求量的关系，并将这一关系用一个数学模型表示出来，借助这个数学模型推测未来人力资源需求的一种预测方法。

(四)比例分析法

比例分析法也称经验预测法。饭店中各部门的人员数量配比有一定的比例关系，如饭店的前台人员、餐厅人员、客房人员、管理人员等人员数量与饭店的客房数量、服务项目、设施设备等情况直接相关，因此可按同等饭店的经验数量与比例确定。如一般情况下，饭店客房部门的员工占饭店员工总数的20%～30%，普通饭店员工总数与饭店客房数的比例为1∶1.5～1∶2。饭店管理人员也可按员工总数确定各部门员工数量的比例。

二、饭店人力资源供给预测

饭店人力资源供给预测包括两个方面：一是内部供给预测，即根据现有人力资源及其未来变动情况，预测出计划期内人员拥有量；二是外部供给预测，确定在计划期内各类人员的可供量。

(一)饭店人力资源内部供给预测

1. 饭店人力资源内部供给预测分析

饭店人力资源内部供给预测应以对组织现有人员状况分析为基础，同时要考虑组织内部人员的流动状况，了解有多少员工仍然会留在现岗位上，有多少员工会因为岗位轮换、晋升、降级离开现岗位到新岗位工作，有多少员工会因退休、调离、辞职或解雇等原因离开组织。

(1)现有人员状况分析。对现有人员进行分析是人力资源供给预测的基础。可以根据人力资源信息系统或人员档案所收集的信息，按不同的要求、从不同的角度对现有人员状况进行分析。例如，分析员工的年龄结构可以发现组织是否存在着年龄老化或短期内出现退休高峰等问题；对员工的工龄结构进行分析有助于了解员工的流失状况和留存状况；对现有人员的技能和工作业绩进行分析便于了解哪些员工具有发展潜力，具有何种发展潜力，是否可能成为管理梯队的成员，未来可能晋升的位置是什么。除此之外，还可以根据需要对组织的管理人员与非管理人员的比例、技术工人与非技术工人的比例、直接生产人员与间接生产人员的比例、生产人员与行政人员的比例等进行分析，以便了解组织的专业结构、不同人员的比例结构等。另外，开列技能清单是分析现有人员状况的有效方法。

(2)员工流失率分析。员工流失是造成组织人员供给不足的重要原因,因此在对人力资源供给进行预测时,员工流失分析是不容忽视的因素。员工流失率分析可以借助一系列指标来进行。

$$员工流失率 = \frac{一定时间内(通常为一年)离开组织的员工人数}{同一时期员工的平均人数} \times 100\%$$

员工流失率分析的目的在于掌握员工流失的数量,分析员工流失的原因,以便及时采用措施。在进行员工流失率分析时,既要从组织角度计算总的员工流失率,又要按部门、专业、职务、岗位级别等分别计算员工流失率,这样才有助于了解员工流失的真正情况,分析员工流失的原因。

员工留存率分析也是员工流失分析的一个重要指标。它是计算经过一定时期后仍然留在饭店的员工人数占期初员工人数的比率。例如,饭店客房部最初有 10 名管理人员,两年后留在饭店的有 7 名,那么两年留存率为 70%;五年后仍留在饭店的有 4 人,那么五年留存率为 40%。通过留存率计算,饭店组织可以了解若干年后有多少员工仍留在饭店,有多少员工已离开饭店。

(3)组织内部员工流动分析。组织内部的岗位轮换、晋升或降级是管理工作的需要,也是员工发展的需要。因岗位轮换、晋升或降级而导致的组织内部人员的变动往往会产生一系列连锁反应。例如,饭店财务总监退休,财务部经理被提升到财务总监的位置,一位会计师提升为财务部经理等。由于财务总监一人退休,产生了一系列的岗位空缺:财务总监、财务部经理、会计师。组织内部员工的流动既是组织人力资源供给的内部来源,又会产生新的岗位空缺。很多饭店通过管理人员梯队计划、退休计划和岗位轮换计划了解掌握组织内部员工的流动情况以及职位空缺情况,为人力资源供给预测提供信息。

2. 饭店人力资源内部供给预测方法

(1)人员继任法。人员继任法是人力资源部门对饭店的人员进行详细调查并与决策者确定哪些人有能力升迁到更高层次的位置,然后制定相应的"饭店管理职位人员储备评价图",也称为"饭店管理人员继任图"(如图 2-2 所示),列出岗位可以替换的人选。制定这一方法的过程如下:

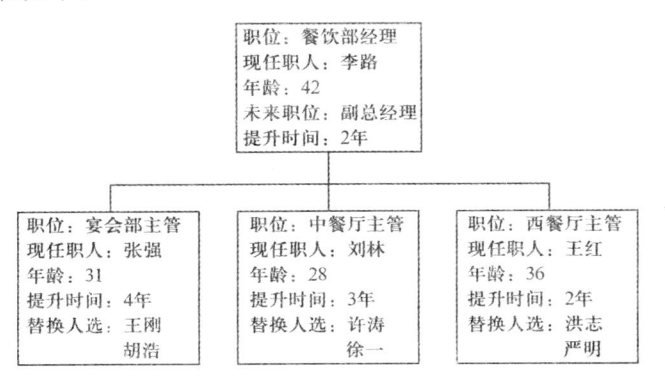

图 2-2 饭店管理人员继任图

①确定需要制定接续规划的管理职位。
②确定每个管理职位上的接替人选。所有可能的接替人选都应该考虑到。
③评价接替人选。主要判断其目前的工作情况是否达到提升要求,并将接替人选分成不同的级别。
④确定职业发展需要,将个人的职业目标与组织目标相结合。

(2)人员核查法。人员核查法是为了追踪员工的工作经历、教育程度、特殊技能等与工作有关的信息而设计的一套系统。它可以输入电脑以便在需要人力资源时随时查用,还可以帮助人力资源规划人员估计现有员工调换工作岗位的可能性大小和测定哪些员工可以补充当前的职位空缺等。通过人员核查,管理人员可以知道饭店内人力资源供应状态。其主要作用如下:
①评价目前饭店不同种类员工的供应状况。
②确定晋升和换岗的候选人。
③确定员工是否需要进行特定的培训或发展项目。
④帮助员工确定职业计划与职业途径。

(3)马尔柯夫转移矩阵法。随着时间的推移,组织内部的员工会在组织内外进行流动和转移。马尔柯夫转移矩阵的基本假定是,组织内部的员工流动模式与流动比率(概率)会在未来大致重复。也就是说,在一定的时间段中,从某一状态(类)转移到另一状态(类)的人数比例与以前的比例相同。这个比例称为转移率,以该时间段的起始时刻状态(类)人数占总人数的百分比来表示。所以,可以根据过去的时间段中人员流动的资料来构成转移矩阵,作为预测的依据。如果给定各个状态(类)的人数、转移率和从外界补充进来的人员数目,那么,所需各类人员的未来时刻的人数就可以预测出来。

下面以某个饭店的员工变动为例加以说明。

在表2-2和表2-3中,该饭店的工作级别从A~D,A为最高级别,D为最低级别,其中的每个元素表示一个时期到另一个时期、从一个岗位转移到另一个岗位的人数比例。例如,AA表示在任何一年内80%的A岗位的员工仍留在A岗位,而有20%的员工离职;BA表示任何一年内,10%的B岗位的员工晋升到A岗位,75%的B岗位的员工仍留在原岗位,另有15%的员工离职,以此类推。

表 2-2　　　　　　　马尔柯夫分析矩阵表(A)

工作级别	初始人数	A	B	C	D	离职
A	10	0.8				0.2
B	20	0.1	0.75			0.15
C	40		0.05	0.8	0.05	0.1
D	60			0.15	0.7	0.15

表 2-3　　　　　　　　马尔柯夫分析矩阵表(B)

工作级别	初始人数	A	B	C	D	离职
A	10	8				2
B	20	2	15			3
C	40		2	32	2	4
D	60			9	42	9
终止期员工人数	130	10	17	41	44	18

通过各岗位员工流动的概率和规划初期每个岗位员工的数量,就可以预测出饭店未来员工的供给量。将规划初期每个岗位员工的数量与相应的员工流动概率相乘,然后纵向相加,即可得到饭店内员工的净供给量。如根据表 2-3 所示,可以预测下一年 A 岗位将有 10 人,B 岗位将有 17 人,C 岗位将有 41 人,D 岗位将有 44 人。

(二)饭店人力资源外部供给预测

从长远来看,招聘和录用新员工对所有企业都是必不可少的,无论是由于生产规模的扩大,还是由于劳动力的自然减员,饭店都要从劳动力市场获得必要的劳动力。人力资源外部供给预测在某些时候对饭店企业制定人力资源规划更加重要。饭店人力资源外部供给预测受到的影响因素较为广泛且不易控制,应引起足够的重视。

1.饭店人力资源外部供给预测的影响因素

(1)劳动力市场。劳动力市场是人力资源外部供应预测的一个重要因素,对饭店企业的人力资源供给的预测有十分重要的影响,主要涉及以下几方面:

①劳动力供求状况,当地的人口总量越大,人力资源率越高,则人力资源供给越充裕。

②劳动力的总体构成与相应的质量,如劳动力的年龄、性别、教育与技能等。

③劳动力对职业的选择,当地劳动力的择业心态与模式、劳动力的工作价值观也将影响人力资源的供给。

④经济发展的现状与前景决定了当地对外地劳动力的吸引能力。

⑤饭店提供的工作岗位数量与层次。

⑥饭店提供的工作岗位地点、工资、福利,与外地相比的相对价格、当地的物价指数等都会影响劳动力的供给。

(2)科学技术的发展。当前,科学技术的迅猛发展,对饭店企业人力资源供给的影响越来越大,对预测主要有以下影响:

①科学技术的发展使人们从事工作的时间越来越少,闲暇时间越来越多,因此服务行业的劳动力需求量就越来越大。

②对员工的技能要求提高,尤其是对计算机的操作运用能力。同时,对内部员工的培训也要求企业持续开展,不断更新培训内容。

③由于办公自动化和网络的普及,中层管理人员会适当削减,而有创造力的人员则

更显珍贵。

(3) 政府颁布的政策法规。饭店人力资源供给预测一定不能忽视政府的政策法规。各地政府为了各自经济的发展，保护本地劳动力的就业机会，都会颁布一些相关的政策法规，如中国饭店业协会颁布的《饭店职业经理人标准》等，饭店应及时把握这些条例与标准，在招聘与培训等方面及早做出反应。

与内部供给预测一样，外部供给预测也要分析潜在员工的数量、能力等因素，只不过外部供给预测分析的对象是在组织按照以往方式吸引人员时，规划从外部加入组织的人力资源。

2. 饭店人力资源外部供给预测方法

饭店人力资源外部供给预测常采用的方法就是市场调查方法，是指饭店人力资源管理人员组织或亲自参与市场调查，并在掌握劳动力市场信息资料的基础上，经过分析和推算，预测劳动力市场的发展和未来趋势的一类方法。由于市场预测方法强调调查得来的客观实际数据，主观判断较少，可以在一定程度上减少主观性和片面性。所以，有人称市场调查预测方法是客观性市场预测法。应用于饭店企业的市场调查方法主要有以下几种：

(1) 文献查阅法。通过查阅各类经济信息报刊、劳动力市场行情资料以及饭店企业与产品目录大全等文献资料，就可以了解饭店市场的一般情况，这种调查方法在市场调查中被普遍应用。还可以查阅政府和新闻报刊、各类调研机构所发表的各种统计资料，然后进行对比分析，以获取所需的饭店劳动力市场信息。

(2) 询问法。这是一种通过对调查对象进行询问或要求对方填写询问表以取得答案的方法。这种方法可以是直接面谈——要求被调查者一一回答问题，调查者做好记录、录音或录像等；也可以通过电话交谈或邮寄调查表供被调查者填写等。

在这里，调查表的设计至关重要，直接影响调查效果。设计调查表的用词，必须严谨明了、含义准确；所调查的内容要简练，使被调查者易于回答、乐于回答；表头的设计要先简明介绍调查的主题，然后再采用问答的方式列出相关问题。

(3) 直接观察法。直接观察法是依靠有经验的市场调查或市场研究人员对市场的直接观察结果，来判断市场状况的方法。这种方法的优点是简单、直观、方便；缺点是观察范围有限，容易掺入观察者的主观看法。因此，这种方法常常作为其他方法的辅助手段而被广为采用。

(4) 会议调查法。通过各式各样的会议收集市场信息，也是一种市场调查的行之有效的方法。例如，每年有各种人才招聘会、人才信息发布会、人才交流会以及劳动力市场分析会等，通过参加这些会议收集市场信息，了解市场行情，常常能取得良好的效果。

三、饭店人力资源供求的平衡

饭店人力资源供求平衡（包括数量和质量）是人力资源规划的目的。对人力资源供给和需求预测的结果，经常反映出两者不平衡：人力资源供求总量平衡、结构不平衡；人力资源供大于求，将导致企业内部人浮于事，内耗严重，生产或工作效率低下；人力资源供小于求，结果是企业设备闲置，固定资产利用率低，造成浪费。饭店人力资源规划就是要对上述人力资源供求的不平衡做出调节,使之趋于平衡。

1. 人力资源供求总量平衡,结构不平衡

企业人力资源供求完全平衡这种情况极为少见,甚至不可能,即便是供求总量达到平衡,也会在层次、结构上出现不平衡,如饭店企业经常出现的是人员总数能满足饭店企业的需要,但十分缺乏饭店企业职业经理人队伍。对于结构性的人力资源供求不平衡,主要通过人力资源规划基础上的一系列人事活动来解决。首先,应根据具体情况,通过企业内部人员晋升和调整,以补充那些空缺的职位,满足这部分人力资源的需求。其次,对供过于求的普通人力资源,有针对性地进行专门培训,提高他们的知识技能,让他们转变为企业需要的人才,补充到有需求的岗位上去。再次,可以通过人力资源的外部流动,补充企业的急需人力资源,同时释放一部分成员。

2. 人力资源供小于求

在人力资源供不应求、发生短缺时,必须增加人力资源的供给,主要有两种解决方法:一是增加录用的数量,通常有寻找新的员工招聘来源、增加对求职者的吸引强度、降低录用标准、增加临时性员工和使用退休员工等几种方法;二是提高每位员工的生产率或增加他们的工作时间,这就需要提高员工的工作能力并增强他们的工作动力,其办法有培训、进行新的工作设计、采用补偿政策或福利措施以及调整管理人员与员工的关系等。以上措施虽是解决饭店企业人力资源短缺的有效途径,但最有效的方法是通过科学的激励机制以及培训提高员工生产业务技能、改进工艺设计等方式,调动员工的积极性、主动性和创造性,以提高劳动生产率,减少对人力资源的需求。

3. 人力资源供大于求

在人力资源供给过剩,即饭店存在冗员时,首先应考虑通过饭店自身的发展,即开拓新的企业发展生长点来调整人力资源供给配置,例如,饭店企业可通过扩大经营规模,开拓新的市场与产品,实行多种经营等增加人力资源需求的方式来吸收过剩的人力资源供给。其次,可以通过一些专门措施,例如,提前退休或内退、压缩工时和相应降低工资水平、转业培训、冗员辞退等方式来减少人力资源的供应。

在制定平衡人力资源供求政策措施的过程中,不可能是单纯的供大于求或供小于求,往往会出现某些部门人力资源供过于求,而另几个部门又可能供不应求,或是高层管理人员供不应求,而基层员工供过于求等复杂情况。所以,饭店企业应从实际出发,具体问题具体分析,制订出相应的人力资源计划,使各个部门人力资源在数量、质量、层次、结构等方面达到协调平衡。

案例分析

酒店淡季员工的调剂

夏季过后,蓝天大酒店进入淡季,根据酒店的经营效益,在淡季不得不减少员工的收入,加上附近又开了几家新酒店,一些员工趁机跳槽或辞职,使酒店一些部门岗位产生空缺,面对这些状况,总经理和人事部商量如何弥补这些空缺。一般情况下,可以面向社会招聘,但在淡季如果招收进新员工,不仅员工工作机会不多,还要增加工资的支出,如果靠在职员工加班弥补这些空缺也有一定的困难:一是短时间可以付出,时间长了会影响员工的正常休息;二是由于岗位分工明确,临时替补的员工对酒店的服务质量也会产生影响。如何处理酒店人力资源的不足呢?

通过大家的商议,人事部经理提出了利用淡季到职业学校招聘一些实习生的办法,这样既可以选择、培养酒店所需要的员工,也可以解决酒店人员缺口的问题,实习生工资低,利用淡季也可以安排有关员工专门带一下,是一举两得的好办法。总经理同意这一建议,下午人事部门就跑了几个学校,终于联系上了学生实习的问题,学校认为有这样的机会给学生锻炼一下是十分难得的,可以使学生把课堂上学到的东西付诸实践。

请思考: 吸收实习生弥补酒店员工的短缺有什么利弊?

(资料来源:薛群慧.酒店人力资源开发与管理.昆明:云南大学出版社,2005)

第四节 饭店人力资源发展战略

资料链接

经济型酒店人才储备不足

近几年,经济型酒店在中国迅速发展,但目前的人才状况远不能满足快速发展的市场需求,经济型酒店的人才培养和储备正在成为业内关注的一大课题。

高校的经济型酒店专业人才培养相对滞后,培养定位不能满足市场的需要。改革开放以来,高校就加强了对酒店管理人才的培养,但是都是为高星级酒店"量身定做"的,对于经济型酒店人才的培养刚刚起步,教学方案、理论研究和师资方面还亟待完善。另一方面,学校的人才培养至少需要2~4年的时间,而目前经济型酒店的扩张规模呈指数增长,于是就在源头上造成经济型酒店的人才相对短缺。

星级酒店职业经理人对经济型酒店缺乏足够的了解。为了满足高速扩张的人才需要,经济型酒店四处"挖角",高星级酒店的职业经理人自然是第一选择,事实上两者虽然同属于酒店服务业,但是在经营模式、营销推广、战略决策、盈利模式等方面都有很大的差异,由于缺乏对经济型酒店的了解,一个成功的星级酒店职业经理人不一定就是一个成功的经济型酒店经理人。

新人的培养和人才储备比较欠缺。经济型酒店的突出特点就是"经济",必须降低运营成本,以增强竞争力。然而,新人培养和人才储备都是高成本的投入,而且是一个长期的策略,不能立竿见影。项目拓展的不确定性、饭店行业高流动性以及人才培养机制的不完善,都给经济型酒店人才培养、储备造成了很大的困难。

缺乏综合性复合型人才。相对于星级酒店,经济型酒店组织结构简单,结构层次少,员工配比一般为1∶0.3~1∶0.4,这就对员工提出了更高的要求,无论是管理人员还是基础服务人员,都要是"多面手",但现实却缺乏这种综合性复合型人才。

(资料来源:张玉改.酒店人力资源管理.北京:中国林业出版社,2010)

一、基于战略的人力资源规划

在整个饭店人力资源管理系统中,面临的首要问题在于,饭店如何形成其人力资源规划,从而为饭店的选人、育人、留人、用人奠定基础。

所谓基于战略的人力资源规划是饭店为适应社会经济及外部环境的变化以及人力资源开发与管理日益发展的需要,根据组织的发展战略,充分考虑员工的期望而制定的人力资源开发与管理的纲领性的长远规划。

饭店通过有效的人力资源规划,为实现饭店的战略目标在人力资源领域的有效传递提供了重要纽带。但要注意的是,人力资源规划在整个人力资源管理系统中,既是一个传统的职能模块,又是一个新兴的前沿领域。

传统的人力资源规划往往强调通过定量化的数理模型来提供人力资源需求和供给的数量,只注重量的分析,忽视人力资源的内在素质和结构要求。现代的人力资源规划则表现出两个重要的特点:一是在定量分析的基础上,更加强调对人力资源规划的质量进行定向分析,从而使人力资源规划变得更加具有操作性;二是更加强调人力资源规划与企业战略的有机衔接,即要基于企业的战略来确定人力资源的需求以及满足这些需求的主要目标、策略和措施。

二、饭店人力资源战略制定的程序

(1)对饭店行业的市场发展现状、市场前景、竞争格局、饭店领先企业及相关行业等进行研究,并对未来饭店行业发展的整体环境及发展趋势进行探讨和研判,从而对本饭店生存与发展的外部环境有一定的了解并掌握发展的基本脉络。

(2)在前面大量分析、预测的基础上,研究饭店行业今后的发展与投资策略;熟悉并掌握本饭店的发展宗旨与发展目标、企业文化及人力资源的现状,包括数量与结构、素质与能力、劳动生产率与员工的劳动态度、价值观等。

(3)根据以上内外部的发展现状与发展趋势,分析出内外部因素的变化对饭店发展的影响与作用程度,制定出符合本饭店发展情况的长期战略。这一战略应包括发展的具体思路、发展目标和方向、发展重点与需要解决的困难及矛盾,发展的趋势及要达到发展目标所必须采取的具体措施。

(4)由于内外部环境的不断变化,在发展战略制定后,要根据环境的变化与战略实施过程中出现或暴露的问题进行不断地调整与修正。通过不断地调整、修正、再调整、再修正,提高发展战略的可行性程度并达到指导饭店具体工作、保持饭店经营稳定发展的目的。

三、饭店发展战略的常见类型

企业战略是指企业根据环境的变化、自身的资源和实力选择适合的发展方式,形成自己的核心竞争力。企业的发展战略是多种多样的,具体采取何种发展战略,取决于经营的环境与条件,以及管理者的经营方式与经营目标,同时也受管理者个人文化、个性等特点的影响。

(一)扩展战略

在外部发展环境良好或经济迅速发展时期,或本饭店有极好的发展前景与发展能力时可采用扩展战略,即饭店管理者的发展目标是不断地扩大自己的经营范围与经营领域,通过一个饭店的崛起,带动其他产业或多个饭店的产生和发展。如通过饭店经营信誉和知名度的不断提高,凭借本饭店创造的利润,在本地或其他地区建立多个分饭店,从而不断地扩大经营规模,扩充实力;或依靠饭店的发展去开拓其他经营领域,如商场、旅游产品、度假区等。

扩展战略可较快地提高企业的经济实力,扩大知名度。但扩展战略的实施一定要与企业的发展能力适应,不切实际地盲目扩大经营会得到欲速则不达的结果,甚至会拖垮整个企业。

(二)收缩战略

在经济衰退、行业竞争激烈、整个市场需求下降或饭店经营环境与条件发生变化时,如交通环境或地理环境发生变化使饭店丧失了原有的地理环境优势和交通优势,或由于旅游热点的转换使饭店所在地区的旅游热转淡等,为了及时克服危机,制止更大的利润滑坡,饭店可以采取收缩战略。收缩战略有:改变战略,即通过修订现行战略使之适应新的市场;撤退战略,即及时转向其他经营领域或根据市场需要改变饭店的档次、规模等,甚至可以破产或移交。

收缩战略可以及时果断地挽救企业生命,使企业通过总结经营失败的教训,整理内部各种关系,使企业摆脱危机,提高企业应变能力和竞争力。但收缩战略容易使企业陷入消极经营状态,降低员工士气,如果处理得不果断也会断送整个企业。

(三)稳定战略

在饭店实力有限、只能维持原有的经营业绩或饭店外部环境发展变化等情况下,饭店只能在完善企业内部经营机制上下功夫,加强管理,努力降低成本,提高服务质量,以此战略提高对外界环境的抗干扰能力,保持和加强自己的实力,积蓄能量。这种战略可以在这一时期内有助于企业的维持与发展,但缺点是企业发展缓慢,在稳定战略实施的过程中,如果管理者过多地注重内部管理的改善,容易忽略外界环境变化及产生的发展机遇。

(四)重组战略

由于竞争的需要、扩大经济实力的需要或迫于经营上的困难和压力等情况,可以采用重组战略。饭店可根据发展的需要与条件,通过资产重组的方式寻求发展。如与其他饭店进行联合以扩大实力,也可以根据自己的实力情况,收购其他小的饭店或企业,或被其他企业兼并或收购等,这种方式可以使饭店在较短的时间内扩大实力,提高市场竞争力或摆脱危机。

重组战略可以提高企业的市场适应能力和技术创新能力,提高企业的管理水平,减少风险,增强经济实力。但采用重组战略一定要"情投意合",实事求是,并要选择好时机与对象,至于重组是否成功,要看重组后饭店结构的变革状况和重组战略的变化,以及是否能达到预期的目标。

四、饭店人力资源发展战略

(一) 高薪战略

高薪战略就是指饭店利用丰厚的工资待遇或住房、高福利等方式吸引人才,从而在短时间内提高本饭店员工,特别是中、高级管理人员的素质,迅速提高饭店的经营水平和档次。这一战略往往使用在饭店招聘中、高级管理人员上,特别是新建立的饭店,如果通过自己培训中、高级管理人员,需要大量的时间和精力,并且具有一定的风险。如果能通过高薪或优厚的待遇吸引到现成的高质量的人才,不失为一种好的方法。由于通过高薪聘请人才目标明确,往往可以聘到具有较高学历和丰富管理经验的人才,这对饭店的发展十分有利。

(二) 投资战略

这种战略是指饭店不断地对员工的开发与培训进行投资以达到不断地提高企业竞争实力的目的。饭店除了对招聘来的员工进行培训外,对于在职的员工也分期分批地进行培训,不断地提高员工的素质,使饭店储备较丰富的各项专业人才。一方面在饭店内部形成一种良好的竞争机制,另一方面也有易于融洽上下级关系,有利于培训普通员工的敬业精神,使他们能在这种环境中较好地展现自我。这种战略多适合于大型或高星级饭店。

(三) 参与战略

这种战略是指饭店重视并加强员工参与决策饭店发展与经营的机会,提高员工的凝聚力和向心力,使普通员工也能感到饭店就是自己的家,从而自觉地维护饭店的利益和声誉。同时,员工参与饭店的决策,也能充分体现民主和团结的精神,对于提高饭店的经营水平和信誉程度有较好的作用。

一般来说,不同饭店采取的人力资源战略是不相同的,所采用的战略模式也是不同的,要根据自己饭店的实际情况进行修订,它可以是不同战略模式的组合。

五、人力资源发展战略与企业发展战略的结合

一个饭店的人力资源发展战略是与企业发展战略紧密相关的。也可以说,人力资源战略要符合企业发展战略的根本宗旨。如采用扩展型发展战略的饭店,人力资源战略多倾向于投资性战略,自己建立一整套人才培训、储备体系,以适应不断发展和扩大的经营需要等。

人力资源发展战略属于整个企业发展战略的一部分,它必须与企业发展战略相配合、适应。如一个饭店如果属于迅速发展阶段,有一定的经济实力,其发展战略是属于拓展型的,为了在较短时间内得以迅速发展,其人力资源战略就可能会相应地采用高薪战略,即挖掘其他企业的现有人才,这样可省去自己培养人才的时间和过程;企业采用稳定战略时,人力资源战略可配合参与型战略或投资型战略,这样可以充分发挥现有人才的积极性与创造性,挖掘内部潜力,努力提高饭店的服务质量等。

总之,只有人力资源发展战略与企业的总体发展战略相一致,才可能发挥最大的效用。

当然，每一个企业有自己的具体情况，其管理者也有不同的发展思路，即使采用同类的发展战略，也不会是完全相同的，各个企业可根据自己的情况选择、修正和完善它。

本章小结

饭店人力资源规划是对饭店未来的人力资源供应与需求进行计划与安排的过程，目的是实现饭店对人力资源的有效配置。本章论述了饭店人力资源规划的概念、种类与内容，介绍了饭店人力资源规划的程序、影响因素，重点介绍了饭店人力资源供给与需求预测方法，最后对其编制内容进行了介绍。

综合案例

一、背景

鼎文酒店集团最初只是一家普通的国有宾馆，由于地处国家著名的旅游景点附近，故迅速发展壮大——原有宾馆已经推倒重建成为一家五星级大酒店。集团在此尝到甜头后，先后在四个旅游景点附近收购了四家三星级酒店。对于新收购的酒店，集团只是派去了总经理和财务部全班人马，其他人员都采取本地招聘的政策。集团认为服务员容易招到，而且通过简单培训就可以上岗，所以只是进行简单的面试，只要应聘者外貌顺眼就可以，同时，为了降低人工成本，服务员的工资定得比较低。

二、问题

赵某是集团新委派的一名下属酒店的总经理，刚上任就遇到酒店西餐厅经理带着几名熟手跳槽的事情，他急忙叫来人事部经理商谈此事，人事部经理满口答应立即解决此事。

第二天，赵某去西餐厅视察，发现有的西餐厅服务员摆台时经常把刀叉摆错，有的不知道如何开启酒瓶，领班除了长得顺眼和会一味傻笑外，根本不知道如何处理顾客的投诉。紧接着仓库管理员跑来告诉赵某说发现丢失了银质的餐具，怀疑是服务员小张偷的，但现在已经找不到小张了。赵某一查仓库的账本，发现很多东西都写着丢失。赵某很生气，要求人事部经理解释此事，而人事部经理却辩解说因为员工流动率太高，多数员工都是才来不到10天的新手，餐厅经理、领班、保安也是如此，所以做事不熟练、丢东西比较多。赵某忍不住问："难道顾客不投诉吗？"人事部经理便回答说："投诉，当然投诉。但没关系，因为现在是旅游旺季，不会影响生意的。"赵某对于人事部经理的回答非常不满意，又询问了一些员工后，发现人事部经理经常随意指使员工做与酒店工作无关的事情。例如，接送人事部经理的儿子上下学、给他的妻子送饭等。如果员工不服从，就立即开除。赵某考虑再三，决定给酒店"换血"——重新招聘一批骨干人员，于是给集团总部写了一份有关人力资源规划的报告，申请高薪从外地招聘一批骨干人员，并增加培训投入。同时人事部经理也给集团总部写了一份报告,说赵某预算超支,还危言耸听造成人心惶惶,使管理更加困难,而且违背了员工本地化政策。饭店高层管理由此出现冲突。

案例评析

1. 这是一个饭店壮大时遇到的最常见的问题,一般筹备的管理人员只负责筹备,一旦饭店进入营业,都会大"换血",尤其是管理骨干。现有的中层管理人员在接受外派时就应在总公司参加培训,了解企业的管理模式和管理制度。而总公司也应该派出各部门的骨干力量在初期参与饭店的最初规划。决定"换血"的思想是好的,但做法却不是非常好,骨干队伍是需要招聘的(提倡长期准备培养),但需要控制比例。现在的情况不适宜招聘太多的骨干,新的空降兵只会更加影响现有员工的积极性。

2. 一般在服务企业收购中,人力资源有这样的一个规律:前期首要领导加入,中期集团派驻,后期本地化,每个阶段的策略重点以及要求都不一样。所以,若马上调整人力资源经理和高薪从外地招聘一批骨干人员,则缺乏实际操作可能性,而通过集团的培训是一个解决这个问题的方法。

案例分析

餐饮部经理的选择

东方饭店餐饮部经理出现空缺,饭店决定从本饭店内进行选拔,人事部为此做了大量的准备工作,经考核和推荐,最后决定从三个主管中选一人。

A 女,25岁。旅游学院毕业,现任客房部副主管。为人热情、能干、善于交际,有上进心,熟悉酒店工作,人缘好,但也有人反映她对男士过于"热情",特别是男领导。

B 男,32岁。大专毕业并受过餐饮烹饪专业培训,现任餐饮部副经理。为人老实,办事可靠,工作认真负责,熟悉餐饮部工作。虽然群众对他反映不错,但办事谨慎有余,缺少创造性,是一个"老好人"。

C 男,28岁。旅游职业高中毕业,现任餐饮部中餐厅主管。此人有一定的管理能力,工作积极主动,作风正派,有开拓精神,热爱酒店工作。但相比之下学历较低。

问题:如果你是总经理,你会选择哪位?为什么?

(资料来源:薛群慧.酒店人力资源开发与管理.昆明:云南大学出版社,2005)

实训练习题

走访当地的一家三星级饭店,根据你对其饭店人力资源规划的现状及问题分析,帮助饭店制定一份人力资源规划。

复习思考题

1. 简述饭店人力资源规划的种类及内容。
2. 饭店人力资源规划的程序是什么？
3. 饭店人力资源供给与需求预测的方法有哪些？
4. 如何对饭店人力资源的供需进行有效的平衡？

第三章

饭店工作分析与设计

学习目标

◆ 具有编写饭店岗位规范和任职资格的能力
◆ 具有饭店工作分析的能力

知识目标

◆ 熟悉饭店工作分析所依据的程序和工作分析的基本方法
◆ 了解饭店工作分析的概念及其在饭店人力资源管理中的基础作用

饭店 人力资源管理

> **课程导入**
>
> ### 安德鲁飓风
>
> 1992年8月,安德鲁飓风席卷了南佛罗里达州,澳普蒂玛空气过滤器公司(Optima Air Filter Company)也受到了影响,公司许多雇员的家都遭到了毁坏,公司发现它不得不重新雇用30个新雇员以取代离职者。然而问题在于,由于原有的员工对他们的工作如此熟悉,因此当时为了省事就没有为他们编写工作说明书。但30名新雇员走上工作岗位之后,混乱就产生了,他们根本就不知道应当做什么以及如何做。
>
> 对于需要空气过滤器的公司顾客来说,飓风已经成为往事,也就不能再成为交不了货的借口了。公司总裁菲尔·马恩现在处于束手无策的困境。他目前有30名新雇员,10名老伙计,还有原来的工厂主管梅比林。他决定去会见来自当地一所大学工商管理学院的一位顾问琳达·洛依。琳达·洛依要求老伙计们填写工作描述问卷,列举出他们的工作任务。争议随之而起,因为菲尔和梅比林都认为,老员工为了显示他们在企业中的重要地位,夸大了他们自己的工作分量;而老员工则认为他们很诚实地描述了自己的实际工作情况。一方面,公司内部的这种争论得不到解决;另一方面,顾客却在等待他们所需要的空气过滤器。
>
> **请思考:**菲尔和琳达应当忽略老员工的抗议而按照他们自己认为合适的内容来编写工作说明书吗?如果是你,你将如何进行工作分析?
>
> (资料来源:加里·德斯勒.人力资源管理.北京:中国人民大学出版社,1999)

第一节 饭店工作分析概述

一、饭店工作分析的概念

饭店工作分析(Job Analysis),也称职务分析,是对饭店组织各项职务的工作内容、规范、任职资格、任务与目标进行研究和描述的一项管理活动及制定工作说明书的系统工程。它主要包括两个方面:一是有关工作内容的信息的获取——职责、任务、行为、功能、义务等;二是有关工作对员工能力方面的要求——技能、能力、经历、教育等。

饭店工作分析是对工作一个全面的评价过程,它通过收集、分析、整合与工作相关的信息来说明工作的目的、内容、方法和技能要求,是饭店组织规划与设计的基础,是饭店企业人力资源规划、人员招聘、员工培训和发展、绩效管理、薪酬管理等工作的依据。

具体地说,工作分析就是全面收集某一职务的有关信息,对该职务的工作从七个方面开展调查研究:工作内容(What)、为什么要这样做(Why)、责任者(Who)、工作时间(When)、工作岗位(Where)、向谁负责(For Whom)、怎样操作(How),然后再将该职务的性质、结构、要求等进行书面描述、整理成文的过程,即是对该职务的工作内容和工作规范(任职资格)描述和研究过程。工作分析在人力资源管理中的地位如图3-1所示。

                    工作分析是人力资源管理的
                    平台，是整个人力资源管理
                    体系搭建的基础

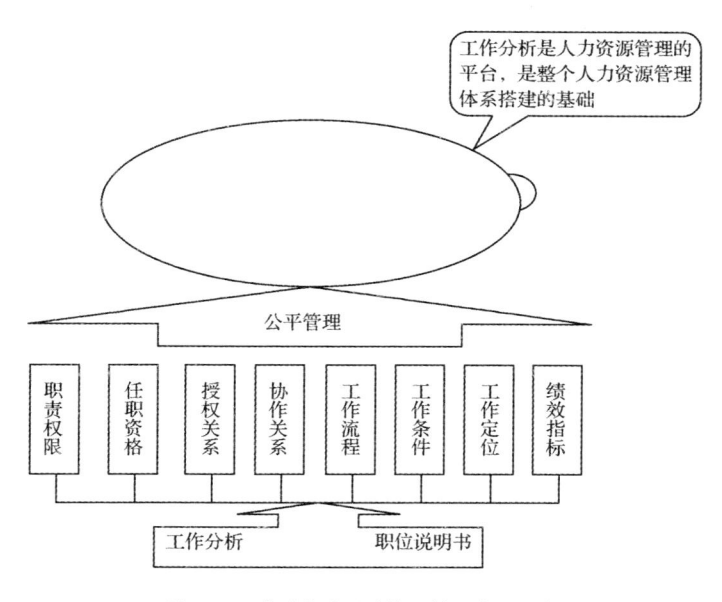

公平管理

| 职责权限 | 任职资格 | 授权关系 | 协作关系 | 工作流程 | 工作条件 | 工作定位 | 绩效指标 |

工作分析　　职位说明书

图 3-1　工作分析在人力资源管理中的地位

资料链接

工作职责分歧

某酒店，一名电脑操作工把大量的液体洒在电脑周围的地板上。计算机部主管叫操作工把洒掉的液体清扫干净，操作工拒绝执行，理由是工作说明书里并没有包括清扫的条文。计算机部主管顾不上去查工作说明书上的原文，便找到一名服务工来做清扫工作。但服务工同样拒绝，理由也是工作说明书里没有包括这一类工作。计算机部主管威胁说要把他解雇，因为服务工是分配到机房来做杂务的临时工。服务工勉强同意，但是干完之后立即向酒店投诉。

有关人员看了投诉后，审阅了这三类人员的工作说明书：电脑操作工、服务工和勤杂工。电脑操作工的工作说明书规定：操作工有责任保持机床的清洁，使之处于可操作状态，但并未提及清扫地板。服务工的工作说明书规定：服务工有责任以各种方式协助操作工，如领取原料和工具，随叫随到，即时服务，但也没有包括清扫工作。勤杂工的工作说明书中确实包含了各种形式的清扫，但他的工作时间是从正常工人下班后开始。

责任在谁呢？我们姑且不去评论。问题的关键在于各岗位的工作职责界定不清，一旦出了问题，相互推卸责任。实际上，在酒店中还常常出现：总经理做的是部门经理的事，部门经理做的是员工的事。

如何解决这些问题呢？重要的途径就是进行工作分析。通过工作分析，收集各部门、各岗位的有关工作的各种信息，确定组织中各个岗位的工作职责，确定组织中各个岗位的工作职责、工作权限、工作关系、工作要求以及任职者的资格，做到人职匹配，事事有人做，而不是人人有事做。

（资料来源：张玉改.酒店人力资源管理.北京：中国林业出版社，2010）

二、饭店工作分析的作用

作为饭店人力资源管理的一项十分重要的基础工作,工作分析的作用主要集中在以下几个方面:

(一)有利于制定科学的人力资源规划

作为饭店战略规划的一部分,人力资源规划对于饭店的持续性发展有着重要的影响。尽管人力资源规划的制定会受到饭店财务状况、劳动力市场等内外部因素的影响,但工作分析对人力资源规划的制定所起的作用却是根本性的,它能够提供的信息有:年龄结构、知识结构、能力结构、培训需求和工作安排等。例如,仅认识到一个饭店需要补充多少数量的新员工是远远不够的,我们还应该知道,每种工作需要哪些知识、能力或经验,这些工作要求需要非常清晰地考虑到。

工作分析的结果明确了工作性质与内容,可据此进行工作设计、设置饭店的组织结构、确定工作职位、提出对人力资源的需要;现有人力资源的配置情况反映了人力资源现状。需求与现状两者的差额就显示了人力资源余缺的情况,这也是人力资源规划的依据。

(二)有利于选拔和任用合格的人员

通过工作分析可以详细了解为履行某个职务的工作职责及员工应具备的基本条件。在任用员工时就可以根据个人能力的大小、个性特点做出合理安排,从而把人员安排到最适合的岗位,避免员工任用过程中的盲目性。

(三)有利于设计积极的人员培训和开发方案

工作分析可提供工作内容和任职人员条件等完备的信息资料。饭店可根据工作分析的结果,参照员工的实际工作绩效,设计、制订培训和开发方案,有区别、有针对性地安排培训内容和方法,以提高员工的工作技能,进而提高工作效率。

(四)有利于建立先进、合理的薪酬制度

通过工作分析可以明确各个工作岗位在饭店中所处的地位,该职务的员工所承担的责任、工作数量和质量要求,任职者的能力和知识水平,等等,从而为制定先进、合理的薪酬制度提供重要依据。

(五)有利于科学评价员工的工作绩效

工作分析会对每一种职位的内容都有明确界定。员工应该做什么、不应该做什么,应该达到什么标准,都十分清楚,为考评工作绩效提供了客观的标准,确保绩效评估工作的可信度和有效度。

(六)有利于员工的职业生涯发展

随着员工在饭店内部和饭店间的流动日益频繁,工作分析的结果无论是对饭店还是对员工本人在考虑进行这种流动时都是非常必要的。同时,工作分析也可以为饭店的职业咨询和职业指导提供可靠和有效的信息。

(七)有利于改善工作设计和工作环境

工作分析不但可以确定职务的任务特征和要求、建立工作规范，而且可以检查工作中不利于发挥员工积极性和能力的方面，并发现工作环境中有工作安全隐患、加重工作负荷、造成工作疲劳与紧张及影响员工心理的各种不合理因素，从而最大限度地调动员工的工作积极性、发挥其技能水平，使员工在安全舒适的环境中工作。例如，饭店应该说明厨师在厨房工作时是存在着一定的危险性，这种危险性包括可能会发生火灾、可能会在切割或烹饪原料时伤及自己等，在工作说明书中应该反映出这一点。

三、饭店工作分析的内容

饭店工作分析的内容取决于工作分析的目的与用途。一般来说，工作分析包括两个方面的内容：确定工作的具体特征和找出工作对任职人员的各种要求。前者称为职务描述，后者称为任职说明。

(一)职务描述

职务描述是对工作的物质特点和环境特点进行详细的说明，如工作内容与特征、责任与权力、目的与结果、标准与要求、时间与地点、岗位与条件、流程与规范等（表3-1）。目前工作描述没有统一的严格标准，在内容上主要有以下几个方面：

表3-1　　　　　　　　　　职务描述的内容

分类	内容项目	项目内容	应用目标
核心内容	工作标志	工作名称、所在部门、直接上级、职位、薪酬范围等	
	工作概要	关于该职位的主要目标与工作内容的概要性陈述	
	工作职责	该职位必须获得的工作成果和必须担负的责任	
	工作联系	该职位在组织中的位置	
选择性内容	工作权限	该职位在人事、财务和业务上做出决策的范围和层级	组织优化、职位评价
	履行程序	对各项工作完成方式的详细分解与描述	绩效考核、上岗引导
	工作范围	该职位能够直接控制的资源的数目和质量	管理人员的职位评价、上岗引导
	职责量化信息	职责的评价性和描述性量化信息	职位评价、绩效考核
	工作条件	职位存在的物理环境	职位评价
	工作负荷	职位对任职者造成的工作压力	职位评价
	工作领域特点		上岗引导、职位评价

1. 工作名称

它是指组织对从事一定工作活动所规定的工作名称或工作代号，以便于对各种工作进行识别、登记、分类以及确定组织内外的各种工作关系。工作名称应当简明扼要，力求做到能识别工作的责任以及在组织中所属地位或部门，如饭店人力资源部经理。

2. 工作活动和工作程序

它是指对工作内容的描述，是职务描述的主体部分，必须详细描述并列出所需的内容，包括所要完成的工作任务与承担的责任；执行任务时需要的条件，如使用的原材料和机器设备；工作流程与规范；与其他人的正式工作关系；接受监督以及进行监督的性质和内容等。

3. 工作环境

职务描述要完整地描述个人工作环境,包括工作地点的温度、光线、湿度、噪音、安全条件等,此外还包括工作的地理位置、可能发生意外事件的危险性等。

4. 社会环境

这是为迎合当前人力资源管理的实际而提出来的,是职务描述的新趋势。它包括工作群体中的员工及相互关系,工作群体中每个人的个人资料,如年龄、性别、品格等;完成工作所要求的人际交往的数量和程度;与各部门之间的关系;饭店组织内外部的文化生活设施等。

5. 聘用条件

聘用条件主要是描述工作人员在正式组织中有关工作安置方面的情况,它包括工作时数、工资结构及支付方法、福利待遇、该工作在组织中的正式位置、晋升的机会、工作的季节性、进修机会等。

表 3-2 为客房部经理职务描述。

表 3-2　　　　　　　　　客房部经理职务描述

职位:客房部经理
部门:客房部
隶属:饭店总经理
工作范围:负责饭店客房部日常管理工作的计划、组织、指挥及完成总经理、副总经理下达的指令
基本职责:
1. 对饭店客房的清洁卫生、维修保养、设备折旧、成本核算、成本控制(预算)、安全等负管理之责,保持高水平的服务
2. 主持每周的客房部经理例会、每月的部门商务会议,参加总经理主持的每周部门经理例会
3. 为使客房部工作顺利完成,要经常、及时与有关部门领导做好协调和沟通工作
4. 审查、控制客房物品损耗,对客房范围之内的维修工作负责
5. 参与房间的改造装修工作,研究改进及增设房间物品及操作工具、劳动用品等
6. 巡查本部所属区域并做好记录,及时发现问题,不断完善各项操作规程

(二)任职资格

任职资格指的是与工作绩效高度相关的一系列人员特征。它主要指明了任职者要完成此项工作所需具备的资格标准。

1. 资历要求

它主要是指员工任职所需的最低学历,职位所需的性别、年龄规定、培训的内容和时间,从事与本职相关工作的年限和经验等。某些职务对工作经验的要求特别严,如那些工作技能难以通过理论和语言传授的职务。

📎 资料链接

接待服务员应该具备什么样的任职条件

一天,某美国客人在内地某酒店总台登记住宿,用英语询问服务员小杨:"贵店的房费是否包括早餐?"小杨的英语才C级水平,没有听明白客人的意思就随口回答了"YES"。次日清晨,客人去西式自助餐厅用餐,出于细心,向服务员小贾问了同样的问题,不料小贾的英语也欠佳,慌乱中也回答了"YES"。

几天后,美国客人离店结账时,发现账单上他每顿早餐一笔不漏,客人越想越糊涂,明明总台和餐厅服务员都回答了"YES",怎么还要支付早餐费。经再三询问,总台告诉他,酒店的早餐历来都不包括在房费中。美国客人将自己得到答复情况告诉总台服务员,要求兑现免费供应早餐的承诺,遭到拒绝后向酒店投诉,酒店重申了总台的回答。最后客人怒气冲冲离店而去。

2. 生理要求

它主要包括体力要求、运动的灵活性、身体各部分的协调程度、感觉器官的灵敏度,以及视力、听力和身高要求等。体力要求通常以健康程度、年龄范围和特殊体能要求来控制。例如,麦当劳的服务人员大多数都是中等身高,且服务态度亲切,这也是麦当劳服务部门选人的一个标准。作为服务人员,假如身高太高,对顾客来说,总有一种压迫感,而态度亲切更是典型的麦当劳文化。因此,身高和态度也就成为麦当劳重要的甄选条件之一。

3. 心理要求

它主要包括学习与观察能力、精力与集中能力、记忆与理解能力、解决问题能力、创造与合作能力、数学计算能力、语言表达能力、决策能力、性格、气质、兴趣爱好、态度、事业心、合作性、组织领导能力及其他特殊能力。

4. 技能水平

它是指工作人员从事特殊职务工作的专门技术,是一般能力与职务工作要求相结合的产物,通常体现为职业技能等。

职务描述与任职资格两者都是工作分析的结果,它们既相互联系,又存在着一定的区别。两者的区别见表3-3。

表3-3　　　　　　　　　　职务描述与任职资格的区别

	职务描述	任职资格
编制的直接目的	以事为中心:对岗位进行全面、系统、深入的说明,为职务评价、职务分类以及饭店人力资源管理提供依据	以人为中心:在岗位描述的基础上,解决"什么样人才能胜任本岗位工作"的问题,为饭店员工招聘、培训、考核、选拔、任用提供标准
内容涉及的范围	广泛 岗位与人员均涉及	比较简单 主要涉及人员的任职资格条件
具体形式	形式多样化 内容繁简程度不一 饭店根据具体情况编制	统一审定、颁发的标准 依照标准化原则制定

饭店 人力资源管理

资料链接

酒店人力资源部文员岗位职责及职业发展

直属上司：人力资源总监

需协调之岗位：各部门文员

职务概述：

作为酒店人力资源部文员，全面负责管理各部门来往文件签收、及时送批本部门呈批的各类文件、管理员工人事档案及相关事务，以开源节流之精神争取最佳之经济及社会效益，尽力以最低之费用支出获得最高收益利润与声誉，以完成人力资源总监下达之目标。

职责范围：

一、个人操作

1. 负责人力资源部的文件档案和文件打印工作，严格遵守人事保密制度。

2. 签收各部门来往文件，及时送总监审阅，并根据总监签批意见，交有关人员跟办、传阅、存档。

3. 及时送批本部门呈批的各类文件，及时领取已批示的文件。

4. 及时将本部门发文送交相关部门。

5. 负责本部门的办公用品、培训用品的计划和领用。

6. 负责新入职员工档案的整理及归档，并保持档案的完整性。

7. 负责离职员工档案及时调出并整理分类归档。

8. 每月将员工档案存入员工人事变动表、奖罚单、评估表等各类表格中。

9. 接待来访客人及热情接待求职者，指导求职者认真、如实、完整地填写"职位申请表"，并按程序安排初试和复试；通知新员工报到。

10. 负责人力资源部各种会议记录工作。

11. 负责考核本部门员工每月的出勤情况。

12. 负责酒店员工相关证件的管理。

13. 定期检查员工各类证件的期限并跟进重新办理。

14. 及时跟办上司委派的其他工作任务。

二、人事培训

1. 协助人事主任安排员工的入职培训等工作。

2. 负责各部门文员上岗前的辅导工作。

三、物料责任

1. 控制所有人力资源部耗用物料的申购与提货，控制费用支出。

2.负责人力资源部办公室内各类物品的存放。

3.负责管理人力资源部的文具及每月文具消耗量的统计。

4.确保人力资源部办公室所有设备如电话、电脑以及办公桌椅等,得以良好的照顾和爱护。

四、汇报及会议

1.负责所有人力资源部有关会议记录工作。

2.出席部门会议。

3.及时向人力资源总监汇报有关对外及对内的信息。

五、素质要求

1.熟悉人力资源部制定的各种人事培训规章制度。

2.熟练操作电脑,熟悉 Word、Excel 等软件的使用。

第二节　饭店工作分析方法

一、工作实践法

工作实践法指的是工作分析人员亲自从事所需要研究的工作,由此掌握工作要求的第一手材料的方法。例如,工作分析人员到自助餐厅进行现场观察,观察自助餐厅服务员"餐前准备"的工作流程,记录主要工作环节,调查该项工作必需的工具和设备,观测工作的物理环境。这种方法的优点是可以准确地了解工作的实际任务和体力、环境、社会方面的要求,适用于那些短期内可以掌握的工作。其缺点是不适用于需要进行大量培训的工作和危险的工作。

二、直接观察法

直接观察法是指在工作现场观察员工的实际工作,用文字或者图表的形式记录下来,收集工作信息的一种方法。这种方法主要用来收集强调人工技能的那些工作信息,如门卫和会计所做的工作。在分析过程中,应经常携带工作手册和分析工作指南,以便参考运用。在研究时,可用摄像机记录以求证直接的观察。在工作环境上可利用有关仪器测量噪音、光线、湿度、温度等条件。由分析人员仔细观察在职人员在正常情况下工作的情况,记录并与有关数据核对,以获得真实的情况,提出具体的报告。它可以帮助分析人员确定体力与脑力之间的相互关系。分析人员应注意的是:研究的目的是工作,而不是个人的特性。

直接观察法的优点是:分析人员能够全面、深入地了解工作要求,适用于那些工作内容主要是由身体活动来完成的工作。而且采用这种方法收集到的资料多为第一手资料,

排除了主观因素的影响,比较客观和正确。例如,饭店行李员的工作基本上是以一天为一个周期,工作分析人员用一整天的时间跟随其进行直接工作观察,便可以获得比较全面的工作信息。

直接观察法的缺点是:1.适用于工作周期长和主要是脑力劳动(如餐厅成本核算员)的工作。2.不宜观察紧急而非常重要的工作。3.观察法的工作量太大,要耗费大量的人力和财力,时间也过长。

直接观察法通常与访谈法结合使用。为了使观察更加有效和准确,需要注意以下问题:1.工作分析人员应事先准备好观察表格,以便随时进行记录(表3-4)。2.不能只观察一名任职者的工作,应尽量多观察几名,然后综合工作信息。这样,可以保证观察不只是针对某一特定个体的特定操作。3.要注意工作行为样本的代表性。4.观察人员尽可能不要引起被观察对象的注意,至少应不干预被观察者的工作。

表3-4　　　　饭店客房服务员工作分析观察提纲(部分)

被观察者姓名:_____　　日期:_____
观察者姓名:_____　　观察时间:_____
工作类型:_____　　工作部门:_____　　观察内容:_____
1. 什么时间开始正式工作?
2. 上午工作多少小时?
3. 午休息几次?
4. 第一次休息时间从_____到_____
5. 第二次休息时间从_____到_____
6. 上午整理客房多少间?
7. 平均整理一间客房需要多少时间?
8. 与同事交谈几次?
9. 每次交谈多长时间?
10. 工作环境温度:_____
11. 工作环境噪声是多少分贝?

三、访谈法

访谈法是由分析人员分别访问工作人员本人或其主管人员,以了解职务说明中原来填写各项目的正确性,或对原填写事项有所疑问,以面谈方式加以澄清的方法。这是收集所分析信息的一种有效方法。很多工作是不可能由分析人员实际体会的,如被分析人员的工作;或者是不可能通过观察来了解的,如饭店高层管理者的工作。在这种情况下,就需要通过与工作者面谈来了解工作的内容、原因和做法。因此,它有问卷调查法无法替代的作用。访谈法适合脑力劳动者,如财务人员、饭店高层管理人员等。访谈的方式分为个人访谈、群体访谈和主管人员访谈三种。表3-5为访谈提问示例。

表 3-5　　　　　　　　　　　访谈提问示例

1.你所从事的是什么性质的工作？
2.你所在职位的主要工作是什么？你是如何做的？
3.你的工作环境与别人的有什么不同？
4.做这项工作需要具备什么样的教育程度、工作经历和技能？它要求你必须具备什么样的学历或资格证书？
5.你参与了什么活动？
6.这种工作的职责和任务是什么？
7.你所从事的工作的基本职责是什么？工作的标准有哪些？
8.你实际参与的活动包括哪些？
9.你的责任是什么？
10.你对哪些事情有决策权？对哪些事情没有决策权？
11.你的工作环境和工作条件如何？是否还需要更好的环境和条件？你希望得到哪些方面的改善？
12.你的工作对体质有什么要求？
13.你的工作对个人的性格和能力有什么要求？
14.你的工作对身体和健康的影响如何？
15.你觉得你工作的意义和价值是什么？
16.你还有什么需要补充的？

访谈法的优点主要是：

(1)应用广泛。它可更广泛地运用于以确定工作任务和责任为目的的工作分析。

(2)通过访谈还可以发现一些在其他情况下不可能了解到的工作活动和行为。例如，一个熟练的访谈者可以发掘在组织图上看不到但却有可能会偶然发生的一些重要工作活动或信息交流，比如，发生在客房部主管人员和餐饮部主管人员之间的信息沟通。

(3)访谈还为组织提供了一个良好的机会来向大家解释工作的必要性及功能。同时，让任职者吐吐苦水，有助于管理者发现平时一些被忽视的问题。

(4)访谈法相对比较简单，但却可以十分迅速地收集到有关信息。

访谈法的缺点主要是：

(1)由于工作分析经常被看作是改变工资的依据，因此，员工容易把工作分析看成是工作绩效评价，夸大其从事工作的重要性和复杂性，从而导致所提供的工作信息失真。

(2)分析人员对某一工作固有的观念会影响其对分析结果的正确判断。

(3)若分析人员和被访谈者相互不信任，那么应用该方法分析的结果具有一定的偏颇。因此，访谈法不能单独作为信息收集的方法，只适合与其他方法一起使用。

四、问卷法

问卷法是工作分析中最常用的一种方法,就是采用问卷来获取工作分析中的信息,实现工作分析的目的。问卷法适用于脑力工作者、管理工作者或工作不确定因素很大的员工。问卷法比观察法更便于统计和分析。

问卷法通常包括结构化问卷和开放式问卷两种。结构化问卷由分析人员事先准备好的有关项目组成,代表了分析人员希望了解的工作信息。使用时,问卷回答者只需要在问卷项目后填空、选择,或用评分法对项目进行评定。结构化问卷简单、明确,不会占用回答者太多的时间。但是,回答方式较呆板,不允许回答者有发挥的余地。如果问卷中有的项目表达不清或不切合实际情况,回答者也只能勉强作答或空着不回答。开放式问卷让回答者用一段话表达自己的意见,就给他们提供了发表不同看法的机会,如"请叙述工作的主要职责"。最好的问卷介于两者之间,既有结构化问题,也有开放式问题。表3-6 为工作调查表。

问卷法的优点是:
(1)费用低,速度快,节省时间和人力;
(2)问卷可以在业余时间让回答者回答,不会影响正常工作的进行;
(3)可以使分析的样本量很大,因此,适用于需要对很多职务进行分析的情况;
(4)分析的资料可以数量化,由计算机进行数据处理。

问卷法的缺点是:
(1)设计问卷要花费大量的时间、人力和物力,费用较高;
(2)问卷缺乏面对面交流所带来的轻松、和谐的气氛,缺乏对回答者回答问题的鼓励或支持等肯定性反馈,不利于获得更多准确而可靠的信息。

表 3-6　　　　　　　　　　　工作调查表

```
一、工作性质
  工作名称:_____   所属部门:_____
  其他名称:_____   用工人数:_____
  主要工作内容及作用:_____
  工资级别:_____
  工作时间:_____  倒班:_____  加班:_____
  其他:_____
二、技能情况
  教育程度
    高中□        中专□         大专□
    本科□        硕士研究生□   博士研究生□
  工作经验:  需要□    不需要□
  所从事的工作:_____
  工作时间:_____
  与其他工作的关系:_____
  曾经担任的管理工作:_____
```

（续表）

```
主要隶属于：_____
原工作职责：_____
           _____
           _____

工作知识：_____
设备使用情况：_____
其他能力要求：_____
三、工作职责
管理职责：_____
设备的使用及保管：_____
他人健康及安全责任：_____
公关责任：_____
四、体能动作
触觉□  视觉□  听觉□  嗅觉□  味觉□  站立□  平衡□
旋转□  攀登□  行走□  弯腰□  举□   拉□   扔□   拿□
五、工作条件
室内_____      热_____      噪音_____
室外_____      冷_____      光线_____
潮湿_____      干_____      通风_____
危险_____      脏_____      工作压力_____
气温变化_____    异味_____    与人合作_____
六、工作特征
计划_____         创造性_____
督导_____         与人合作_____
书写_____         气温变化_____
工作热情_____       精力集中_____
着装整齐_____       记忆准确_____
控制情绪_____       观察力_____
使用数字_____       决策能力_____
准确工作_____       迅速工作_____
口头表达_____
```

五、关键事件法

关键事件法就是由调查人员对某个职位上的员工或了解该职位的人员进行调查，要求他们描述该职务半年到一年内能观察到的，并能反映其绩效好坏的"关键事件"——对该职务造成显著影响的事件。

此法的主要原则是认定员工与职务有关的行为，并选择其中最重要、最关键的部分来评定其结果。它首先从领导、员工或其他熟悉职务的人那里收集一系列职务行为的事件，然后，描述"特别好"或"特别坏"的职务绩效。这种方法考虑了职务的动态特点和静态特点。对每一事件的描述内容包括：

1. 导致事件发生的原因和背景。
2. 员工的特别有效或多余的行为。
3. 关键行为的后果。
4. 员工自己能否支配或控制上述后果。

在大量收集这些关键事件以后，可以对其进行分类，并总结出职务的关键特征和行为要求。关键事件法既能获得有关职务的静态信息，也可以了解职务的动态特点。

关键事件法的主要优点是将研究的焦点集中在职务行为上，因为行为是可观察的、可测量的。同时，通过这种工作分析可以确定行为的任何可能的利益和作用。但这个方法也有两个主要的缺点：一是费时，需要花大量的时间去收集那些关键事件，并加以概括和分类；二是关键事件的定义是对工作绩效显著有效或无效的事件，但是，这就遗漏了平均绩效水平。而对工作来说，最重要的一点就是要描述"平均"的职务绩效。使用关键事件法时，对中等绩效的员工就难以涉及，因而全面的分析工作就不能完成。

六、工作日志法

工作日志法就是由员工在每天的工作过程中记下工作的各种细节，以此来了解员工实际工作的内容、责任、权力、人际关系及工作负荷。工作日志法的要点是使员工及时地记录下工作细节，以免遗忘。因此，一般可以采取的措施是根据员工的工作职责的工作范畴，大致制定出一张时刻表，以便于员工按时在相关的空白处填写相关信息。工作日志法通常和访谈法结合起来运用。工作分析人员应该及时对工作日志（见表3-7）进行汇总、分析，把其中的疑问记录下来，以访谈的形式向相关员工咨询，并予以记录、整理。这种方法提供的信息完整详细，客观性强，适用于管理或其他随意性大、内容复杂的职位工作分析。

表 3-7　　　　　　　　　　工作日志

| 部门： | 职务： | 姓名： | 年 月 日 时 分 至 时 分 |

序号	工作活动（名称）	工作性质（例行/偶然）	时间消耗（分钟）	重要程度（一般/重要/非常重要）	备注

这种方法的基本依据是：任职者本人对所从事工作的情况与要求最了解。它对于高水平和高复杂性工作的分析显得比较经济和有效。

工作日志法的优点是：可以长期对工作进行忠实全面的记录，不至于漏掉一些工作细节。这是其他方法所不具备的特点。

工作日志法的缺点是：每次程序化的日志记录活动对任职者来说缺乏长久的动力，难免马虎和敷衍，他可能会夸大某些活动，同时也会对某些活动低调处理，因此可能存在一些误差。可见，工作日志法最大的问题是工作日志内容的真实性。要求事后对记录和分析结果进行必要的检查，检查工作可由任职者的直接上级来完成。

第三节　饭店工作分析的程序

一、准备阶段

准备阶段即方案设计和组织阶段,这一阶段需要确定工作分析的目标。饭店对职务进行分析总是为了满足某种需要。例如,当饭店要制定培训政策或薪酬政策时,需要了解各职务的特点,这就需要工作分析的结果。饭店应该了解工作分析的结果将用于何处,明确工作分析要达到的目标。准备阶段的具体工作有以下几个方面:

(一)设计职务调查方案

进行工作分析首先要收集职务信息,即进行职务调查,因此,在准备阶段要设计职务调查方案。方案设计主要解决如下问题:

1. 明确职务调查的目标

饭店日常管理中遇到的许多问题,诸如事故多、劳动生产率低、员工缺勤率高、培训效果差、员工不满情绪多、劳动力供求状况信息短缺等,都可以通过工作分析找到其原因,使问题得到解决。但是,通过工作分析来解决不同的管理问题,所需要的信息类型也是不同的,不同信息类型的收集方法也是不同的。因此,进行职务调查必须首先明确目标,弄清需要解决什么管理问题,以确保需要解决的问题真正得到解决,节约时间、精力和费用。

2. 确定信息收集的类别和范围

目标确定以后,人力资源部门紧接着需要解决两个方面的问题:一是确定需要哪种类型的信息;二是信息的形式是什么。

(1)工作分析需要的信息类型。工作分析需要的信息类型一般有工作活动;工作中使用的机器、工具、设备和辅助设施;工作条件;对员工的要求,见表3-8。其中,工作活动主要包括以工作为导向和以人为导向的两种活动。以工作为导向的活动是操作性活动,指出要完成的是什么工作,这种活动描述有时也指出员工为什么、如何以及在何时做这项工作。以人为导向的活动涉及人的行为、基本动作和个人工作要求。

表 3-8　　　　　　　　　工作分析需要的信息类型

工作活动	1.工作任务的描述
	2.与其他工作和设备的关系
	3.进行工作的程序
	4.承担这项工作所需要的行为
	5.动作与工作的要求
工作中使用的机器、工具、设备和辅助设施	1.使用的机器、工具、设备和辅助设施的清单
	2.应用上述各项加工处理的材料
	3.应用上述各项生产的产品
	4.应用上述各项完成的服务

(续表)

工作条件	1. 人身工作环境
	2. 组织的各种有关情况
	3. 社会背景
	4. 工作进度安排
	5. 激励(财务与非财务的)
对员工的要求	1. 与工作有关的特征要求
	2. 与工作相关的工作经验
	3. 身体特征
	4. 态度

(2)工作分析信息的形式。工作分析信息的形式可以根据定性和定量加以区分，有时这些信息的形式是在定性和定量之间的某个点上。典型的定性形式的特点是用词语表示结果，一般叙述或描述工作内容、工作条件、社会关系和个性要求等内容。定量信息是使用数量单位表示测量的结果，如工作中单位时间内的差错次数、工作小组的规模、能力测量的标准和对工作的评分等。在此准备中，饭店要制定工作分析材料，明确采用的工作分析的格式，编制指导书等。在工作分析格式和指导书中应当规定所收集信息的类型、信息所用的格式。

3. 选择收集信息的方法

收集信息的方法有许多，一般有观察法、与从事相关工作的人员谈话的个人访谈法、与几个工作承担者谈话的小组访谈法、与专家进行的技术会议、结构化问卷和开放式问卷、工作日记法、关键事件记录、工作活动记录等。选定了收集信息的方法之后，有的方法需要事先设计一定的程序或准备一定的文件。例如，访谈的提纲、调查问卷、观察的记录表格等。

4. 选择信息来源

为了避免信息失真，应该选择最可靠的信息来源渠道。例如，有关工作任务和工作活动内容的信息，可向任职者及其直接主管收集；有关任职资格的信息，可向培训部门任职者及其直接主管收集；有关工作特征的信息，向独立的第三者（分析者）提取的信息较为可靠；对工作行为方面的要求，则可从下属、顾客方面获取。

(二)制定岗位分析规范

制定岗位分析规范主要包括两个方面的工作。一是确定规范用语。在整个工作分析中，由于人们对同一个问题的理解不尽相同，因此，信息的表达方式也是多种多样的。为了消除收集信息的误差，便于归类和整理，就要事先确定用语的规范性，凡是未统一规定的用语，都要经过讨论决定，不可随便使用；二是规定整个分析活动的进度，安排好各阶段的期限。当工作分析的目标多、规模大时，应分期分批有序进行。

(三)确定委任人选

由谁来收集信息是具体实施过程中的一个重要问题。这个"谁"可以是饭店内部或饭店外部的咨询员、工作分析专家、管理者和工作的承担者。饭店要选择有分析能力、写作技巧、善于沟通和熟悉业务的人员担任分析员的工作,并对他们做工作分析的相关培训。

(四)收集和分析有关的背景资料

在工作分析中,有些信息需要实地去收集,而有些现存的背景资料对于工作分析也是非常重要的,不能忽视。对工作分析有参考价值的背景资料主要包括以下几个方面:

1. 国家职业分类标准或国际职业分类标准。
2. 有关整个饭店的信息图(包括组织机构图、工作流程图、部门职能说明等)。
3. 现有的职务说明或有关职位描述的信息。

进行工作分析时,饭店中的一些资料是非常重要的。饭店的组织机构图是用来描述组织中各个组成部分之间的相互关系,从组织机构图中可以看到部门或职位之间的关系,每一个部门或职位应该由谁负责,其下属是谁,发生关联的部门和职位有哪些。通过组织机构图,可以很清楚地了解各个职位在组织中的位置。组织机构图表示的是部门或职位之间的一种静态联系,而工作流程图则表明了部门或职位之间的动态联系。通过工作流程图,我们可以比较好地了解工作任务及工作关系。从工作流程图中我们可以看出,在一项工作活动中,某个部门或职位需要接受来自哪些部门或职位的信息或指令,需要对信息和指令做出哪些处理,需要向哪些部门或职位发出信息或指令,等等。

二、实施阶段

(一)与有关人员进行沟通

在开始实施工作分析时,需要与所涉及的人员进行沟通,这种沟通一般可以通过召开会议的形式进行,在会议上可以由工作分析小组成员对有关人员进行宣讲和动员。由于工作分析需要深入到具体的工作岗位,在进行这项工作的过程中必然要同大量的工作任职者和管理者发生关系,因此赢得他们的理解和支持是非常必要的。

(二)制订具体的实施操作计划

在工作分析的准备阶段,已经有了工作分析的实施方案。但这样的方案,往往只是提供了大致的计划,而在具体实施时,还应该有更细致的操作计划。在操作计划中,应该列出精确的时间表,要具体到在每一个时间段、每个人的具体职责和任务是什么。对于接受访谈或调研的人,也应事先制定好时间表,以便其安排手头的工作或事务。

(三)实际收集与分析职务信息

这一阶段是整个工作分析过程的核心阶段,主要是按照事先选定的方法,根据既定的操作程序或计划收集与职务有关的各种信息,并对信息进行描述、分类、整理、转换和组织,使之成为书面文字。具体内容见第一节中的职务描述和任职资格部分。工作分析表见表3-9。

表 3-9　　　　　　　　　工作分析表

1. 工作名称：
2. 工作简介：
3. 关键任务、职责与责任：
4. 工作知识要求：
5. 教育要求和职业要求：
6. 工作经验要求：
7. 工作人员特征（如顾客服务倾向、智力、可靠性等）：
8. 执照及证书要求：
9. 身体要求和环境要求：
10. 其他重要工作特征（写出并进行描述）：

三、结果形成阶段

工作分析结果通常为每个职位的工作说明书。在结果形成阶段，需要对收集来的信息进行进一步审查和确认，进而形成工作说明书。这一阶段主要完成的工作包括：与有关人员共同审查和确认职务信息、形成工作说明书。

（一）与有关人员共同审查和确认职务信息

通过各种方法收集来的关于职务的信息，必须由职务任职者及其上级主管进行审查、核对和确认，这样做一方面可以修正初步收集来的信息，使之更为准确和完善；另一方面由于职务任职者及其上级主管是工作分析结果的主要使用者，请他们来审查和确认这些信息有助于他们对工作分析结果的理解和认可，为今后的使用奠定基础。再者，让职务任职者及其上级主管共同对职务信息提出意见，也有利于发现他们对工作的一些不一致的看法，使他们有沟通的机会，以协调一致，便于今后更好地开展工作。

（二）形成工作说明书

工作说明书是对工作的目的、职责、任务、权限、任职者基本条件等的书面描述（见表3-10）。这一阶段的工作必须注意以下八点：

（1）根据工作分析规范和经过分析处理的信息草拟"职务描述"与"任职资格"。
（2）将草拟的"职务描述"与"任职资格"与实际工作进行对比。
（3）根据对比的结果决定是否需要进行再次调查研究。
（4）修正"职务描述"与"任职资格"。
（5）若需要，可重复上述第 2 条到第 4 条的工作。例如，对特别重要的岗位，应多次修正"职务描述"与"任职资格"。

(6)形成最终的"职务描述"与"任职资格"。

(7)将"职务描述"与"任职资格"应用于实际工作中,不断完善"职务描述"与"任职资格"。

(8)对工作分析本身进行总结评估,注意将"职务描述"与"任职资格"归档保存,为今后的工作分析提供经验与信息。

表 3-10　　　　　　　　　　工作说明书范例

预订处主管工作说明书

工作名称:预订处主管
部　　　门:前厅部
主要职责:
1.督导本处日常工作,编制预订处人员上班轮值表
2.及时编制和更新饭店订房记录,协助前厅部经理定期编制房间出租预测计划
3.审核所有收到的订房要求,亲自处理需要特别安排的订房事宜
4.参与前厅部对外订房业务谈判及签订合同
5.将客满日期及时通报有关部门
6.与市场营销部联系,协调团体订房事宜
业务知识:
1.了解饭店接待服务工作程序,熟悉饭店价格政策
2.熟悉前厅部的工作程序及政策
技能要求:
1.熟悉有关旅行社、航空公司及其他客户单位的相关业务惯例,并能够同其保持密切的沟通与联系
2.熟练地掌握饭店客房的推销技巧
经验:
1.前厅部累计工作时间不少于2年
2.具有管理不少于5人小组的经验
3.具有接待大型旅游团队的经验
4.具有解决前台常见客人投诉的工作经历
教育程度:
1.具有饭店管理或旅游管理专业大专以上学历
2.本岗位专业培训不少于80小时

四、应用与反馈阶段

(一)结果运用

编写出工作说明书之后,可以说工作分析方面的工作基本结束。但是对工作分析结果的应用也是非常重要的,因为只有应用了工作分析结果,才能体现出工作分析的价值,并且,在应用的过程中,可以把发现的一些重要问题通过反馈的方式对后续的工作分析提出要求。为促进工作分析结果的最大利用,必须有下列两个方面的具体工作:

1.制作各种具体应用的文件,如考核标准、培训内容。
2.培训工作说明书的使用者,增强管理活动的科学性和规范性。

工作说明书是由专业人员编写的,而它的使用者是从事实际工作的人员。在进行工作说明书的使用培训时,一方面要让使用者了解工作说明书的意义与内容,以及工作说

明书中各个部分的含义;另一方面要让使用者了解如何在工作中运用工作说明书。例如,如何在招聘员工时使用工作说明书,如何根据工作说明书与下属员工确定工作目标和标准,如何根据工作说明书考核员工并提出对员工的培训需求等。

(二) 工作分析评价

工作分析评价是以成本、收益与灵活性、可靠性、有效性为标准的。

对工作分析的评价可以通过工作分析的成本、收益、灵活性的权衡来说明。工作分析越细致,所花费的成本就越高。因此,在细致程度方面就存在着一个最优化的问题。有许多饭店都在减少工作类别的划分,并愿意进行比较灵活的职务描述。当饭店的任务需要变化,需要在相同的一类工作中对员工进行调整时,饭店就具有很强的灵活性。一般来说,工作分析中所收集的资料越详尽,越容易对工作之间的类别进行区分,当然成本也就越高。

工作分析的可靠性包括两方面:第一,不同的工作分析人员对同一职务的分析结果的一致性;第二,同一个工作分析人员在不同的时间对同一个工作分析结果的一致性。工作分析的有效性是指工作分析结果的精确性,这实际上是将工作分析结果与实际职务进行比较。通常检验工作分析有效性的方法是通过多个职务执行者和管理监督者进行信息收集,在工作分析的不同阶段请他们核实,并在分析结果上签字表示同意。

(三) 工作分析控制

工作分析控制活动贯穿着整个工作分析的全过程。在饭店的经营管理活动中,随着饭店与环境的发展变化,一些原有的工作任务会消亡,一些新的工作任务会产生,现有的许多职位的性质、内涵和外延都会发生变化。因此,就必然要对工作分析进行调整和修订。工作分析文件的适用性只有通过反馈才能得到确认,并加以完善。

第四节 饭店工作设计

一、饭店工作设计的概念

饭店工作设计是对各个工作岗位的重新设计,即在工作分析的基础上,从饭店的效率和员工的需求出发,对每个岗位的工作内容、工作范围、工作量、难易程度、复杂程度、繁重程度、工作时间等方面进行重新构筑,从而形成合理的工作结构的过程。简单地说,就是"人得其事、事得其人"的过程。

工作设计与工作分析不同,工作分析是对现有工作的客观描述,而工作设计是对现有工作规范的认定、修改或对新增工作的完整描述。两者互相联系,即工作设计要利用工作分析信息。工作分析的中心任务是为饭店人力资源管理提供依据,人事相宜。工作说明书必须以良好的工作设计为基础,才能发挥其应有的作用,才能实现上述目标。在工作信息调查后,如果发现工作设计不合理或存在严重缺陷,应加以改进,使工作说明书等文件建立在科学的工作设计基础上。

对于饭店来说,工作再设计不仅要根据饭店的需要,而且要兼顾员工个人的需要,重新认识并规定某项工作任务、责任、权力及在饭店中与其他工作的关系,并确定工作规范。

二、饭店工作设计的影响因素

(一)效率因素

饭店工作设计最根本的目的是提高组织的工作效率。在工作设计中离不开对组织工作的要求,需要考虑的效率因素包括专业化、工作流程及工作习惯。专业化就是按照所需工作时间最短、所需努力最少的原则分解工作,使其形成小范围的工作循环。工作流程主要考虑的是在相互协作的工作团队中每个岗位负荷的均衡性问题,确保工作的连续性。例如,在饭店的前厅接待工作中,前厅接待员、预订员和收银员各自的工作都应设计好,以免顾客在入住登记或离店结账时,因等待时间过长而影响服务效率。工作习惯是在长期工作实践中形成的传统工作方式,反映工作集体的愿望,是工作设计过程中不可忽视的制约因素。

(二)环境因素

环境因素主要是指饭店外部的环境因素,包括经济技术环境、社会心理环境等。在一定的经济技术环境中,工作设计要考虑有足够的合格人力资源供给,在经济技术发展的不同阶段上,对工作设计的要求是有差别的。在互联网时代,信息的获取和传递具有惊人的速度,工作设计会减少多余的信息传递环节而采取更快捷的方式建立工作信息窗口。社会心理环境反映出人们的期望,即通过工作满足些什么。在人们对工作生活质量有较高要求的情况下,单纯从工作效率、工作流程考虑组织效率往往"欲速则不达",因此应更多地考虑到"人性"的要求和特点。

(三)行为因素

工作设计不能只考虑效率因素,还应当考虑满足员工的个人需要,集中表现在自主权、多样性、任务一体化、任务意义、工作反馈等方面。自主权是指应给予员工以自主参与和决策的权力,提供附加责任可增强员工被重视的感觉。缺乏自主权则会使员工感到受冷落,进而导致低绩效。多样性是指工作时需要使用不同的技巧和能力。通过工作设计考虑工作的多样性特征,能减少因疲劳、厌烦而引起的失误,从而减少低效率的诱因。任务一体化是要增强员工的成就感和工作满意感。如果员工不能参与完整的工作任务,那么就可能会对工作毫无责任感,并缺少对成果的自豪和成就感。任务意义和任务一体化密切相关,任务意义就是使员工知道该项工作对于组织中或外部的其他人是重要的。

工作反馈能够使工作执行者了解自己的工作做得如何,能产生一定的引导和记录作用。

三、饭店工作设计的方法

(一)工作简化

工作简化是一种传统的职务设计的方法,它通过动作和时间研究,把工作分解为许多很小的单一化、标准化和专业化的操作单元及操作程序,并对员工进行培训和激励,使工作保持高效率。

例如,在饭店服务中,一方面,饭店业是一个劳动密集型的服务性行业,倾向于使用大量的劳动力;另一方面,饭店服务带有明显的快捷性和连续性特点,使得服务工作必须成线进行,并依照程序操作。如餐饮服务,从摆台到引领客人就座、点菜、跑菜单、烹调,这一餐前服务工作要成线;从上菜到斟酒、撤盘、结账,这一餐中服务工作也要成线,并结合客人的饮食规律按服务程序操作。只有这样,才能保证服务的快捷、连续和正确,才能使客人感到满意。

专业化职务设计的优点是:

(1)把专业化和单一化最紧密地结合在一起,从而可以最大限度地提高员工的工作效率。

(2)由于把工作分解为很多简单的高度专业化的操作单元,因此对员工的技术要求低,可以节省大量的培训费用,并且有利于劳动力在不同岗位之间的轮换,而不至于影响生产的正常进行。

(3)专业化对员工技术要求低可大大降低生产成本,因为只需廉价的劳动力便可完成职务设计所规定的岗位要求。

专业化职务设计的缺点为:它只强调工作任务的完成,而不考虑员工对这种方法的反应,因而专业化所带来的高效率往往会因员工对重复单一的工作不满与厌恶,与所造成的缺勤、离职相抵消。

(二)工作轮换

工作轮换是指在同类工作中的不同岗位上进行轮换操作,是一种平行调动方法,使各级员工在不同部门的不同岗位上轮流工作,以使其全面了解整个组织的不同工作内容,得到各种不同的经验,为今后在较高层次上任职打好基础。比如,可以将某餐厅服务员从中餐厅调到西餐厅。

工作轮换的优点是:

(1)给员工更多的发展空间,让员工感受到工作的刺激和新鲜。一个人在获得有效地完成其任务所需的技能以后,通常产生的厌倦感和单调感会随着职务轮换得以减少。更广泛的工作体验也使员工对组织中的其他活动有了更多的了解,从而为员工担任有更大责任的职务尤其是高层职务做好准备。

(2)使员工在逐步学会多种工作技能的同时,也增强其对各部门的工作相互依赖关系的认识,并产生对组织活动的更广阔的视角。

(3)员工轮换制能使组织的员工更容易团结合作,可以促使组织的管理层形成一个团队,增进不同工作之间的理解,在多元的市场中创造出更加灵活的策略,提高协作效率。

工作轮换的缺点是:

(1)它只能限于少部分的工作轮换,大多数的工作是无法进行轮换的。

(2)这种方法如果使用不当,可能会使部门中原有的工作关系被打乱,产生新的矛盾。

(3)轮换后,由于需要熟悉工作,并增加培训成本,可能会使工作效率下降,因为员工在之前岗位上的效率性正创造着组织的经济性。

(4)范围广泛的工作轮换,可能会造成大量的员工被安置在他们经验很有限的工作岗位上。

(三)工作扩大化

工作扩大化即横向扩大工作范围,通过使工作变得多样化和扩大责任范围的方法来提高饭店员工的兴趣。这是通过增加职务的工作内容,使员工的工作变化增加,要求更多的知识和技能,从而提高员工的工作兴趣。通过工作扩大化可提高饭店服务质量,降低劳务成本,提高员工满意度,改善整个组织的工作效率,也使管理工作变得更加灵活。工作扩大化的实质内容是增加每个员工应掌握的技术种类和增加操作工作的数量,目的在于降低对原有工作的单调感和厌烦情绪,从而提高员工对工作的满意程度,发挥内在的热情。例如,一个人完成一张餐桌的摆台,从准备工作、铺台布、摆放餐具到折花整个过程,甚至扩展到点菜服务、跑菜单、上菜、斟酒、撤台等工作。

工作扩大化的优点是:它给员工增加了同一责任水平的工作内容。当员工对某项职务更加熟悉时,提高其工作质量(相应的也提高其待遇),会让员工感到更加充实。

工作扩大化的缺点是:工作扩大化可避免过度专业化造成的单调,但它并没有给员工的活动提供更多挑战和意义。

(四)工作丰富化

工作丰富化是一种纵向的工作范围扩大,即向工作深度发展的工作设计方法,与横向扩展的工作扩大化相比较,此种工作设计方法的扩充范围更为广泛,主要是由于此种方法可以集中改造工作本身的内容,使工作内容更加丰富,从而使工作设计本身更富有弹性。

工作丰富化主要通过增加工作责任、工作自主权以及自我控制,满足员工的心理的多层次需要从而达到激励的目的,表3-11为工作丰富化问卷。

表 3-11　　　　　　　　　　　工作丰富化问卷

一、基本信息
姓名：
填写日期：　　年　　月　　日
职务名称：
职务编号：
所属部门：
部门经理姓名：
二、工作内容调查
1.请准确、简洁地列举你的主要工作内容（若多于8条可以附纸填写，下同）： 　　（1）　　　　　　　　　　　　　　　（2） 　　（3）　　　　　　　　　　　　　　　（4） 　　（5）　　　　　　　　　　　　　　　（6） 　　（7）　　　　　　　　　　　　　　　（8）
上述内容，与职务描述中的内容是否有差异？如果有，有哪些？产生的原因是什么？
2.请列举你有决策权的工作项目： 　　（1）　　　　　　　　　　　　　　　（2） 　　（3）　　　　　　　　　　　　　　　（4） 　　（5）　　　　　　　　　　　　　　　（6） 　　（7）　　　　　　　　　　　　　　　（8）
上述内容，与职务描述中的内容是否有差异？如果有，有哪些？产生的原因是什么？
3.请列举你没有决策权的工作项目： 　　（1）　　　　　　　　　　　　　　　（2） 　　（3）　　　　　　　　　　　　　　　（4） 　　（5）　　　　　　　　　　　　　　　（6） 　　（7）　　　　　　　　　　　　　　　（8）
上述内容，与职务描述中的内容是否有差异？如果有，有哪些？产生的原因是什么？
三、职业发展调查
1.请描述你为自己设定的职业发展目标
2.你认为这个目标和企业为你制定的发展目标一致吗？如果不一致，差别在什么地方
3.为了达到你个人的职业发展目标，你认为企业应该为你做些什么
4.在当前的职务情况下，你是如何向你的职业发展目标迈进的
四、适应性调查
1.你是否具有工作的热情？如果没有，原因是什么
2.你是否对现在的状态感到满意？如果不满意，你希望什么样的状态
3.你是否能在没有工作热情时，照常做好自己的工作
4.你是否认为工作和兴趣相结合很重要
五、相关问题调查
1.你自己在工作中最大的困难和苦恼是什么
2.你是否喜欢为自己的工作做计划
3.你认为直接上级应该给你哪方面的权力
4.你对目前的职务描述和职务资格要求有什么看法
5.你希望对职务描述和职务资格要求做哪些调整，如何进行修改
6.你对职务资格要求有哪些建议和意见
7.请对你目前的工作做一个评价
8.请将你认为有必要说但上表没有列出的内容写在下面

工作丰富化的优点是：与常规性和单一性的工作设计方法相比较，它能够提供更大的激励和更多的满意机会，从而提高员工的工作效率和服务质量，还能降低员工的离职率和缺勤率。

工作丰富化的缺点是：为使员工掌握更多的技术，企业要增加培训费用，增加整修和扩充工作设备费用，给员工支付更高的工资等。

以上几种工作设计方法均存在优劣之处。工作简化过分强调专业化和高效率，可能导致员工对工作厌烦。工作轮换与工作扩大化也只是一种略微变通的方法，不能根治员工情绪低落而带来的工作效率降低的问题。工作丰富化也存在一定的局限。工作中个人特性的差异很难单纯从人的角度去考虑职务设计的完美，因此工作设计通常与人员安排、劳动薪酬及其他管理策略方面配套进行，系统地考虑才能使组织需要的员工个人需要获得最佳结合，从而最大限度地激发员工的积极性，有效地促进人力资源管理工作。

本章小结

饭店工作分析就是要为人力资源开发与管理活动提供与工作有关的各种信息，这些信息包括工作内容、为什么要这样做、责任者、工作时间、工作岗位、向谁负责、怎样操作七个方面。饭店工作分析的作用表现在为人力资源开发与管理活动提供依据，为组织职能的实现奠定基础。饭店工作分析的实施是一个完整的过程，基本流程包括准备阶段、实施阶段、结果形成阶段和应用与反馈阶段。

综合案例

实施五天工作制后

一天，饭店员工下班时，都拿到了一封信。打开信封，只见是一封用计算机打印的信笺，还附有一份调查表，调查内容为饭店实行一周五天工作制后，员工的反应和他们对工作及生活的安排情况。调查表上共有以下9个问题：

1. 你喜欢五天工作制吗？喜欢□　不喜欢□　无所谓□
2. 在休息日里，你一般都和谁在一起？家人□　朋友□　独自□　其他□
3. 你是怎样度过双休日的？做家务□　休息□　娱乐（旅游）□　其他□
4. 你最喜欢的休闲方式是什么？旅游□　休息□　游泳□
5. 若是旅游，你喜欢的去处是哪里？市内□　郊外□
6. 每周五天工作日，你觉得比原来紧张吗？紧张□　轻松□　一样□
7. 你最主要的兴趣爱好是什么？
8. 你是如何提高工作效率的？
9. 你对改进工作现状有什么好的建议？

案例评析

实施每周五天工作制后不久，饭店便在部分员工中调查双休日活动情况并征求建

议。正如该饭店广大员工所说的，这样的调查好，既及时又有积极意义。员工能不能向客人提供优质服务这在很大程度上取决于他们的工作环境和个人的身体、精神与情绪等多方面的情况。这次调查之所以被广大员工称好，是因为他们体会到饭店领导对他们的真心关怀，如此一来，员工们岂有不动情的？从这个例子可以看到，对员工的关怀不仅要表现在思想、工作、学习等方面，还应无微不至地关心他们的生活及其休闲时间。

案例分析

干洗还是湿洗

　　江苏某市一家酒店住着某台湾公司的一批长住客。一天，一位台湾客人的一件名贵西装弄脏了，需要清洗，当见到服务员小江进房送开水时，便招呼她说："小姐，我要洗这件西装，请帮我填一张洗衣单。"小江考虑客人可能累了，就爽快地答应了。随即按她领会客人的意思帮助客人在洗衣单湿洗一栏中填上，然后将西装和单子送到洗衣房。接手的洗衣工恰恰是刚进洗衣房工作不久的新员工，她毫不犹豫地按照单上的要求，对这件名贵的西服进行了湿洗，结果在口袋盖背面造成了一点破损。

　　台湾客人发现西装有破损，十分恼火，责备小江说："这件西服价值4万日元，理应干洗，为何湿洗？"小江连忙解释说："先生，对不起，不过我是照您交代填写湿洗的，没想到会……"客人更加气愤，打断她的话："我明明告诉你要干洗，怎么硬说我要湿洗呢？"小江感到很委屈"先生，实在抱歉，可我确实……"客人气愤至极，抢过话头，大声嚷道："真不讲理，我要向你的上司投诉！"

　　客房部曹经理接到台湾客人的投诉——要求赔偿西装价格的一半（两万日元），吃了一惊，立刻找小江了解事情的原委，但究竟是交代干洗还是湿洗，双方各执一词，无法查证。曹经理十分为难，便向主持酒店工作的副总经理汇报，副总经理感到十分棘手，便召集酒店领导作了反复研究。考虑到台湾公司在酒店有一批长住客，尽管客人索取的赔偿大大超过酒店规定的赔偿标准，但为了平息风波，稳住这批长住客，最后同意了客人的过分要求，赔偿2万日元，并留下了这套西装。

　　问题：客房服务员因"好心"为客人代填洗衣单造成酒店巨额损失，结合本章岗位说明书相关内容，从中应该吸取什么教训？

实训练习题

　　请根据你所学的知识，深入当地一家三星级以上的饭店，结合饭店的实际情况，参考有关样本格式制定一份"饭店餐厅领班的岗位工作说明书"（必须要有工作描述和任职资格两大部分内容）。

复习思考题

1. 为什么说工作分析是饭店人力资源管理的最基本的工具？
2. 饭店工作分析应从哪几个方面着手？
3. 编写一份饭店某岗位工作说明书应注意哪些要点？
4. 职务描述与任职资格有什么区别和联系？
5. 试比较各种工作分析的方法各有什么优缺点。

第四章 饭店员工招聘与选用

学习目标

◆ 能够根据不同岗位的特点设计招聘申请表
◆ 能够根据不同应聘人员和简历,列出面试提纲,设计面试情况记录表
◆ 能够设计招聘流程

知识目标

◆ 了解饭店招聘的政策与原则、选拔的系统方法
◆ 熟悉饭店招聘与运用的程序
◆ 掌握面试的基本程序和面试提问的技巧

饭店 人力资源管理

▶ 课程导入

潘玉虎该选择谁?

潘玉虎是国内一家知名连锁饭店集团公司的总经理,公司的总部设在北京,成员遍及广州、上海、武汉等地,每年的营业额以25%以上的速度递增。

就在前几天出了一件让他非常棘手的问题,市场部经理卞亚由于个人原因向公司提交了辞呈,虽经公司多次挽留,仍然没有改变他的决定。现在,公司急需任命一位市场部经理来代替卞亚。但是潘玉虎和公司其他部门的几位负责人讨论了几天,也没有达成一致的意见。

潘玉虎认为现任市场部副经理韩少不错,可以接替卞亚的职位。但这个想法却遭到其他人的强烈反对,人事部经理刘杰首当其冲:"韩少有很强的分析能力,在环境变化时能很快适应,但我认为他太强势,甚至有点刚愎自用,很少听取别人的意见。如果由他当市场部经理,下面会怨声载道;而且,他只有高中的文化程度,下面的人多数都是大学毕业生,让一个没有什么学历的人来担任经理他们会服气吗?"

销售部负责人也插言:"韩少干得的确不错,但是过分的热心和乐观令人感到有点不安,这有可能导致他无法进行正确而实际的市场调查和研究工作。"

潘玉虎又想到了市场部另一位副经理肖凌。和韩少不同,肖凌做事不张扬,为人非常随和,最擅于团结下属,手下人会很好地跟他结合在一起,办起事来也很有韧劲,在工作上肖凌的表现也很不错。但潘玉虎还是犹豫不定。因为,肖凌有时心太软,在他手下,有几位表现很差的销售员,按理说应该辞掉,可肖凌却不忍心这样做。

这两天,有人又透露给潘玉虎一个消息:竞争对手某饭店集团的市场部经理李汶最近与老板闹翻了,正要辞职不干。我们何不趁此机会把她挖过来呢?她的能力我们都清楚,绝对没有问题。潘玉虎听后,觉得也是一个办法。但考虑后,又觉得不太妥当。李汶虽然是一位难得的人才,但她能否很快熟悉本公司的业务,理顺各种关系,有效地开展工作呢?外来的和尚不一定就会念经。再说,这样做很可能会挫伤本公司市场部门人员的积极性。

请思考:如果你是潘玉虎,你会选择谁呢?如果选择外部的李汶,又有哪些利弊呢?

第一节 饭店员工招聘

一、饭店员工招聘的概念

饭店员工招聘是为一定的工作岗位选拔出合格人才而进行的一系列活动,是把优秀、合适的人员招聘进饭店,并安排在合适的岗位上工作的过程。

员工招聘是饭店人力资源管理的经常性工作,因为随着饭店的发展和员工素质能力的变化,员工素质与工作岗位要求的对应一致经常被打破。特别是在当前饭店经营环境迅速变化的情况下,员工招聘工作更是常见。员工招聘又是饭店人力资源管理的基础性工作,新员工的素质直接影响到饭店人力资源管理的效率与效果。因此,饭店员工的招聘与选用是饭店人力资源管理的一项重要工作。饭店员工的招聘工作涉及饭店内部招聘政策的制定、招聘渠道的选择、求职申请表的设计以及人员甄选等环节的实施。

(一)饭店员工招聘的背景

员工招聘是基于市场经济背景下企业发展和员工发展两方面的需要及人才市场的发展而衍生的。其一,在饭店的营运和发展中,随着市场的变化、饭店业务的扩大或收缩,饭店的结构调整是必然的,这就意味着必须进行人员的增减;其二,随着员工个人素质能力的提高,饭店内部存在着正常的人员退休、辞退及调动工作,特别是在知识经济社会,员工的个性独立和个人发展正在成为社会潮流,饭店必须承认和应对管理对象的这些变化;其三,随着各类人才市场的建立健全,员工流动也是很自然的事。因此,招聘员工、补充人员是饭店人力资源管理中经常性的工作。

招聘工作应根据每年或每季度人力资源管理计划来进行。招聘需求一般是由各用人部门提出的,比如,由于业务的扩展、老员工的离职等都会使部门需要招聘新人,但这些用人需求应由人力资源部门根据人员预算控制和用人部门进行实际分析后做出决定。如果待招聘的人员在预算范围之内,那么用人部门可以直接向人力资源部提出招聘请求,如果是预算之外的招聘需求,就需要经过人力资源部经理和业务经理的批准,获得批准之后,人力资源部才可以开始进行招聘活动。

(二)饭店员工招聘的意义

(1)员工招聘是饭店增补员工的重要途径。为了满足饭店的经营需要,有计划地从社会上招收录用一定数量的新员工是饭店人事管理的基本任务,人员及时、合理的补充是饭店顺利经营的重要保证。

(2)员工招聘是确保员工队伍良好素质的基础。饭店只有招聘到合格的人员,将其安排到合适的岗位上,并在工作中注重员工队伍的培训和发展,才能确保员工队伍的素质。

(3)员工招聘能使饭店员工队伍相对稳定。科学的招聘使新聘员工胜任工作,并在所从事的工作中获得满意,有利于员工的稳定、发展。

(4)员工招聘能节省人员基础培训与能力开发方面的开支。

(5)员工招聘能保障饭店的正常运行。有计划地从社会上招聘与录用一定数量的新员工,将新鲜血液不断输入饭店,将竞争机制引入饭店人事管理,是促使饭店员工合理流动,不断提高员工素质,从而不断提高服务质量,使饭店顺利经营的重要保证。

(三)饭店员工招聘的原则

1. 法律法规原则

法律法规原则是指员工招聘工作要符合国家的有关法律、政策。在招聘中应坚持平等就业、相互选择、公平竞争、照顾特殊群体、先培训后就业、不得歧视妇女等原则。由于用人单位饭店的原因而订立无效合同或违反劳动合同的,饭店应承担相应的责任。

2. 经济原则

经济原则是指努力降低招聘成本,提高招聘的工作效率,以最低的成本消耗招聘合

适的人才。招聘成本包括：

（1）招聘时所花的费用，即招聘费用；

（2）因招聘不当，重新再招聘时所花的费用，即重置成本；

（3）因人员离职给饭店带来的损失，即机会成本。

3. 公正原则

公正原则是指对来自不同渠道的应聘人员应一视同仁，对不合格的人员不应给予照顾。在招聘前，应将招聘信息向预定的招聘渠道和招聘范围公开，不仅扩大招贤纳才的范围，而且形成公平、公正的氛围；在招聘过程中，招聘部门应保证廉洁公正，使应聘人员有平等的竞争机会，否则不仅会影响录用人员的素质及日后绩效，而且会严重损害饭店形象、滋生腐败风气。

4. 适用原则

适用原则是指根据饭店发展的需要和应聘者的专长、能力、志向和条件，招聘饭店需要的人才，做到各得其所、各尽其才。一方面，招收的新员工应满足饭店的需要，要对饭店的经营管理有实际好处，切忌人才的高消费；另一方面，又要根据饭店经营管理的发展演变和员工的发展潜能，给予员工一定的适应期，切忌"拿来就用"。

二、饭店员工的招聘渠道

饭店员工招聘的主要目的是吸引更多的人前来应聘，使饭店有更大的人员选择余地。饭店员工的招聘和选用工作首先要考虑的是员工的来源，员工的来源和途径直接影响到所招收的员工的素质与饭店经营运转的效益。员工的来源在总体上可划分为饭店内部招聘和外部招聘两种。

（一）内部招聘

当饭店内部职位发生空缺时，首先应考虑从现有员工中调剂解决，或是在饭店内部按照有关标准考核提拔。员工招聘内部优先的优点是：使在饭店工作的员工有机会到自己满意的岗位上，实现人与职的更好结合，也有利于员工发展与稳定；可以调动员工的积极性，使饭店员工拥有平等竞争的机会，增加饭店凝聚力；容易了解，容易招聘；节约部分培训费用；员工对饭店经营状况和人际关系熟悉，便于更快适应职位和工作要求。

因此，饭店招聘少量人员时常常采用此方法，而且效果也不错。但仅用内部招聘也会出现一些问题：供挑选的人力资源有限，不易吸收优秀人才；自我封闭，新观点、新技术难以引进饭店，使企业缺少活力。因此，当内部员工不足或没有合适人选时，就应该采取其他形式进行招聘。

内部招聘根据采用的实施方法可分为以下两种：

1. 内部晋升或岗位轮换

这种方法是建立在系统有序基础上的职位空缺补充办法，需要饭店建立相应的管理程序和制度。比如，规定晋升、岗位轮换的条件、范围、时限、流程等内容，明确哪些职位可以晋升到哪些职位、哪些职位之间可以轮换，这一切工作都要以岗位任职资格为依据。为了使内部晋升有序进行，可以对重要职位确定一些候选人，并对他们进行持续的绩效跟踪和提升力的评价以备不时之需。表4-1为管理职务晋升申报表。

表 4-1　　　　　　　　　　　管理职务晋升申报表

姓名		所在部门		
性　别	出生年月	最高学历	毕业院校及专业	毕业时间
现任职务			任职时间	
申报职务				
主要工作经历				
当前工作岗位及主要工作业绩				
考核情况	年			
	年			
部门推荐意见				
主管领导意见				
人力资源部初审意见				
总经理审核				

2．内部公开招聘

内部公开招聘是指按照员工招聘的基本程序进行的招聘。其基本流程为：①在饭店内部公开发布招聘岗位、人数、条件的信息；②考核；③人力资源部与相关部门综合平衡，对原岗位提出补充方案；④下达调动令。

(二)外部招聘

1．熟人推荐

熟人推荐一般是指由饭店内部员工或关系单位主管推荐人选。饭店内部员工推荐是由员工填写推荐表(饭店内部推荐表见表 4-2)。这种招聘方式的优点是：由于是熟人推荐，招聘与应聘双方在事先已有一定的了解，可减少不少招聘环节和费用，尤其对专业技术人员、主管人员等，常用此法。其缺点是：由于是熟人推荐，有时会因碍于情面而影响招聘水平；选用人员的面较窄；如果此类录用人员过多，易在企业内部形成非正式群体,给管理带来难度。如果推荐的候选人被聘,推荐人将得到一定的奖励,这些奖金将从饭店节省的广告费和招聘费中支出,当然,为防止有些人利用熟人推荐的机会发展小团体,如果一名员工多次推荐明显不合要求的候选人,这名员工将被取消推荐资格。

表 4-2　　　　　　　　　　饭店内部推荐表

推荐人信息		
姓　　名:		员工号:
所属部门:		电　　话:
电子邮件:		
候选人信息		
姓　　名:	性别:	年龄:
联系方式:		
推荐人与候选人的关系:		
推荐职位:		
推荐原因:		
推荐人对候选人的评价:		
推荐人签名:		年　月　日

2．通过职业介绍机构与人才交流市场招聘

这种方法的优点是:应聘者面广,可以有效避免裙带关系的形成,人员选用耗时短。其缺点是:需要一定费用;对应聘者的情况不够了解;不一定有空缺岗位的合适人选;有些职业介绍机构鱼龙混杂,应聘人员素质低。因此,运用这种招聘形式时,要选择信誉较高的机构,要求机构提供尽可能多的信息,并且尽可能对应聘者再测试一次。

3．通过职业招聘机构和人员招聘

职业招聘机构和人员,又称"猎头公司"或"猎头",是指一些专门为企业招聘高级人才或特殊人才的人员。当企业需要雇用对基层有重大影响的高职位的专业人员或当企业需要多样化经营、开拓新的市场或者与其他企业合资经营时,委托猎头公司选人,猎头公司以其专业优势准确把握关键的职位所需要的工作能力、关键品质,科学确定和评估应聘的人选,从而快捷、有效地完成招聘,而且聘用的人员马上可以上岗并立即发挥重大作用,甚至可以起到立竿见影的效果。这种招聘渠道的缺点是:费用较高;不利于调动本企业员工的积极性;策划难度较高。

4．校园招聘

大中专毕业生是饭店业招聘的重要对象。相当一部分学生通过 2～4 年的系统学习,基本上掌握了饭店经营管理的业务知识,并初步具备了服务及管理的技能,具有专业知识较强、接受新事物快、个人素质较高等特点。但由于他们缺乏工作经验,饭店需要投

资对他们进行培训。应届毕业生年轻、求知欲强、成长快,录用他们是保证员工队伍稳定和提高服务质量、提高员工素质的有效途径。

校园招聘方式主要有招聘张贴、招聘讲座和学校推荐三种形式。

很多饭店和旅游院校建立了长期的合作关系,为学生提供实习机会,并且每年都从院校招聘一定的毕业生到饭店工作。虽然饭店员工的流动性较大,离职率较高,但是因为学生有在饭店实习的经历,饭店对学生的敬业精神和素质、能力有一定的认识和评价,因此第一次就招聘到合适人选的机会也会很大。当然,通过和学校建立合作关系,委派员工到学校做讲座、在专业指导委员会中担任职务等方法可以提高饭店在学生中的影响力,从而吸引更多的优秀大学生。

5. 网上招聘

互联网的出现给社会带来了革命性的变化,人员招聘的方式也深受互联网的影响。网上招聘是近几年新兴的一种招聘方式。它具有费用低、覆盖面广、时间周期长、联系快捷方便等特点。由于这些明显的优点,现在越来越多的企业都在使用网上资源。有一项研究报告显示,《财富》全球前500强企业中使用网上招聘的已占88%;而另一家美国公司的调查显示,绝大多数的企业希望求职者通过电子邮件而不是邮寄传送个人简历。

有些饭店会在自己的公司网站上设置招聘专区或网页,求职者点击进入以后可以看到更详细的相关职位信息、提供给应聘者联系方式或者在网上设有应聘登记表,求职者可以直接在网上应聘。

饭店自己的网站是非常好的招聘渠源。有些公司专门创办网站以提供招聘服务,中国几家比较有影响力的招聘服务网站(如中华英才网、北方人才网、中国旅游人才网、北京旅游人才网、上海旅游人才网等)都拥有大量的注册企业会员,企业在需要招聘人才时可以很方便地将自己的信息在网上发布出去。同时网站也提供个人服务,为个人提供大量的招聘信息和求职管理服务。比如,在中国旅游人才网上可以查询到全国各地旅游企业、饭店的招聘信息,为求职者提供了一条非常方便的渠道。

6. 公开招聘

公开招聘是饭店利用广播、电视、报纸、杂志等多种媒体向饭店内外的人员公开宣布招聘计划,提供一个公平竞争的机会,择优录用合格人员担任内部职务的过程。利用媒体发布招聘信息迅速、及时,并且可以同时发布多种类别工作岗位的招聘信息。但受媒体吸引的应聘者层次不一,筛选的工作量大,有时无法很快找到合适人选,所以不适合急于补充某一关键岗位人员的招聘。

在媒体上登载招聘广告是新开业饭店广泛采用的方法。在做招聘广告时,有两个需要重点考虑的问题:选择什么样的媒体和如何设计广告。媒体广告主要包括报纸、杂志。使用什么样的媒体关键取决于所要吸引的职位候选人经常会关注的媒体种类;同时,各

种媒体都有各自不同的优缺点和适用情况，对此，饭店应进行综合考虑。表4-3是各种媒体招聘广告特点的比较。

表 4-3　　　　　　　　　各种媒体招聘广告特点的比较

媒体类型	适用类型	主要优点	主要缺点
报纸	适合于某个特定地区的招聘，适合于候选人数量较大的职位，适合于较高流失率的行业或职位	广告大小可灵活选择，发行量大，信息传递速度快	保留时间短，发行对象较广，但针对性不强
杂志	适合于当目标候选人集中于某个专业领域且空缺职位并非迫切需要时	接触目标群体的概率较大，便于保存，能在较长时间内看到	广告预约期较长，时效性较差
广播电视	当饭店需要将形象宣传与人员招聘同时进行或需要招聘大量人员时	可以产生较强冲击力的视听效果，黄金时间段受众多	广告时间短，费用较为昂贵，缺乏持久性
印刷品	在特殊场合比如展示会、招聘会比较适用，配合其他形式的招聘活动使用	人数多，容易留下深刻印象，容易引起应聘者的兴趣	宣传力度比较有限，设计、印刷成本较高

　　在选择媒体的时候还需要考虑，一种媒体的受众是哪些人远比它的受众人数的多少重要得多，因为这决定了潜在职位候选人的数量有多少。另外，广告设计的好坏将直接影响到可获得的应聘者的数量和素质。一则好的广告应该遵循"AIDA"原则，即 Advert（注意）、Interest（兴趣）、Dream（愿望）、Action（行动）四原则，应该措辞准确、内容详细、条件清楚、能吸引人。广告中应该介绍饭店企业的基本情况、职位的情况、应聘人员的基本条件要求、报名时间和地点、报名需携带的证件、材料以及其他相关注意事项。需要注意的是，广告中应包含让求职者马上申请职位或与饭店联系的内容，比如联系地址或网址，这样可以使有兴趣的人采取行动。

（三）内部招聘与外部招聘的比较（见表4-4）

表 4-4　　　　　　　　　内部招聘与外部招聘的比较

	内部招聘	外部招聘
优点	了解全面，准确性高；可鼓舞士气，激励员工进取；应聘者可更快适应工作，使组织培训投资得到回报；选择费用低	人员来源广，选择余地大，有利于招到一流人才；新员工能带来新技术、新思想、新方法；当内部有多人竞争而难做出决策时，向外部招聘可在一定程度上平息或缓和内部竞争者之间的矛盾；节省培训、投资等费用
缺点	来源局限于企业内部，水平有限；容易造成"近亲繁殖"，出现思维定势和行为定势；可能会因操作不公或员工心理原因造成内部矛盾	不了解企业情况，进入角色慢，较难融入企业文化；对应聘者了解少，可能招错人；内部员工得不到机会，积极性可能受到影响

三、饭店员工招聘简章

饭店员工招聘简章是员工招聘的宣传资料，它以广告的方式向应征者进行广泛的宣传，达到扩大员工招聘来源与渠道、促进招聘工作顺利开展的目的。同时，招聘简章也是饭店对外开展宣传推销的一种途径。因此，应当对招聘简章的设计给予充分重视。

（一）招聘简章的内容

编写招聘简章，会受到篇幅及广告开支成本的限制，要求在富有吸引力的前提下，做到内容清晰、要求明确、文字简练。招聘简章一般包括以下内容：

1. 饭店介绍

招聘简章介绍饭店时因受篇幅限制，文字必须简练。主要介绍饭店全称、性质、坐落位置、经营规模、星级等，如果是在开业前招聘，还应注明开业日期。

2. 职位与要求

招聘简章对招聘工种或职位及人数可按部门分类。招聘要求可分为基本要求与专业要求两类。基本要求通常包括品学兼优、勤奋上进、容貌端正、身体健康等方面；专业要求则包括年龄、性别、学历、实际工作年限、专业水准（技术等级）、外语能力、体格条件（身高、视力）等方面。为了使应聘者便于检索招聘工种或职位，可将招聘工种和招聘要求以表格形式公布。

3. 甄选方法与录用条件

招聘简章应对应聘者必须经过的报名、考试（面试与笔试）、甄选及甄选合格后要进行的体检、合同的签订等录用程序与内容作简要的说明。

4. 报名方法

招聘简章应向应聘者说明报名手续及方法。如果采用书面报名方式，招聘简章中要规定应聘者来函（或电子邮件）必须详细写明的内容、报名截止日期及资料邮寄地址（信箱地址）。如采用目测报名方式，则要规定应聘者在约定时间、地点携带本人身份证、有关学历或技术等级证书、本人近照等办理报名手续。

5. 录用待遇

录用待遇是招聘简章对应聘者被考核录用后所享受的待遇的介绍，对吸引应聘者起着重要的作用，人事部门要如实介绍，不能为了扩大招聘来源而对应聘者夸大其词，否则效果会适得其反。应聘者被饭店录用后的待遇一般包括被录用人员的人事编制、工资福利待遇及培训机会等。

表4-5为饭店招聘简章范例。

表 4-5　　　　　　　　　　　招聘简章范例

五洲大饭店诚邀您加盟　共同演绎无限精彩	
五洲大饭店是温州市××企业总公司独资兴建和经营的旅游涉外饭店,位于市中心解放路,环境幽雅,交通便利。饭店主楼23层,客房400间,拥有两个300餐位的餐厅,另有可举行300人以上的鸡尾酒会、中西餐宴会及会议的多功能厅,是一座具有现代化设施的四星级饭店。	饭店简要介绍
目前工程建设及筹备工作正在顺利进行中,计划于2006年12月开业。根据工作需要,经人事局、劳动局批准,决定面向社会公开招聘以下人员: 　　1.饭店管理人员(经营客房、餐厅、前厅、人事等部门的高、中级管理人员),10名,要求35岁以下,大专以上学历,两年以上相关工作经验。 　　2.中、西厨师、厨工,20名。厨师,45岁以下,具有等级证书或相当于三级以上水平,3年以上工作经验;厨工,30岁以下,具有技术培训证书。 　　3.财会人员,5名,35岁以下,大专以上学历,持有上岗证,会电脑操作,两年以上相关工作经验。 　　4.强弱电工、水工、机修工、空调工、司炉工,10名,40岁以下,高中以上学历,有岗位操作证书。 　　5.服务员,高中以上学历,22岁以下,男1.72米以上,女1.60米以上,形象好。应聘者要求具有本市市区常住户口。	工作岗位及应聘条件
报名手续:①报名人员先来函详细写明本人工作经历、学历、特长及志愿,附一寸近照一张,寄本市解放东路188号五洲饭店筹建处人事部收。②根据需要,由饭店人事部发书面通知,预约报名者面谈。接到通知人员需持学历证明和技术等级证书等有关证件,到指定地点面洽。 　　凡审查、考试、体检合格者,饭店将统一发放录用通知。一经录用,将享受合资饭店待遇。	录用方式及录用待遇

(二)招聘简章设计要点

(1)在选择传播媒介、运用文选技术等业务细节方面要加以研究、处理。

(2)人事部门要会同公关部,对招聘简章的排版设计做一番推敲,尽量做到版面美观新颖、标题醒目突出、字体大方,使人从中领略到饭店的服务水准,能引起看、读的兴趣,在广大应聘者即未来的员工心目中,树立起良好的第一形象。

(3)招聘简章的内容要清晰翔实,应简要说明工作地点、内容、发展前景、应聘条件、待遇、有无特殊要求、招聘方式、时间等;要务实、真诚,不带欺骗性,诸如"有志者"、"待遇优厚"、"不会后悔"等抽象而无实际意义的说明,没有必要使用;重点要突出,重点应放在工作及应聘条件的介绍方面。

(4)招聘广告在使用之前,最好能在饭店内部一定范围内,请各层次员工代表审查、阅读,以集思广益,加强广告效果。

四、饭店招聘的程序

(一)制订招聘计划

在对饭店工作岗位设计、工作分析的基础上,依据工作规程和职位说明书,确定具体的用人标准和聘用人员的种类及数量。其操作步骤是:通知各部门上报各岗位空缺人数并做统计;对照职务说明书明确各岗位的任职要求;分析饭店内部人力资源供给情况,确认空缺岗位是否能在饭店内部员工中补充;确定需从外部招聘的岗位和人数。

(二)确定招聘途径

确定招聘员工是内部选拔还是外部聘用,是采用刊登广告的方式还是饭店员工推荐的方式或是同步进行,是一般要求还是特殊要求,等等。

(三)应聘者填写求职申请书

求职申请书一般应包括求职者的一般情况、学历和受教育情况、工作经历等内容。这是了解应聘者情况最常用的方法。

(四)初步面谈

初步面谈是饭店与应聘者第一次直接接触,也是饭店通过直观印象在招聘过程中对应聘人员的第一次筛选。通过初步面谈,饭店招聘人员对应聘者的身材、身高、容貌等仪表、风度外观形象和语言表达能力等获得初步印象,了解应聘者对待遇、工作环境、工作时间的要求及其经历和学历等大致情况。

> **资料链接**
>
> #### 知名企业的特殊面试
>
> 日产公司——请你吃饭
>
> 日产公司认为,那些吃饭迅速快捷的人,一方面说明其肠胃功能好,身强力壮,另一方面他们往往干事风风火火,富有魄力,而这正是公司所需要的。因此对每位来应聘的员工,日产公司都要进行一项专门的"用餐速度"考试——招待应聘者一顿难以下咽的饭菜,一般主考官会"好心"叮嘱你慢慢吃,吃好后再到办公室接受面试,那些慢腾腾吃完饭者得到的都是离开通知单。
>
> 壳牌公司——开鸡尾酒会
>
> 壳牌公司组织应聘者参加一个鸡尾酒会,公司高级员工都来参加,酒会上由这些应聘者与公司员工自由交谈,酒会后,由公司高级员工根据自己的观察和判断,推荐合适的应聘者参加下一轮面试。一般那些现场表现抢眼、气度不凡、有组织能力者得到下一轮面试机会。
>
> 假日酒店——你会打篮球吗
>
> 假日酒店认为,那些喜爱打篮球的人,性格外向,身体健康,而且充满活力,富于激情,假日酒店作为以服务至上的公司,员工要有亲和力、饱满的干劲,朝气蓬勃,一个缺乏兴趣、死气沉沉的员工既是对公司的不负责,也是对客人的不尊重。
>
> 美电报电话公司——整理文件筐
>
> 先给应聘者一个文件筐,要求应聘者将所有杂乱无章的文件存放于文件筐中,规定在10分钟内完成,一般情况下不可能完成,公司只是借此观察员工是否具有应变处理能力,是否分得清轻重缓急,以及在办理具体事务时是否条理分明,那些临危不乱、作风干练者自然能获高分。
>
> 统一公司——先去扫厕所
>
> 统一公司要求员工有吃苦精神以及脚踏实地的作风,凡来公司应聘者公司会先给你一个拖把叫你去扫厕所,不接受此项工作或只把表面洗干净者均不予录用。他们认为一切利润都是从艰苦劳动中得来的,不敬业者就是隐藏在公司内部的"敌人"。

(五)审核材料

经过初步面谈并认为基本合格后,需要进一步对应聘者的有关材料进行审核和综合分析。必要时需要到应聘者原来所在单位、学校或街道去了解其一贯表现、同事关系、技术熟练程度等,以核实应聘者的基本情况。

(六)正式面谈与测试

通过面对面的全面接触,对应聘者做进一步了解;对任职资格进行能力测试;初步了解应聘者的潜在能力;进一步加强双向沟通和联系;深刻了解应聘者及所申请工作的情况,从而尽量达到工作与人的最佳组合。

资料链接

给出十个用你的理由

三亚国光豪生度假酒店在选拔人才时,注重五大指标——谦、诚、勤、敏、勇。酒店老总经常参与酒店新员工的面试工作。他说三亚国光豪生度假酒店的面试一定会把谦、诚、勤、敏、勇的考察指标放进去。

比如,他在面试时,最喜欢问一个问题是:请给出我十个非用你不可的理由。

应聘者说:"我这个人很勤快。"

"请问你怎么证明?"

应聘者说:"我这个人反应很快。"

"请问你怎么证明?"

应聘者说:"我这个人很敬业。"

"请问你怎么证明?"

就这么反复问来问去,一些应聘者开始否定自己,开始他认为自己有很多优点,但一个一个证明下来,他把自己认为的优点一个一个又推翻了。就这样可能等问到第五或第六个问题的时候,有的应聘者就没有继续的勇气和能力了。其实就用这样一个问题,能测验一个应聘者:第一,看他是不是勇于突破自己,勇于坚持;第二,看他是不是勤于思考,勤于挖掘自己,是否对自己有清楚的认识;第三,看他是不是够机敏,反应够灵敏,一旦一个优点被主考官否定了,是不是可以迅速找出另外的优点,把面试进行下去;第四,看他是不是诚实,特别是在业绩、经验方面,应聘者在面试过程中谈到任何一个有关问题,都会被记录下来,会被调查;第五,看他是不是谦逊,有时因为一个个优点被否定后,有的应聘者就开始急了,其实那只能说明他不是一个合格的职业人。

(七)面谈结果的处理与体检

正式面谈结束后,应立即将各种记录汇集整理,结合背景资料,做出综合判断决定是否录用。对于初步确定录用的人员,还要进行体格检查。饭店是服务行业,直接面对客人服务,因此,健康的体格是胜任工作的基本条件之一。

(八)审查批准

将应聘者的申请书、参考资料、面谈记录、健康卡统一汇总,交由饭店最高管理者做最后的审核及批准。

(九)录用报到

通过以上环节,确定录用人员之后,颁发书面录用通知,以示郑重。

第二节 饭店员工选用

一、饭店员工选拔的重要意义

市场竞争归纳为一点是人才的竞争,企业经营战略发展的各个阶段必须要有合格的人才作为支撑点。员工流动的问题是当代企业尤其是旅游企业普遍面临的问题。饭店企业要想永远留住自己所需的人员是不现实的,这也不是人力资源管理手段所能控制的。有人员流动就有人员招聘与选拔,因此,人员招聘与选拔工作是饭店企业经常性的工作。如果盲目招聘与选拔,那么员工队伍的素质就无法保证,而且造成的经济上的损失也是很大的。饭店企业招聘人员的意义主要在于以下几点:

1. 人员招聘与选拔关系企业的生存和发展

如同生产高质量的产品需要高质量的原材料一样,组织的生存与发展也必须有高质量的人力资源。在激烈竞争的旅游市场中,没有较高素质的员工队伍和科学的人事安排,企业将面临被淘汰的后果。员工选拔就是为确保饭店业获得高质量人才而进行的一项重要工作。

2. 选拔是确保员工队伍良好素质的基础

饭店企业只有招聘到合格的人员,将合适的人安排到合适的岗位上,并在工作中注重员工队伍的培训和发展,才能确保员工队伍的素质。

3. 员工招聘与选拔是饭店业增补新员工的重要途径

为了满足饭店业的经营需要,有计划地从社会上招收选拔一定数量的新员工是饭店业人员管理的任务。根据工作分析的结果,人员的补缺和人员的流动增补都需要进行招聘与选拔工作。人员的及时与合理补充是饭店业正常经营的重要保证。

二、饭店员工选用的工作内容与步骤

通常情况下,饭店都可以获得比实际所需要任职人数多的候选人,对这些人首先要进行筛选,排除掉不合格的人选,然后再对选出的候选人进行全面考试,最后再通过对这些人的表现进行评估,得出最佳人选。表4-6为新员工选拔比较表。

表 4-6　　　　　　　　　　　新员工选拔比较表

选拔职位		应征人数		初选合格		面试日期				
选拔结果	姓名	学历	年龄	工作经验		专业知识	态度仪表	语言能力	面试人员意见
				相关	合计				
面试人员签章									

饭店进行人员选拔的程序有所不同,有的是将对职位所必须具备的专业知识和专业技能的测试放在前面,测试不合格者将被淘汰;合格者将继续接受其他任职资格的评估,比如沟通能力、合作能力、服务意识等。也有一些饭店在进行人员选拔时更多考虑的是成本,力图以最低的成本获取最佳人选,因此这些饭店会将成本较低的选拔方法(如笔试)放在前面,用这种方法淘汰大部分人选以后,再用面试和情境性测评方法等成本较高的方法选择最佳人选。饭店的人员选拔过程可以用"4 道栅栏"来形容,包括以下几个步骤:

1. 第一道栅栏:简历筛选

无论是采取哪种筛选程序的饭店,应聘者的申请材料和简历都是值得高度关注的。现在很多饭店都会要求应聘者填写一份由饭店提供的简历表,通过简历表饭店可以了解到求职者的一些关键信息,那些技能和经验明显不符合要求的应聘者或者学校成绩不佳的应届毕业生被挡在了第二道栅栏之前。

2. 第二道栅栏:笔试

通过简历筛选后仍然有很多候选人,面对如此众多的应聘者,需要采取一种简捷有效的方法进行筛选。一般来说,笔试能够进行大规模的集体测试,因而成为第二道栅栏的首选方式。笔试的内容一般包括三个方面,饭店可以根据自己的需要或者招聘职位的性质任选其一或全部。

(1)基本知识和技能的测试。应聘岗位所必须具备的知识、技能可以在笔试一项进行测试,有的考察应聘者的专业知识理论水平,有的则考察其知识面。

(2)基本职业能力倾向测试。主要测试求职者的逻辑推理能力、资料分析能力、文字表达能力,其中逻辑推理能力是测试的核心部分,也是表示一个人智力水平高低的关键。

(3)性格测验。这项内容的使用要非常小心,很少有人根据性格测验结果对人进行初步筛选,它只是最终录用的参考,而不宜纳入计分系统。

这道栅栏主要是测试个人的智力、知识和能力。通过这道栅栏的人数比例应采用及格线的概念来设计,不能达到及格线的人员应该被筛下去。因此,及格线的确定便对试题的难度、区分度提出了很高的要求。如果无法取得及格线的实证数据,也可以采取经验判断法来确定。

3. 第三道栅栏:小组面试

这项测试主要是考察应聘者的独立分析、沟通协调、合作、领导、适应性等能力。无领导小组讨论可以作为一个重要的筛选方法。它是指要求5～7个应聘者通过共同讨论,解决一个实际问题,让招聘者考察其能力。这道栅栏将把那些在团队活动中过于以自我为中心、不适应团队工作方式的人筛选出去,但是因为无领导小组讨论考察的是应聘者在群体互动中的表现,而有些技术岗位并不需要太多的互动,而且对于那些不善辞令和性格谦逊的人来说,这种方法就显得有些不公平,因此这项技术在实际使用时受到了一些限制。

4. 第四道栅栏:行为面试

经过了前三道关口的测试,能够走到第四道栅栏的人在技能、知识、工作经验和受教育程度各个方面都已经是比较合格的候选人了。但为了预测应聘者在未来的工作表现,还需要采用基于胜任力模型的行为面试法(BDI)对应聘者进行评价。这种方法是在对目标职位进行充分分析的基础上,对职位所需的关键胜任特质进行清晰的界定,然后从被应试者过去的经历中探测与这些要求的关键胜任特质有关的行为样本,在胜任特质层次上对被测试者做出评价。胜任特质是指能够使任职者有效开展工作或在工作中取得成功的因素,通常包括所需掌握的知识、技能、能力、品质、个性特征等。

这种面试方法大多围绕过去某些情境中的行为表现来提问,让应试者讲述一些关键的行为事例。比如,有一个人力资源总监助理的空缺职位,在其职责描述中有一项为:对将要录用的员工进行背景调查。对于这项职责可以设计以下问题让应试者回答:"对于你在学校期间的表现记录,你是怎样证明的?请举例说明。""你是否遇到过背景调查中得到关于你的负面评价的情况?这种情况你是怎样处理的?"通过这些问题的回答可以了解应试者比较稳定的一些内隐性格特征,比如:动机、人格特质、态度、价值观等,而这些特征正是胜任特征结构的核心部分。

目前,国内很多饭店的人员招聘过程只包括简历筛选和面试选拔两个步骤,面试的有效性和可靠性成为招聘工作成功与否的决定因素。

资料链接

香格里拉:五星级酒店的五星级用人标准

在香格里拉,员工被分为5个级别,1～3级都是中高层的管理人员,他们的面试分为3轮:第一轮的面试官是HR,第二轮面试官为部门主管,第三轮则由总经理亲自面试。"面试的时候,会给他们一些案例进行分析,主要是观察他们的反应能力。然后会通过电话求证其跳槽原因以及前老板对他的评价。香格里拉不希望拥有一个频繁跳槽和不忠诚的员工。"

4~5级为基层员工,他们中除了厨房和客房人员外,其他各部门的员工必须熟练掌握英语。这些人员主要来自于应届毕业生,由于考虑到招聘数量的巨大,上海地区可能无法满足,他们每年会去大连、沈阳、青岛等地招聘所需要的员工。一般在3月份,HR部门会派同事去当地的大学或高职学校招聘学生,或是借用当地香格里拉酒店的场地举行一场招聘会,以此吸引更多的求职者来应聘。

此后的6月~12月,这些人会被派往酒店的各部门进行实习,在此期间,会有专门的老师对他们进行带教和考核。每月或者每两个月,老师会将所有学员的表现向HR部门汇报。基本上80%的学员能够期满转正,然后正式进入酒店工作。通常,公司新进的每个员工,都会经过总经理的亲自审查,主要是通过交谈观察他们是否热情。

香格里拉还有个名为"内部调动"的服务项目:每个员工都可以通过公司网站了解到其他地区香格里拉酒店的人员需求情况,自己可以提出申请,更换酒店或更换岗位。

三、饭店员工选拔的方法

(一)笔试和问卷法

1. 笔试法

笔试法,又称纸笔测试,是应聘者在试卷上笔答试题或判断结果,然后由主考人根据应聘者解答的正确程度给予评定成绩的一种测试方法。

笔试法的优点有:其一,可以有效地测量应聘者的基本知识、专业知识、管理知识及综合分析能力、文字表达能力等素质;其二,对知识、技能和能力考察的可信度较高,可以大规模地进行评价,因此花时少,效率高;其三,应聘者的心理压力较小,较易发挥正常水平;其四,成绩评定比较客观,且可以保存应聘者的试卷。但这种方法不能全面考察应聘者的工作态度、品德修养、组织管理能力、口头表达能力和操作技能等。因此,笔试法虽然有效,但还必须采用其他方法,如心理测试、情景模拟等,以取长补短,全面评价应聘者。

2. 问卷法

问卷法是笔试的一种类型,它是把调查所要了解的问题列成明确的表格交给求职者填写回答,或者按照问卷内容进行回答式填空,然后将问卷收回进行分析,以获得对所调查的问题的认识。

问卷法简单易行,因此用问卷法剔除那些明显不适合某项工作的求职者,可以使人员选拔工作省时省力。而且在采用面谈法选拔之前,先用问卷法了解应聘者的基本情况,对于确定面谈主题无疑是有用的。问卷法实施的前提和关键在于问卷内容的设计。

(二)情景模拟法

这种方法是把应聘者置于一个模拟的工作情景中,从而观察和评价他们在模拟工作情景的压力下的行为。利用情景模拟法,可观察到某个职位的应聘者在工作压力下是如何进行工作的,或者观察他们适应迅速变化的情景的能力如何。利用情景模拟法还要对应聘者进行心理测验,尤其是智力测验和个性测验,而且还要与应聘者进行面谈。但是,应聘者在情景模拟中度过的大部分时间是用来模拟解决工作中所遇到的各种问题。

情景模拟的内容通常有公文处理、无领导小组讨论和角色扮演等。

1. 公文处理

公文处理是情景模拟的一种主要形式。在日常的管理工作中,管理者需要处理大量的公文,如快速而有效地处理各种便函、要求以及指示。公文处理就是模拟了管理工作中的这种情景。在公文处理中,给应聘者一些公文,这些公文是经理和行政人员日常需要处理的,包括经理和行政人员遇到的各种各样的典型问题和指示经过一特定时间后,看受测者处理了多少文件,怎么处理的。测试者通常应了解受试者以下几点:第一,处理的是否是关键问题;第二,处理问题是否坚决、果断,并使下级可以照办;第三,他有没有发现更深的问题,有没有看出各种问题的内在联系。同时,还可以要求他解释为什么这样处理。

除了对应聘者处理公文的结果进行考核外,还可以考察应聘者处理公文的过程。比如,对应聘者进行观察,了解他们是如何工作的;他们对这些公文的处理是否有联系;他们是否确定了一个有意义的秩序;他们是授权让别人来干,还是自己来干所有的工作;他们的紧张程度如何。

2. 无领导小组讨论

无领导小组讨论,即让几名应聘者组成一个小组,开会讨论实际业务问题。例如,可以告诉他们,他们是某一饭店的餐饮部经理,问题是在一定时期内提高菜肴的质量。然后,向他们提供饭店有关该问题的所有必要信息,并让他们自己决定如何最好地完成这一任务。每个小组不指定组长,在讨论中观察每个应聘者的发言,可以观察到每个人是如何参加这一讨论的,每个人的领导能力和说服能力如何。根据每一个人在讨论中的表现,可以从以下几个方面进行评价:领导欲望、主动性、说服能力、口头表达能力、自信程度、抵抗压力的能力、经历、人际交往能力等;也可要求应聘者讨论完后,写一份讨论记录,从中分析其归纳能力、决策能力、分析能力、综合能力、民主意识等。

3. 角色扮演

角色扮演即要求应聘者扮演一个特定的角色来处理日常事务,以此来观察应聘者的多种表现,以便了解其心理素质和潜在能力。例如,要求应聘者扮演一名高级管理人员,由他来向主试者扮演的下级进行指示或者下命令;或者要求应聘者扮演一名服务员,实际地向客人提供服务等。在测试中要强调了解受试者的心理素质,而不要根据他临时的工作意见做出评价,因为临时工作的随机因素很多,不足以反映一个人的真才实学。有时可由主试者主动给受试者施加压力,如不合作或故意破坏,以了解该受试者的各种心理活动以及反映出来的个性特点。

在情景模拟法中,也可利用录像片辅助选聘。招聘者利用录像片向应聘者展示服务工作情况,要求应聘者确定他们在各种服务情景中的行为方式,招聘者根据应聘者选择

的行为方式给予评分,判断应聘者是否适于从事应聘岗位的工作。

情景模拟法既可被用来进行新员工的选拔,也可被用来进行人事提升。大部分研究结果表明,用情景模拟法选拔人具有很好的预测价值,用这个方法选出来的人要比用其他方法选出来的人工作得更好。其缺点是工作量比较大,需要的准备工作比较多,道具也比较多,因此总的费用也高于其他测评方法。

(三)面谈法

面谈法,即通常所说的"面试",是指为了进一步了解应聘者的情况,如能力、人格、态度、兴趣等,确定应聘者是否符合工作要求而进行的招聘者和应聘者之间的面对面接触。通过面谈,用人单位可以观察应聘者的言语行为和非言语行为,作为人员选拔的参考资料。同时,应聘者也可以通过面谈了解所申请工作的特性及组织情况,决定是否接受任用,从而达到工作与人的最佳结合。

1. 面谈的类型

面谈有四种类型:无计划面谈、结构化面谈、复式及团体面谈、压力式面谈。

(1)无计划面谈,又叫聊天,是一种很随便,甚至漫无目的的面谈。这种面谈没有正式的提纲,而且在谈话过程中可以任意转换话题。无计划面谈既无系统,也没有一致性,对申请同一个工作的不同的人所提出的问题也可能不同,因此要对应聘者进行比较就相当困难了。研究表明,分别让几个会谈者与同一个应聘者进行半小时的面谈,他们对这个应聘者的印象各不相同。每个招聘者向应聘者提出的有关应聘者的背景与个性特点等方面的问题也极不相同。正是由于无计划面谈缺乏一致性,因此它不能有效地预测应聘者在某项工作上能否成功,预测的准确度很低。

(2)结构化面谈对于预测应聘者最终是否会在某项工作上取得成功具有很高的价值。用这种方法时,事先要针对申请同一个工作的所有人编出一套相同的问题,主持面谈的人按这些问题向应聘者提问,不允许自己编问题,并且要把应聘者所做的回答记录下来。这种标准化和一致性,使招聘者有可能对不同应聘者的面谈结果进行比较,由于面谈中的主观性和招聘者的个人因素较少,因而结果的偏差比无计划面谈小。

(3)复式及团体面谈效度更高。候选人可能分别与几个人面谈,或同时会见数位面谈者,回答各种问题。同时会见数名面谈者比较容易根据情况或组织结构的紧密性而将大家的意见综合起来预测应聘者的工作表现。通常在团体评估中,面谈者各有各的见解,通过讨论得到最后的决策。这种方法常用于选拔较高层层次的领导人。

(4)压力式面谈多半是给予应聘者一种失败的压力,招聘者带有攻击性,并不断攻击应聘者,使他们产生防御行为,并激怒,再观察他们受压力时的应变能力;然后,招聘者再设法使气氛恢复到原来的平静状态,以恢复对方的自信,同时可以再观察对方应对的能力。此法的缺点是,应聘者可能愤恨地离开,想录用他,他也不干了。另外,这种方法在正常情况下难以辨明其用途。

由于面谈法使应聘者常常无法适当地、充分地表现出自己的才华,或采取伪装和说谎态度,招聘者容易产生主观偏见,从而影响判断的正确性,因此,在运用面谈法进行人员选拔时,应注意掌握科学的面谈技术。

2.面谈前准备

(1)确定面试考官。面试考官由人力资源部主管、用人部门主管和相应的专业人员组成。面试考官一般应具备的能力和水平有:掌握相关人员的测评要求,了解饭店状况及岗位空缺,能公正客观地评价应聘者,能熟练运用各种面试技巧,有丰富的工作经验和应变能力,具备相关的专业知识。

(2)应做好资料审阅工作。即对应聘者的家庭状况、受教育程度、个人经历、专长、成就等与工作所需条件有关的情况进行分析,以此来决定谈话的重点。同时,面谈前还应确定面谈的方式。

(3)准备面谈提纲。为了使面谈工作顺利进行,保证面谈效果,旅游企业往往采用结构化面谈的形式,这就要求招聘者提前准备面谈提纲。一份理想的面谈提纲应包括:开始用语;饭店经营情况及未来前景介绍;对空缺岗位及其要求的描述;与应聘者讨论工作资格;与应聘者个别讨论工作细节和工作各方面的关系等。

面谈提纲应包括一个完整的"面谈提问记录",即从哪些方面、以何种方式提出哪些具体问题。"面谈提问记录"是面谈的主线索,它决定着整个面谈程序和面谈效果。对于招聘者来说,关键是通过申请人对问题的回答,分析和判断申请人的品格、态度以及其他方面的情况,从而起到把握申请人的作用。

在提问提纲中通常涉及的问题有:你原来在什么单位工作?为何要辞去原来的工作?为什么来本饭店工作?为何选择这个岗位(职位)?你对本饭店和这个岗位(职位)有多少了解?你对原来的饭店和工作印象如何?满意度如何?你对原单位领导的工作作风和能力如何评价?你有什么爱好和特长?你认为自己有什么长处和不足?你来本饭店有什么个人目标?你能在本饭店工作多长时间?你希望在什么部门工作?担负什么职位?如果不能满足你的要求,可以服从另外的安排吗?你什么时候能正式上班?你能加班吗?为什么你认为自己能成为合格的管理者?你对所属员工的期望是什么?你对从事服务性工作有什么想法?你认为一名合格服务员的重要条件是什么?你害怕竞争吗?有自信吗?你对工作中的压力承受度如何?如果你的主管在你的同事和客人面前批评了你,你将怎么办?如果一位客人对你有侮辱性的举止,你将怎么办?你在工资奖金待遇上的期望值是多少?你认为当前饭店服务工作中的主要问题是什么?

(4)选择合适的面谈地点,布置面试场所,设计面试环境。面谈地点应该安静、不受任何干扰,并可放置一些书刊杂志以缓解紧张的气氛。常见的面试场所布置如图4-1所示;

3.面谈过程控制

面谈进行过程中,要注意:①不宜问只答"是"与"否"的问题,问题要富有诱导性;②应聘者答完第一题后,稍候几秒钟,以供其补充;③多试几种话题,以引起应聘者作答的兴趣;④同一时间只问一个问题;⑤问题要清楚且不能有任何正确或不正确的暗示;

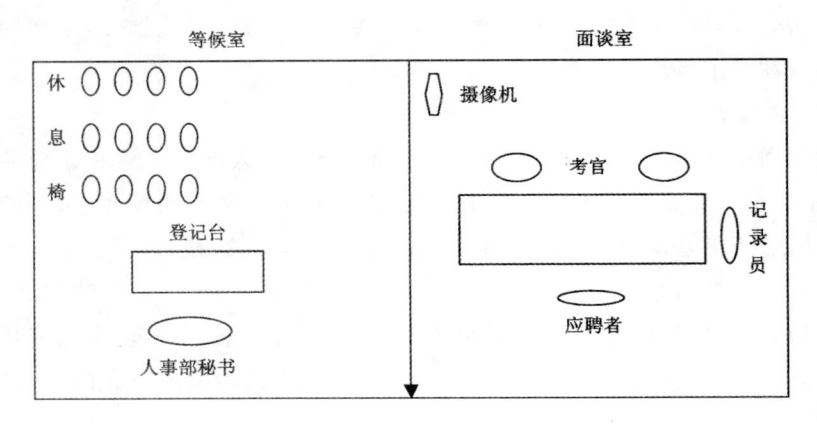

```
         等候室                          面谈室

    休 ○ ○ ○ ○                    ┃ 摄像机
    息 ○ ○ ○ ○
                                      ○     考官    ○
    椅 ○ ○ ○ ○                  ┌──────────────┐  记
                                  │              │  录
         登记台                    └──────────────┘  员
        ┌──────┐                        ○
        └──────┘                      应聘者
           ○
        人事部秘书
```

图 4-1 常见的面试场所布置图

⑥要表示兴趣感,语句中不表示批评、不耐烦或与应聘者争论;⑦在建立起良好的友好气氛之前,不宜问太多的私事;⑧要当耐心的听众,尽量不打断应聘者的回答;⑨控制局面,防止偏离主题;⑩面谈结束之前要给应聘者提问的机会。

4.面谈情况记录表

面试情况记录表见表 4-7。

表 4-7　　　　　　　　　　面试情况记录表

编　号		姓　名		性　别	
应聘职位					
评分等级	优秀:5　良好:4　满意:3　一般:2　低劣:1				
面　试					
	评　分			评　语		
外貌/仪表					
性格/个性					
礼貌/态度					
气质/谈吐					
灵活性/反应					
自信心					
智慧/判断力					
专业知识					
其他知识					
外语能力					
健康状况					
总分/总评					
面试意见	・推荐　　　　　　　部门　　　　　　　岗位 　　　　　　　　　　　　　・存入人才库(　　)　　　　・不接受(　　)				
主考人员签名					

第三节　饭店员工录用

一、录用通知

通过各种途径招聘并经过测试和面试等一系列环节而最终确定录用的人员，由饭店人力资源部向其颁发书面的《录用通知书》。

录用通知书应包括的内容有：

(1) 有关工作和聘用条件的详细说明，使员工感到饭店考虑周到。

(2) 有关饭店的人事制度和规定，使员工感到饭店郑重其事、秩序井然。

(3) 明确上班报到时间和注意事项，使员工感到饭店办事严谨。

二、正式体检

组织被录用人员统一到指定的医疗卫生机构进行体检，其目的是最终确定新员工的身体素质是否符合饭店工作的基本要求。体检的重点是确保新员工无任何传染性疾病、无影响正常工作的生理缺陷、无影响正常工作的慢性疾病等。

三、签订劳动合同

劳动合同订立即具有法律约束力，当事人必须履行劳动合同规定的义务。合同签订后报劳动管理部门备案，或请劳动管理部门对合同进行确认。通过备案或确认，促使合同力求完善，符合国家有关的法律、法规和政策，便于维护饭店和被录用人员双方的合法权益。

四、建立新员工档案

员工持《录用通知书》到饭店报到后，人力资源部应该为新员工建立员工档案，并妥善保管。员工档案的内容，除求职申请表（含员工的简历）以外，还应包括的信息有：姓名；家庭住址；身份证号码；工作职称；工作说明书；核实证明；与录用、提拔、调动、解雇、薪水、教育和培训相关的记录；绩效评估；推荐信；受罚记录；退出面试和终止面试的记录；体检记录等。

员工档案属于机密文件，由人力资源部专门人员负责保管。注意不要将求职申请表和其他甄选资料泄露给没有权利的人员观看。饭店应该考虑采用书面规定的方式，规定什么人在什么样的情况下通过授权可以翻阅这些档案资料。员工有取得和翻阅他们档案的权利，所以饭店要书面阐明员工是否能复印这些档案。这些规定对保持档案的完整性是非常重要的。人力资源部要定期检查员工档案，以确保纠正和及时更新员工的个人资料。

本章小结

招聘工作可以为企业形成一个优化的人力资源管理基础平台，它对于饭店人力资源的形成、管理和开发具有至关重要的作用，对于人力资源管理后续工作的进行也具有重大的影响。饭店可以采用网上招聘、广告招聘、职业中介机构推荐等多种方法在饭店外部招聘人才，同时也可以采用内部晋升、岗位轮换、内部公开招聘等方法在饭店内进行人员聘用。面试是指在特定时间、地点所进行的，有着预先精心设计好的明确目的和程序的谈话，通过面对面的观察、交流等双向沟通的方式来了解应聘者的个性特征、能力状况及求职动机等情况的一种人员选拔与测评技术。

综合案例

小梅今天上早班，她像往常一样走进更衣室换工作服。早到的几个女孩子也还是像以前那样喜欢在一起闲聊。然而今天，她们却见到小梅后立即走开了。敏感的小梅察觉到一定出了什么问题。一个老员工悄悄地告诉她，主管已经决定将她调去工服房了，可能是由于饭店大量采用了实习生，内部部分人员需要相应调整的缘故吧。这个消息对小梅来说犹如晴天霹雳，她一直都很喜欢直接为客人提供服务，看到客人满意的表情便是她最大的享受，况且她正等着晋升领班之位。而现在，她却没心情工作了。下午，主管也许是看到她一整天没精神，便将她叫到了办公室。小梅说出了自己的想法，但主管却对她说，要调岗是没有的事，还开玩笑地说他也想找到造谣的人。得到主管确认的答案后，小梅深深地松了一口气，愉快地回去了。

然而第二天早上，还是在主管的办公室里，主管神态自然、郑重地告知小梅，她被调到了工服房。放下的心一下子又被提到了嗓子眼上，小梅懵了。她不知道主管为什么要捉弄她，于是便向主管询问原因，但主管只是敷衍她说是内部的工作需要，然后便不再细说，并让她尽快到新岗位工作。这天下班后，小梅不知道自己是怎么走回去的。她很生气，但又别无选择。因为现在就业前景不是很好，再找一份工作也很难。从此以后，人们便再也看不到那个爱说爱笑、对工作充满激情和干劲的小梅了，她仿佛一下子失去了工作热情。这次的调动对她打击实在是太大了。

案例评析

本案例有三个方面的问题必须引起注意：一是饭店管理人员对这件事的态度与做法不正确。主管不重视员工的个人感受，缺乏必要的沟通。他应该向小梅详细说明此次调岗的原因，并为其前后矛盾的态度向小梅道歉。二是饭店管理人员不应随便向员工许诺。作为饭店的主管，其一言一行势必影响着员工的情绪，承诺了就要兑现，要做到"一诺千金"。三是饭店管理人员对情绪低落的员工没有进行安抚。主管应对小梅正面说理，或寻求其他有效的激励方法，使其尽快恢复信心并进入最佳工作状态。

饭店管理者与员工沟通时要注意以下几点：

1. 管理者要重视每个员工

饭店是一个整体，客房部是这个整体的一部分，而客房服务员小梅又是这一部分中的一分子。所以作为饭店的管理者，不能仅仅把员工当作"完成任务的工具"，而要真正关心每一位员工。因为许多员工，虽然在饭店里扮演着同样的"角色"，但实际上每个人都是不一样的。像小梅，她有自己的优点，且表现不错，如果主管对她有意识地培养，并让她发挥自己的特长，小梅肯定会成为一名不错的饭店基层管理者。

2. 管理者要尊重每个员工，绝不可"出尔反尔、言行不一"

互相尊重是工作顺利开展的前提，中国是礼仪之邦，更应如此。主管对小梅的感受不屑一顾，有明显的以权压人的倾向。如果此次调岗事件确有不可向外公开的秘密，也应该很和气地向小梅说明，至少应该表示歉意。这样，管理者才能在员工心中树立起威信，才会方便以后管理工作的开展。

3. 管理者应在自己的管理工作中加入点人情味

此次事件在小梅心里产生了两次落差，她的希望在瞬间消失，导致心灰意冷，这是很不利于工作的。但事已至此，主管要做的应是正确引导员工、激励员工、关心员工、开导员工，而不能对之不闻不问。

有位饭店管理大师说过：只有当管理者能把员工"个人的事"当作"饭店的事"来关心的时候，员工才会把"饭店的事"当作"个人的事"来尽心尽力地去做。这说的就是管理者与员工之间必须建立一种"以心换心"的关系。它给我们的启迪是：在日常的工作中，管理者要用以情感人的方式，去激发员工为客人提供优质服务的积极性。让员工在饭店内时时处处感到温暖，员工才能把自己的热情融入对客人的服务之中。

实训练习题

组织学生参加当地的劳动力人才市场，去感受一家饭店的现场招聘活动，认真做好记录，根据自己的体会，并结合所学知识提出个人对这家饭店招聘活动情况的意见或建议。

复习思考题

1. 饭店招聘有哪些渠道，各有什么优缺点？
2. 饭店内部招聘方法有哪些优缺点？如何实施内部招聘？
3. 饭店外部招聘方法有哪几种？
4. 请简述"4道栅栏"人员筛选程序。
5. 请分析面试者在面试前应做哪些准备工作。

第五章 饭店员工培训

学习目标

◆ 能够使用各种工具进行培训需求分析，明确培训内容，编写培训计划
◆ 能够根据实际需要，做好培训的组织活动
◆ 具有对培训效果评估的能力

知识目标

◆ 熟悉饭店各层次的培训类型
◆ 掌握饭店培训体系的设计
◆ 掌握饭店培训计划及培训流程的制定

> **引导案例**
>
> 雪丽到一家餐厅去参加她的第一次培训,这个餐厅位于西海岸,是一家拥有六个餐厅的小公司。雪丽对她的新工作异常兴奋,期待从中学习到关于公司及其运作机制方面的知识。
>
> 早上8:00,她准时到了餐厅(这是录用通知书上要求的时间),但她发现餐厅里一片漆黑,前门还锁着。她敲了敲门,可是里面没有人,只好在门外等着。到了8:30,经理比尔终于来了,但当他听完雪丽的自我介绍和来参加雇员培训的说明时,却很吃惊。显然他不知道这件事情。经理把雪丽领进餐厅,让她在门边的一张桌子旁等着,甚至没有为她打开灯便走了。雪丽在黑暗中又等了20分钟,经理回来了,递给她一份菜单和一本员工手册,然后说他一会儿就回来。雪丽读完这两份资料,起身去找经理时,经理却告诉雪丽,她今天就可以作为正式员工上班,因为今天当班的那个服务员请病假了。因此,没有经过任何培训,雪丽就开始了她艰难的工作:接电话、迎送客人、领客人就座、回答客人的问题等。下班时,雪丽问经理可否回答她一些问题,可经理却说没有时间,但要她第二天早上8:00到餐厅。第二天,雪丽再没有去这家餐厅上班了。
>
> **请思考:** 雪丽为什么没有再去这家餐厅上班?

第一节 饭店员工培训概述

饭店员工培训既不同于一般意义上的学校普通教育,又有别于其他行业的培训,其差别是由饭店业性质和从业人员的特性决定的。员工培训是对成人的再教育,是成人的继续社会化过程中的重要内容,突出的是在职性和成人性。一般而言,饭店员工培训有以下一些特点与规律。

一、饭店员工培训的特点

(一)培训目的的针对性和实用性

员工培训是以工作为中心,针对其职位的具体要求,向受训者传授专门知识和特殊技能,其目的是使受训者掌握职业岗位上所必需的知识、能力和技巧,以提高工作效率和水平,它对改进工作效果的作用是直接的。

从长远来看,科学的员工培训将为饭店企业带来十分积极的效应:第一,培训可以不断地更新员工的知识和技能,适应新的工作,从而跟上技术进步的步伐;第二,培训可以使员工现在的工作做得更好,改进不正确的操作,提高产品质量,特别是目前市场激烈的竞争,需要不断开拓新领域,开发新技术,通过培训为企业的发展奠定坚实的人才基础。

(二)培训对象的广泛性和复杂性

员工培训是一种终身的回归的继续教育,是属于"第二教育过程"的再教育,因此,饭店所有员工都是培训对象。从培训结构上看,上至企业的决策层,中至管理层,下至一般员工的操作层,都是企业的受训者。从培训内容上看,凡属饭店发展的各项计划、财务、营销、生产、技术等都可作为企业的培训内容。

另一方面,员工培训的对象是成人,他们在年龄、学历、专长、阅历、信念、价值观、兴趣、习俗、经历与时间等方面都存在着不同程度的差异。这种差异不仅决定了他们学习动机的复杂性和兴趣志向的多样性,而且决定了他们学习知识和技术具有不同的要求。

(三)培训内容的层次性和系统性

一方面,饭店员工要分层次进行培训。对于不同的对象,不同等级水平和不同需要的员工,由于他们承担的工作任务不同,知识和技能需要各异,因而培训的内容也应当有所不同。例如,一线服务人员主要根据员工工作的需要,加强基础知识的学习,掌握本岗位必须具备的基本技能,解决基础知识和技能掌握差的问题;中层人员主要解决拓宽技术知识面,实现一专多能;高层人员侧重于通过培训活动,及时掌握国内外同行业的最新成就和发展动向。

另一方面,饭店员工培训又是一个系统的工程,这就要求各结构的环节、层次要协调运转、系统整合,而不能"头痛医头,脚痛医脚"。首先,要从饭店生产经营的实际出发,来确定培训模式、培训内容和培训对象;其次,根据饭店发展的规模、速度和方向,合理确定饭店培训员工的总量与结构,使培训的规模与饭店的发展速度相适应;再次,要准确地根据员工的培训人数,合理地调配培训时间;最后,根据饭店培训的总体设计,进行各层次培训的分解。

(四)培训形式的灵活性和多样性

饭店员工培训可以根据市场竞争程度、现代企业制度和员工自身的特点,立足于现实需要,采取灵活多样的培训形式。在期限上,既有较长时间的定期培训,又有不定期的短期培训;在方式上,既有脱产培训,又有不脱产的在职培训;在方法上,既有一般的理论讲授,又有讨论、研究、案例分析、实际操作、考察了解等,以充分发挥员工的主动参与精神;在组织上,既有内部培训也有外部培训,等等。

二、饭店员工培训的基本规律

培训作为一种形式,在实践中具有较强的艺术性。员工培训中存在着一定的规律和原则,充分认识到这些因素将有利于培训的实施。

(一)群体差异规律

同一饭店企业的员工往往在能力上存在着较大的差异。这些差异是由员工不同的知识结构、文化程度、性格特征、品质修养以及其所处的直接环境所造成的。心理学研究发现,员工学习能力的差异处于一种教学中的正态分布,也就是说,100位参加学习的员工中,有50位处于中等水平,各有15位略高于平均值和略低于平均值,有10位能力很强、成绩优异,还有10位能力很差、成绩处于下等。

根据这一规律,要求主管人员因材施教,因人而异,正视员工群体差异性的现实,区分员工的不同特点,如能力差异和心理差异,根据不同的表达能力、操作能力、记忆力、心理素质等采用灵活多样的培训方法,进一步强化培训效果。

资料链接

培训——解决酒店人才瓶颈的关键

事件一:总经理候选人分不清四星、五星

几年前,上海某四星级酒店面向社会高薪招聘总经理,虽引起不小轰动,但应聘者却几人而已。后经猎头公司推荐,才凑了10余名候选人,但到面试时仅剩下3人,而且在面试中全军覆没。该四星级宾馆老总在接受媒体采访时大吐"苦水":"这些总经理候选人连四星级、五星级酒店的区别都不知道,更谈不上熟悉旅游市场动态,把握酒店业发展趋势了。"

事件二:50万元年薪聘西餐总厨

2003年年初,上海国际会议中心开出50万元的天价年薪招聘一名西餐总厨,没想到应聘者寥寥,无奈之下,不得不费尽周折从法国引进一名总厨。据负责招聘的酒店人事经理介绍,西餐总厨的从业要求较高,不仅要有精湛的厨艺、良好的合作精神和不断创新的意识,还要对世界各国不同风格和口味的西餐了如指掌,此外还必须能讲一口流利的英语。在上海近千家西餐厅中,西餐总厨不足百名,符合要求的更属凤毛麟角。

事件三:2名香港专才加盟上海酒店业

2003年年底,"引进香港千名专才"计划正式实施,在引进的11位香港专业人才中,酒店人才就占了2个名额,一位是担任上海云都商务酒店总经理的李式俊,另一位是担任上海南新雅华美达大酒店粤菜总厨的刘卓琦。上海南新雅华美达大酒店总经理郁为泽表示,由于多次招聘都找不到符合要求的人才,因此一直想从香港引进专业人才,只是苦于没有好的渠道。"引进香港千名专才"计划开了个好头,今后酒店还将通过这个渠道引进专业人才,以解燃眉之急。

人才:酒店业发展的"瓶颈"

记者从上海市旅委了解到,人才匮乏是上海酒店业普遍面临的问题,最紧缺的是两类专业人才:一类是宾馆酒店总经理,酒店销售部、公关部、餐饮部、客户服务部、人事部、财务部经理等中高层管理人才;另一类是中西餐厨师、日韩料理厨师、酒店设备维护人员、餐饮客房服务人员等技能型人才。

据了解,懂国际惯例、语言能力和沟通能力强的酒店管理人才严重短缺,已成为制约上海酒店业发展的最大障碍。目前世界上17个国际酒店管理集团已在上海安营扎寨,接手管理高星级酒店,每年都需要数以千计的国际化酒店管理人才。从内资酒店的情况看,也是如此,如锦江国际集团在未来3年内将新开200家酒店,中高级管理人才缺口达5000人。上海市旅委的统计数据显示,2003年,上海酒店业高级管理人才供求差距已达到最高值,处于"奇缺"状态。

上海旅游培训中心酒店培训部经理何玲告诉记者这样一个事实:合资酒店数量不到我国酒店总量的20%,但其利润却占到整个行业的80%。导致这一现象的原因是,合资酒店高水准的管理为其带来了品牌效益、营销网络、企业文化等方面的优势,而这一切都是通过高素质的酒店职业经理人来实现的。由此可见,如果人才问题不解决,国内酒店业的发展就会受牵制。

培训：解决人才"瓶颈"的关键

1. 提供量体裁衣的培训。为每一位员工提供独特的培训尤为重要。培训针对性强的酒店，其人员流失率一般能保持在正常水平。酒店应当拥有一套系统的培训体系。每年根据酒店员工的素质、各部门的业务发展需求等拟出一份培训大纲，清楚列出该年度培训的主题、培训内容、培训教员、授课时间及地点等。并在年底前将大纲分发给各业务主管。根据员工的工作范围，结合员工的需求，参照培训大纲为每个员工制订一份培训计划，员工再按此计划参加培训。

2. 提供平等的、多元化的培训机会。每位员工都有机会接受酒店概况、商务英语写作、有效的办公室工作等方面的基本培训。酒店还应重视对员工潜能的开发，根据员工不同的教育背景、工作经验、职位需求提供不同的培训。培训范围从前台接待员的"电话英语"到高级管理人员的"危机处理"。此外，如果员工认为社会上的某些课程会对自己的工作有所帮助，可以向主管提出，酒店也应合理地安排人员进行培训。

(二) 学习效果的阶段性变化规律

心理学研究发现，员工在接受培训期间，学习效果有着明显的阶段性变化。

1. 迅速学习阶段

员工在接受培训的最初阶段，当其积极性被调动起来以后，会对学习内容有浓厚的兴趣，对新知识的好奇心会驱使员工主动思考，创造性地采用各种方法来掌握知识和技能。因此，学习效果好，学习进展速度快。但是，这段短暂的时间过去之后，则是一个缓慢的过程。

2. 缓慢学习阶段

当员工初步掌握了该项内容之后，其学习兴趣与积极性会锐减，学习进展十分缓慢，相对达到一个稳定的时期。在这一阶段，员工的培训效果始终在提高，但速度较第一阶段相差甚大。当然，不同心理素质的员工在这一阶段的表现也不同，意志坚定者会持之以恒，总以创新的方法和较高的热情迎难而上，其学习效果远优于其他员工。个别意志薄弱者则会对培训产生厌烦情绪，甚至放弃培训机会。

3. 心理界限

经过较长时间的缓慢学习阶段，员工对该项内容的学习会处于饱和状态，效果不是很理想。

尽管根据培训内容的不同，这些阶段的时间跨度和变化有别，但是，阶段性是比较明显的。只有充分认识到这些变化，才能更好地从事培训工作。在培训过程中，有意识地区分阶段、调整内容、改变方法是克服员工学习心理障碍的有效方法。学习效果的阶段性变化规律如图5-1所示。

(三) 分散性培训优于集中培训规律

心理学研究证实，任何兴趣和注意力的集中都有一定的时间界限，超过这一限度，学习效果就会明显下降。在员工培训过程中，特别是在职培训，要注意培训的时间与节奏的安排。将某项培训内容分几个阶段进行，其效果远远优于集中一天甚至几天的学习，这是因为，时间的延长就意味着兴趣的降低和精力的分散。

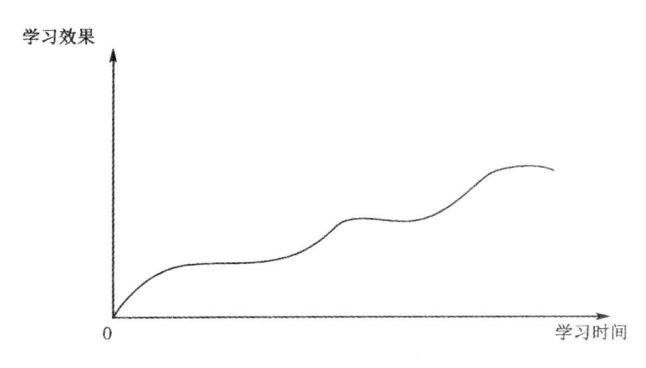

图 5-1　学习效果的阶段性变化规律

例如,在饭店餐饮部服务员的入门培训过程中,将餐饮服务员分为摆台、看台、传菜、撤台、迎客与送客、仪容与行为以及餐厅设备的保管等步骤,制订培训计划,每天用 1 个小时左右的时间培训,新员工就能比较扎实地掌握餐饮服务工作。

(四)以考评促培训规律

考评是对一段时期内培训效果的总结和评估。在一种培训中,经常考评员工的学习效果,是激励员工学习和提高员工学习兴趣的方法和措施。因为考评给员工造成一定的心理压力,员工会把考评结果同对晋升、奖惩、自尊等方面的影响不自觉地加以联系,用外在的环境压力迫使其努力学习。事实上,任何一项学习的效果都会受到考评的影响。妥善安排考评内容、时间、次数以及结果会加深员工对所学知识的理解、掌握和吸收。考评还有利于评价培训效果,便于发现不足,强化薄弱环节,终止错误。

三、饭店员工培训的意义

(一)培训将给企业带来丰厚的回报

无数教育和培训的事实证明,人力投资、智力开发能够给国家和企业带来巨大的效益。饭店业的实践也充分说明,在人才培训上的投资,能够取得加倍的效益。

美国著名经济学家舒尔茨在其创立的人力资本学说中指出:人类的未来并不取决于空间、能源和耕地,而取决于人力的智力开发。他估算,如果物力投资增加 4.5 倍,利润则相应增加 3.5 倍;而若人力投资增加 3.5 倍,利润将增加 17.5 倍。只要企业有效地利用人力资源,并挖掘迄今未发挥的潜力去实现企业目标,那么职工个人生产效率提高 50% 并不罕见。日本的一份研究报告也表明,企业一般工人的建议可使成本下降 5%;经过培训后,工人的建议能使成本下降 10.15%;而受过良好教育的工人的建议能使成本下降 30%。这表明教育培训会给企业带来丰厚的回报。

正因为如此,企业的观念正在由教育消费转变为教育投资。北京长城饭店提出"培训就是管理,培训就是效率,培训就是财富"。若想培训有成效,饭店就要舍得投入。他们每年与经营预算一起做年度培训预算,每年培训经费都在 100 万以上,而且规定专款专用。

(二)培训是饭店成功的法宝

培训对保持高效能、高品质的管理,提高饭店的整体素质和竞争力至关重要。培训给饭店带来的效益直接体现在以下几个方面:

1. 培训有助于提升服务质量,减少客人投诉

员工素质的高低直接影响到饭店服务质量的优劣,客人投诉的原因有许多,主要是因为员工素质不到位,高素质的员工是赢得回头客的保证,而培训则是提高员工素质的重要手段,通过培训可以提高员工的文化、技能素质,进行适宜的心态调整,使员工适应新环境,掌握操作技能,不断补充新知识,以适应工作需要。

2. 培训有助于提高劳动生产率

提高员工的智力水平、专业技能、品行道德,已经成为企业提高员工工作效率的关键所在。通过培训,使员工掌握与工作有关的实际的知识和技能,并使他们适应和担负起随着工作内容变化的新工作。实践证明,经过有效培训的员工,知识面更宽,工作能力更强,积极性也更高。只有保持一支科学技能水准合格、价值观与行为标准都与企业一致的素质好的员工队伍,才能不断地提高员工工作效率。

3. 培训可以降低损耗和劳动力成本

饭店在运转过程中要动用大量的设施设备,投入较多的物力和人力,成本较大。在这些形成的成本中,既有自然损耗,也有人为因素,其中人为因素又与培训有着密切的关系。受过良好培训的员工,专业化程度高、自觉性与责任心强,更能适应变化,在工作中压力较小,容易发挥积极性,能正确地操作、维护和保养设施设备,并按标准、按程序保障服务质量,从而降低成本及减少事故的发生,增加安全保障。

4. 培训能提高饭店组织的良好形象,增强团队的凝聚力

经过培训的每位员工都能体现该饭店的优良形象。这一点非常重要,它不仅影响客人对员工、对饭店的评价,还能为饭店吸引、留住优秀的人才。

(三)培训能开发人的潜能,促进员工发展

1. 帮助员工增强自信心,增加安全感

经过培训,员工可以扩大视野、增长知识,较全面地理解、掌握、运用专业知识和技能以及新技术和新要求,员工对自己的能力更有信心,认为自己能够干得多、干得好,由此增加职业安全感,工作会更安心,更有积极性。

2. 培训能提高员工自身价值,扩大择业机会

从培训中获得的知识越多、能力提高越快,员工自身的价值就越大,也就为员工择业提供更广阔的舞台。培训成了员工增强本领、抵御风险、加强竞争的有力武器,这一点已被越来越多的员工所意识到,因此,他们不仅积极参加店内的培训,而且还想方设法参加社会上的各项有关培训。

3. 培训能开发员工的潜能,让员工得到更好的发展

培训是提升素质的最有效、最直接的手段,持续的培训能够让员工的能力不断得到开发,为员工的全面发展创造更为有利的条件。

第二节　饭店员工培训的内容与方法

一、饭店员工培训的内容

饭店员工培训教育的基本任务和作用就是要员工树立为饭店经营管理服务的思想，真正解决饭店最需要解决的问题，尤其是那些在经营和服务中遇到的一些难点、热点或者是一些普遍性的问题，直接有效地为饭店服务。在培训内容上强调学用结合，按需施教，其核心是学习的内容与工作的需要相结合、理论和实际相结合、当前与发展相结合、多样性与时效性相结合。

(一)职业道德培训

职业道德是指从事一定职业的人，在职业活动的整个过程中必须遵守的行为规范和行为准则。良好的职业道德包括良好的职业道德认识、职业道德情感、职业道德信念、职业道德意志、职业道德行为和习惯五个因素。因此，培训要达到以下目的：

1. 提高职业道德认识

使员工认识职业活动中各项内容的正确或错误，增强员工工作的责任感和使命感。

2. 提高职业道德情感

促使员工在加深职业道德认识的基础上，热爱本职工作，具体到热爱工作对象、劳动资料、岗位环境、合作伙伴，一点一滴积累经验，精通业务，从中品尝奋斗和成功的喜悦，增加职业的光荣感和责任感。

3. 坚定职业道德信念

要求员工要做到"干一行、爱一行、专一行"，围绕目标不松懈。勤勤恳恳、兢兢业业为实现职业理想而奋斗不息。

4. 磨炼职业道德意志

在饭店服务性工作中，在遇到各种各样的磨难甚至受到责难与刁难时，要具备坚强的意志，努力克服，冷静对待，逐渐养成高尚的人格。

5. 培养良好的职业道德行为和习惯

要求饭店员工将职业义务和责任变为内在的责任感，随时调整自己的行为，在服务工作中有高度的道德自觉性，言行一致。即使是独立操作，也能自觉接受职业规范的约束。

资料链接

东京迪士尼乐园的员工培训

到东京迪士尼去游玩，人们不大可能碰到迪士尼的经理，门口卖票和剪票的也许只会碰到一次，碰到最多的还是扫地的清洁工。所以东京迪士尼对清洁员工非常重视，将更多的训练和教育集中在他们的身上。

东京迪士尼扫地的有些员工是暑假工作的学生,虽然他们只扫两个月时间,但是培训他们扫地要花3天时间。

1. 学扫地

第一天上午要培训如何扫地。扫地有3种扫把:一种是用来扒树叶的;一种是用来刮纸屑的;一种是用来掸灰尘的,这三种扫把的形状都不一样。怎样扫树叶,才不会让树叶飞起来?怎样刮纸屑,才能把纸屑刮得很好?怎样掸灰,才不会让灰尘飘起来?这些看似简单的动作却都应严格培训。而且扫地时还另有规定:开门时、关门时、中午吃饭时、距离客人15米以内等情况下都不能扫。这些规范都要认真培训,严格遵守。

2. 学照相

第一天下午学照相。十几台世界最先进的数码相机摆在一起,各种不同的品牌,每台都要学,因为客人会叫员工帮忙照相,可能会带世界上最新的照相机。如果员工不会照相,不知道怎么使用,就不能照顾好顾客,所以学照相要学一个下午。

3. 学包尿布

第二天上午学怎么给小孩子包尿布。孩子的妈妈可能会叫员工帮忙抱一下小孩,但如果员工不会抱小孩,动作不规范,不但不能给客人帮忙,反而增添客人的麻烦。抱小孩的正确动作是:右手要扶住臀部,左手要托住背,左手食指要顶住颈椎,以防闪了小孩的腰,或弄伤颈椎。不但要会抱小孩,还要会替小孩换尿布。给小孩换尿布时要注意方向和姿势,应该把手摆在底下,尿布折成十字形,最后在尿布上面别上别针,这些地方都要认真培训,严格规范。

4. 学辨识方向

第二天下午学辨识方向。有人要上洗手间,"右前方,约50米,第三号景点东,那个红色的房子";有人要喝可乐,"左前方,约150米,第七号景点东,那个灰色的房子";有人要买邮票,"前面约20米,第十一号景点,那个蓝条相间的房子"……客人会问各种各样的问题,所以每一名员工要把整个迪士尼的地图都熟记在脑子里,对迪士尼的每一个方向和位置都要非常明确。

训练3天后,发给员工3把扫把,开始扫地。如果在迪士尼里面,碰到这种员工,人们会觉得很舒服,下次会再来迪士尼,也就是所谓的引客回头,这就是所谓的员工面对顾客。

(二)文化知识培训

作为饭店员工,必须掌握和知晓多方面的相关文化知识,才有对客服务和经营管理的基础。因此,文化知识的培训是饭店员工培训的重要内容和基础。

饭店员工培训的知识包括核心专业知识和相关基础知识。核心专业知识是指旅游饭店及本岗位、本专业所需运用的知识。一般包括:饭店常识(包括饭店的发展、性质、类别)、饭店产品和服务质量知识、服务的程序和标准、岗位职责和素质要求、社交礼仪与人际沟通、饭店规章制度及企业精神、客源国概况、饭店市场营销、卫生安全等,管理者还需掌握决策、管理与督导等有关知识。相关基础知识主要是指人文、地理、历史、风俗、城市交通、经济、商贸、景区景点、旅游企业及政策法规等一些最基本的信息和常识。

(三)操作技能培训

这是饭店员工培训的重点和关键。饭店的服务工作虽然都是与人们日常生活有关的一些平凡的甚至是琐碎的事,但是要达到优质、高效并使客人满意的程度,其中就包含千锤百炼提炼出来的被证明是较为科学的规范、程序和标准,这就是所谓的操作技能。操作技能培训就是按这些既定的规范、程序、标准而进行的对客服务的训练。

一般的操作技能培训都是紧密结合本岗位、本专业而进行的,如客房服务员的客房清扫、做床、对客服务的培训,PA服务员的公共区域的清洁、卫生与保养技术的培训,前厅服务员的接待、问讯、收银结账、疑难问题解答和投诉应对技巧的培训,餐饮服务人员领位、摆台、看台、上菜、撤盘的培训,厨师烹饪技术的培训,工程部员工的设施设备安装、修理、维护、保养等培训,安全部员工安全保卫、消防灭火技能的培训,等等。

此外,饭店还要适时开展"一专多能"、"一能多用"的"复合型"、"交叉式"技能培训和轮岗锻炼培训,如商务中心与总机、客房服务员与清扫、中餐宴会与零点之间的交叉技能培训,客房与餐厅、财务与前厅、财务与采购等之间的交叉技能培训。对管理人员来说,除了专业技能,还应重点进行组织管理能力、指挥决策能力、沟通协调能力的培训。

操作技能的培训既是基础性培训,又是长久性的培训,不是可以一劳永逸的培训方式;既有集中培训,也有贯穿于实践过程的实时培训,以求不断让员工掌握最新工作方法,提高工作能力与效率。

二、饭店员工培训的方法

培训的效果在很大程度上取决于培训方法的选择和技巧的运用,采用适当的培训方法和有效的技巧,可以提高受训者的兴趣和注意力,取得最佳培训效果。培训时,应综合考虑培训方法的效果、费用和侧重点,以提高素质为目的来选择培训方法,形成合理的培训方式。

(一)理论性知识的培训方法

这是受训者长期接受的知识性理论训练,是以增加知识和提高管理理论为目的的培训方法。主要分为以下几种:

1. 讲授法

讲授法是指由培训者采用讲授形式向受训者传授知识的方法。其优点是时间集中,讲课不易受干扰,传授的知识比较全面系统,容易接受。其缺点是单向输入,受训者主动参与少,容易枯燥,这对培训效果有一定影响。因此,采用讲授法时应注意以下几点:

(1)尽可能使用投影仪、录像机、幻灯等多种形式的传播教具,将讲学内容形象化、立体化,以激发员工的学习兴趣。

(2)提倡启发式教学,在授课过程中充分利用提问技巧,腾出一定的时间与员工沟通,以引起员工的兴趣和集中他们的注意力,同时,评估他们对所学内容的理解程度。

(3)语言要精练,板书要清晰。

（4）理论联系实际，培养员工理解和分析问题的能力。

2. 讨论法

讨论法是由培训者设置讨论题，并设定一定的条件，组织和引导受训者开展讨论并给予指导，最终得出正确结论的培训方法。这是成人培训常用的方法之一，深受成人学员的欢迎。其主要优点是通过受训者的参与，调动受训者的积极性，促使受训者开拓思维能力，集中大家的智慧把问题引向深入，形成解决问题的方案。但讨论时易跑题，课堂不易控制，可能出现部分人没有兴趣的情况。因此，在采用讨论法时，应注意以下几点：

（1）确定好讨论主题，并紧紧围绕这一主题进行讨论。选题时要选择反映培训需求和任务，有针对性、现实性及讨论价值的主题。

（2）培训者要有较强的组织控制能力及敏锐的现场观察能力与应变能力。

（3）讨论的目的是得出结论，结论的前提是充分讨论。因此，培训者要重视归纳和总结，切勿草草收场。

3. 案例研讨法

案例研讨法就是培训者把在实际生活中已经发生过并记录下来的案例提供给受训者进行剖析、研究，在讨论的基础上提出自己的见解，并要求有鲜明的论点和较为充分的论据。这是对来自工作岗位上的成人受训者较为有效的培训方法，它的主要特点是注重启发和挖掘受训者的分析、判断和决策能力，促使其运用新知识、新方法思考问题，达到借鉴经验教训、分析前因后果、提高处理问题的能力的目的。这种方法对培训有较高的要求，要做大量的、充分的准备，适用于实践经验和培训技能较强者。在使用案例研讨法时要注意以下几点：

（1）选择适合学员实际的具有借鉴和警醒作用的案例，案例带有典型性、普遍性、实用性，不可在课堂上现编现讲，以免影响效果。

（2）按照"问题—原因—责任—办法—教训"的顺序来进行考虑、分析。

（3）应充分利用讨论的形式，使受训者畅所欲言，集思广益。既不要轻易地认为某种解法是最权威的唯一答案，也不要争议讨论了半天，最后没有归纳总结而不了了之。

4. 角色扮演法

角色扮演法是模拟实际情景，让受训者扮演各种角色，获取必要的体验，以改善工作态度和行为而进行训练的一种培训方法。这是一种趣味性、实用性很强的培训方法。角色扮演法的使用对象一般为管理者和服务员。

角色扮演法产生实效的关键作用在于角色互换和展开讨论。受训者由于职位身份和所处的具体环境不一样，对工作的态度和感受也会不一样。为取得必要的共同点，达成必要的理解及配合，就要缩短相互间的差距。通过角色互换、换位思考，增进了解，彼此沟通。例如，让饭店客房服务员、餐饮服务员及前厅服务员扮演客人时，就能更加深刻地体验客人的心理感受，认识到不良工作方法给客人带来的不便。此外，角色互换还能消除员工之间及员工与管理者之间的隔阂。

角色扮演的效果好坏主要取决于培训者的水平。如果培训者能做出及时、适当的反

馈和强化,效果则相当理想,而且学习效果转移到工作情境中去的程度也高。角色扮演法通常只能以小组进行,人均费用较高。

(二)操作技能的培训方法

这是员工接受较多的实际操作训练,主要以提高能力、技能为目的。

1. 操作示范法

操作示范法是为了使受训者了解和掌握工作的程序和正确的操作方法,在工作现场或模拟的工作环境中利用实际使用的设备及材料进行边讲解边演练操作的一种培训方法。这是饭店在技能培训中最常用也是最有效的方法。

操作示范法的程序是:先由培训者讲解操作理论与技术规范,并按照岗位规定的标准、程序进行示范表演,对于操作过程中的重点和难点可以反复示范,然后由受训者模仿练习,同时,培训者应进行指导,纠正错误动作,直到受训者符合操作标准为止。

2. 四步培训法

四步培训法是指把一项培训活动分为四个步骤,从而达到培训目标的方法。其特点是实践性强,培训者应用起来简便易行,受训者容易掌握。四步培训法的具体步骤如下:

(1)讲解——"告诉你如何做"。讲述工作情况,解说操作要点,了解受训者对该项工作的认识,说明掌握操作要点的重要性,提高受训者对培训的兴趣。讲解要耐心,要清楚、完整地使用简洁术语及员工当时就能理解和接受的用语。

(2)示范——"演示做一遍"。讲授、解释、表演每一个操作动作。一次示范一个操作程序或要点,并注意示范操作程序中的各个环节动作。在示范中,要注意:①时间把握要适当;②进行一次完整的操作过程示范后,重点内容要反复示范;③示范的动作不要太多,以免超过受训者一次性接受的能力范围。在反复示范过程中,可随时提问,以检验受训者的理解领会程度,并在此基础上,对示范操作要点总结。

(3)实习——"跟我做"。当受训者认为已经初步理解了培训者的讲解,并能够按照操作程序完成时,可让受训者自己实习操作。在受训者实习时,培训者应注意观察,随时注意纠正错误,尤其是操作的正确要领和关键细节,要反复提醒、反复询问。

(4)辅导巩固——"检查纠正提高"。在受训者已初步理解、领会和基本掌握正确的操作要领后,培训者要注意巩固受训者已取得的学习成果。对受训者逐步减少辅导,鼓励其独立上岗操作,并耐心解答疑问,经常检查,确保受训者完全领会并能够正确熟练地运用操作要领。

第三节 饭店员工培训体系

饭店员工培训是系统的,建立规范完善的培训体系是取得良好培训效果的基本保障。与绩效考核和薪酬管理相比,培训体系建立是一项看似简单实则复杂的工作。培训体系建立过程有许多需要遵循的原则,并应按照一定的流程进行(如图5-2所示)。若进

一步细化，饭店员工培训过程可分为六个步骤（如图 5-3 所示）。

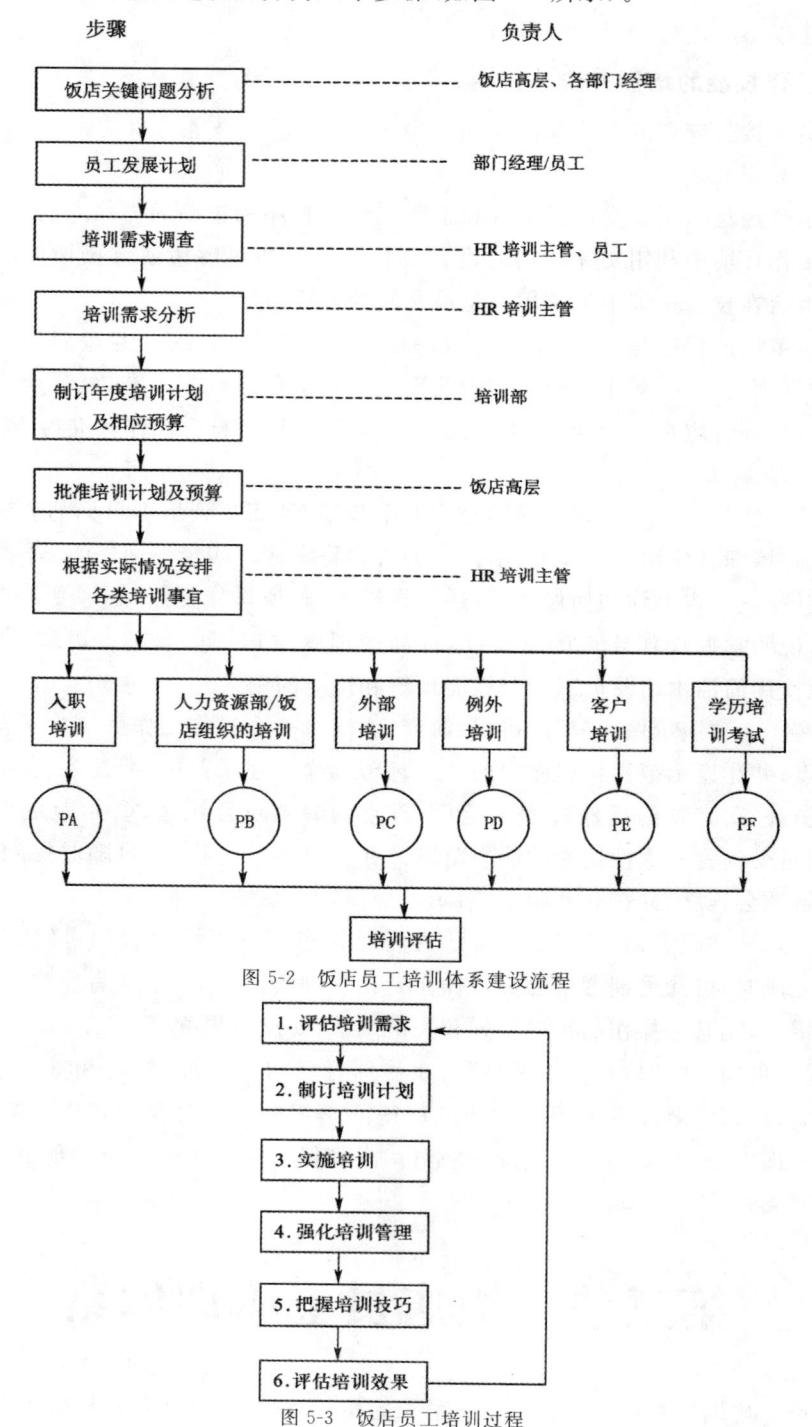

步骤	负责人
饭店关键问题分析	饭店高层、各部门经理
员工发展计划	部门经理/员工
培训需求调查	HR 培训主管、员工
培训需求分析	HR 培训主管
制订年度培训计划及相应预算	培训部
批准培训计划及预算	饭店高层
根据实际情况安排各类培训事宜	HR 培训主管

类别：入职培训（PA）、人力资源部/饭店组织的培训（PB）、外部培训（PC）、例外培训（PD）、客户培训（PE）、学历培训考试（PF）

→ 培训评估

图 5-2　饭店员工培训体系建设流程

1. 评估培训需求
2. 制订培训计划
3. 实施培训
4. 强化培训管理
5. 把握培训技巧
6. 评估培训效果

图 5-3　饭店员工培训过程

一、评估培训需求

评估培训需求应该从三个方面进行,即企业、任务和员工。从企业的角度看,培训需求的依据主要分为企业外部因素和企业内部因素两大部分。企业外部的关注点包括行业发展趋势、行业发展对各层级员工的技能要求、提高绩效需要员工做出的改进、客户需求变化等。企业内部的关注点则包括实现企业战略规划对员工的要求、完成部门绩效任务员工所需具备的技能,绩效考核结果等。

从任务的角度分析,它是指将工作分解为知识、技能、完成任务的态度的过程(如图5-4所示)。确定完成某项工作所必须承担的任务和采取的行动后,对任务进行分类,确定员工完成每项任务所需的知识、技能和能力(Knowledge Skill Abilities,KSAs)。获得关于员工完成每项工作所需要 KSAs 的详细资料可以为培训项目的设计提供指南,并保证员工正在参与的培训与完成的工作能够紧密相连。

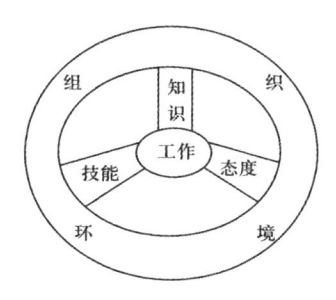

图 5-4 饭店培训内容结构图

饭店进行培训需求分析主要采取以下几种调查方法:

1. 观察法

通过培训部人员深入业务第一线,对日常经营管理和服务操作情况进行一段时间实地考察后,发现问题,寻找不足,从而确认培训需求。这种方法要求培训部与有关部门主管能较好地进行配合,对被调查部门工作的薄弱环节预先有所了解。观察项目的确定可以参照有关部门制定的岗位责任书和操作程序规范表。

2. 问卷调查法

由培训部门准备一份征询意见的问卷,就饭店各部门实际工作情况列出若干具有代表性的问题,征求答复,并建议饭店培训部开设哪些不同类型的培训课程,采用何种培训方法,员工对培训都有哪些要求与建议也可以写在问卷上。培训部一般在各部门配合下,选定一组员工作为部门代表,发放问卷让其作答。根据对调查问卷的汇总分析可以对培训需求进行判断。表 5-1 为饭店技能培训需求调查表。

表 5-1   饭店技能培训需求调查表

姓名_____   职务_____

以往的培训情况	(1)过去一年参加内部技能培训的次数 □1次 □2次 □3次 □4次 □4次以上 (2)过去一年参加外部技能培训的次数 □1次 □2次 □3次 □4次
近期最需要的技能知识	
对培训方式的要求	(1)培训周期跨度 □1周以内 □2~4周 (2)培训时段安排 □上班时间 □晚上时间 (3)单元培训时间 □50分钟 □90分钟 □120分钟 □150分钟 (4)培训形式 □课堂讲授 □研讨会 □现场模拟 □其他
其他的要求和建议	

3. 约见面谈法

由培训部门准备一些问题，在各部门主管的协助下，针对培训的实际需要，组织一组员工通过讨论座谈的方式发现问题。培训部门还可以通过对饭店离职员工的预约面谈法，从员工流失的原因中寻找补救方法和必要的培训方式，从反面判断培训需求。

4. 会议调查法

由培训部门组织各部门经理和培训员定期召开培训工作会议，通过所讨论的议题，集中有关员工培训的要求和反映，借以分析判断饭店培训需求。这种方法具有反映全面、资料客观、内容深化的特点。培训部还可以列席参加有关部门的业务会议和班组会议，从非培训专题的会议过程中筛选出有关内容供调查分析之用。

5. 报告审批法

通过对饭店内部的各类报告，如各部门每月培训报告、各种培训课程总结报告、饭店每天营业收入报告、每日客人意见报告等的审阅，归纳分析出培训需求。

6. 工作表现评价法

这种方法主要用于判断员工个人或者小组的培训需求，以确定培训的近期目标。培训部可以就员工在专业知识、业务技能、工作态度三大方面细分为若干专项，对员工的工作表现进行考评。通过对有代表性的员工表现出的不尽如人意的项目进行分析，借以判断培训需求。

二、制订培训计划

培训流程的第二个步骤是制订培训计划，也就是确定培训各要素。全面而详尽的培训评估需求为确定培训项目打下了坚实的基础。一个周全的培训计划最后落实在培训方案上，它应该包括培训目标、培训对象、培训内容、培训方法、培训师资、培训时间、教学设施和场地、培训资料、考核方式、控制措施、培训费用等内容，下面重点分析一下培训目标、培训对象、培训内容三个部分。

（一）培训目标

明确的培训目标是制订培训计划及其内容的基础，并且可以作为培训计划的评估标准。培训目标是建立在与知识、态度、技能、工作行为、企业成果相关的培训结果之上的。培训目标应该由三部分组成：期望达到的业绩水平的陈述；达到该业绩的必备条件；衡量该业绩的标准，并要求用数字来具体描述该标准。

表 5-2 是为饭店销售经理设计的培训目标。

表 5-2　　　　　　　为饭店销售经理设计的培训目标

知识	所有参加培训的销售经理在测试电话销售、推销利益和成交的测验中需取得 80 分以上的成绩，以此证明他们掌握了销售原则
态度	所有参加培训的销售经理需认识到他们的销售活动对饭店成功经营的重要性，饭店经营的成功与否将通过他们在课堂上的陈述和工作中的表现来判断
技能	所有参加培训的销售经理都要能够在三次角色扮演中准确地演示出所要求的技能，都要在角色扮演中展示出向顾客进行高质量推销的能力
工作行为	所有参加培训的销售经理都将在工作中使用所掌握的技能，通过销售功能将顾客的满意度提高 15%。这个数字是根据培训前和培训后六个月进行的两次同样的调查而得出的
企业成果	所有参加培训的销售经理都能在培训后的第一年中将销售额提高 3%

（二）培训方法

不同的培训方法尽管技巧各不相同，但其基本作用原理都是一样的，都要经过四个阶段：首先利用培训课题引起受训者的注意；然后运用培训方法使受训者了解培训内容；接着运用技巧使受训者对培训内容产生反应，进而接受培训内容，并把培训内容变成潜在的行为意向；最后，让受训者在实践中检验新行为、新经验，巩固新内容，达到改变、改善行为或态度的目的。饭店培训方法一般有讲授法、研讨法、案例法、角色扮演法、视听法等，培训方法的有效性比较见表5-3。

表5-3　　　　　　　　　　　培训方法的有效性比较

培训方法	获得知识	改变态度	解决难题技巧	人际沟通技能	参与许可	知识保持
案例研究	2	4	1	4	2	2
讨论会	3	3	4	3	1	5
讲授（带讨论）	9	8	9	8	8	8
商业游戏	6	5	2	5	3	6
电影	4	6	7	6	5	7
程序化教学	1	7	6	7	7	1
角色扮演	7	2	3	2	4	4
敏感性训练	8	1	5	1	6	3
电视教学	5	9	8	9	9	9

（三）培训师资

饭店培训师主要有外部培训师和内部培训师，两者各具特点（见表5-4）。外部培训师擅长介绍前沿理念或管理思想，但是与饭店实际工作结合的内容比较少，容易空泛，培训费用也比较高。内部培训师更加了解企业，更能够针对饭店的实际需求进行培训，而且费用相对较低。许多国际知名公司都拥有自己的内部培训师队伍，并且通过"培训培训师"（Train the Trainer，TTT），在公司内部设立固定的流程来培训自己的管理人员，使之成为合格的培训师。如假日集团和希尔顿饭店都拥有自己的大学或学院，用来培养自己的管理人员。

表5-4　　　　　　　　　　　培训师的来源与特点

来源类型	优点	缺点
饭店外部聘请	选择范围大，可获取高质量的培训教师资源；可带来许多全新的理念；对培训对象具有较大吸引力；可提高培训档次，引起饭店重视；容易营造氛围，促进培训效果	与饭店之间缺乏了解，加大培训风险；对饭店及其培训对象缺乏了解，可能降低培训适用性；可能由于缺乏实际工作经验，导致"纸上谈兵"，成本较高
饭店内部开发	对各方面情况比较了解，更加有针对性，可提高效率；与培训对象熟悉，保证培训中交流的顺畅；培训相对易于控制；内部开发教师资源成本低	不易于树立威望；可能影响培训对象的参与态度；内部选择范围较小，不易开发出高质量的培训师队伍；培训师看待问题受环境影响，不易上升到新高度

饭店中层以上的管理人员都要担负起培训辅导下属的责任。除此之外，各部门的业务骨干、技术专家和操作能手也是专业技能培训中内部培训师的主要来源。

三、实施培训

如果各个培训计划和设计阶段都能顺利，真正实施的培训方案常常被认为是"最不用担心的事情"。其实，为确保培训的有效实施，除了根据培训内容选择恰当的培训方法和培训师以外，还有很多因素会对培训效果产生影响，需要加以认真考虑。比如：培训教室和培训场地的环境、组织中的人员对于培训的态度即组织氛围等。

培训场地的布置应以有助于培训项目和内容讲解为原则。例如，培训方式决定了桌椅的摆放，进行小组讨论时可以把椅子摆成圆形，如果是以培训师讲解为主，则可以把椅子按行列排放好。最重要的原则是确保座位上的每个人都能看得见、听得清。

四、强化培训管理

科学、规范的培训管理关键在于具备一套完善的管理机制，能使员工处于自动运转的状态，激励员工奋发向上、励精图治。规范的培训管理能帮助企业通过培训实现各项战略目标。有学者曾总结出一个完善的饭店培训管理系统，它主要由三个子系统构成（如图5-5所示）。

培训组织系统为培训提供组织和人员保证，比如设置相应的机构、配备专门的人员负责培训工作，在饭店、部门、班组三级建立起培训网络，各司其职。培训支持系统是培训管理的必要条件，它由管理者、培训师、培训政策制度等构成。培训基础系统就像建筑物的地基，它由饭店管理规范、培训计划与大纲、培训教材资料、培训教室等组成。

```
                    ┌── 培训组织系统 ──┬── 三级培训体系
                    │                  └── 结构和人员
                    │
                    │                  ┌── 领导、业务部门、有关主管部门
培训管理系统 ───────┼── 培训支持系统 ──┼── 培训政策、培训手册、经费
                    │                  └── 培训机构、教员、学员
                    │
                    │                  ┌── 培训计划和大纲、培训教材
                    └── 培训基础系统 ──┼── 培训教室、培训设备
                                       └── 培训工作流程和标准、培训档案
```

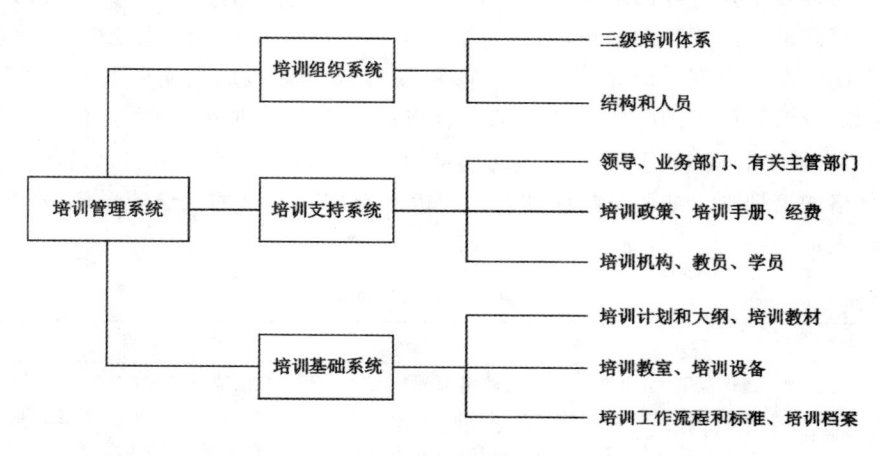

图5-5　三级培训体系

五、把握培训技巧

培训技巧主要是指培训者的教学技能，它是培训者提高培训质量，使培训达到预期效果的保证。一次培训成功与否，不仅要看培训内容对学员是否具有吸引力，更重要的是看培训者对培训技巧的巧妙运用。培训有多种技巧，课堂讲授是较常用的方法之一。

在讲授过程中,培训者应特别注意采用以下方面的技巧:

(一)准备阶段

1. 要了解、分析受训者的基本情况,如存在哪些培训需求,受训者各自的文化程度、知识水平如何,有无工作经验等。

2. 在了解受训者情况的基础上,制订授课计划与教案。

3. 准备好讲授过程中要使用的各种视听教具,并选择好培训场地。

4. 根据拟订的授课计划、教案等编印提纲或讲义供受训者参考。

(二)开场介绍阶段

1. 明确意义

培训者应向受训者指明培训的必要性,在开场介绍时要特别强调为何让受训者接受培训以及培训以后对个人有什么好处,以便激发受训者的学习自觉性和积极性。

2. 阐明主题

培训者在开场介绍时应开宗明义地告诉受训者本次培训的主题是什么。因为一次培训不可能解决饭店运行中存在的所有问题,所以最好一次培训确定一个主题,切实解决一个问题,这样的培训才有效果。

3. 指定范围

告诉受训者培训包括哪些内容,不包括哪些内容,使受训者对培训内容有一个大概了解。

4. 明确目标

告诉受训者,通过本次培训活动,自己在知识、能力上会有何种程度的提高。

5. 激发兴趣

开场介绍时,培训者可通过讲笑话、提问、操作示范或展示物品、引用某一案例、讲述个人的经历等方法来吸引受训者的注意力。当然,在采用上述各种方法时,其内容必须与所授课程内容有关,不能离题太远。

(三)授课阶段

1. 知识性培训的授课技巧

知识性培训是指对受训者按照岗位需要进行的专业知识和相关知识的教育活动,其目的是通过培训使学员掌握并吸收所传授的知识,而掌握知识的关键是记忆。因此,培训者在知识性培训的授课过程中,应采取各种方法来提高受训者的记忆功效,具体应注意以下几点:

(1)培训者在授课前应先复习一下上次学过的内容,然后从已学过的内容过渡到新的培训内容,使受训者对知识有一个较系统的认识,对授课内容也有一个适应过程。

(2)培训者要紧密结合受训者的实际情况,加强培训内容的针对性与实用性,防止单纯的就理论讲理论而脱离实际的倾向。培训者可根据受训者的需求,在次序安排、重点及详略的处理方面发挥更大的主动性和灵活性。

(3)授课内容要有逻辑顺序,循序渐进,由易到难。对授课内容做到分门别类进行讲授,同时注意层次步骤。据有关研究资料表明,人对知识的记忆最佳状态是三步之内。

因此，培训者所讲内容最好分成三类，以方便学员记忆。当内容过多时，培训者可先把所有内容分成几大类，然后再分成几小类，但最好不要超过六类。

（4）培训者在授课时要不断利用提问、做游戏、做练习等方法激励受训者积极参与，同时可利用各种教具或图片资料、实物等刺激受训者的视觉、听觉，使受训者的大脑随着授课内容得到充分的开发、利用，让受训者的思维紧跟培训者的思维。

（5）培训者在授课过程中，要总结概括出最基本、最主要的内容，在授课时反复加以强调，以便受训者掌握。另外，还可准备一些补充材料，以备在多余的时间里加以传授。

（6）培训者应具有良好的仪表仪容和语言表达能力，在授课过程中注意使用恰当的语言或非语言沟通技巧，及时了解受训者对培训内容的理解掌握情况。

2. 技能性培训的授课技巧

技能性培训是指对受训者按照岗位需要进行的技能方面的训练与教育。其目的是通过培训使受训者掌握运用所传授的技能，而掌握技能的关键是实际操作练习。培训者在技能培训过程中可采用以下技巧：

（1）讲解示范。在讲解示范时培训者应注意：首先，应确认受训者的背景，对受训者的年龄、工作经历、文化程度等情况作详细了解；其次，在讲解前明确告知受训者操作应达到的标准，详细向受训者讲解具体的操作步骤，在讲解时注意利用实物或模拟教学环境进行操作示范，同时边示范边强调操作标准及步骤，使受训者对此有较深刻、较直观的印象；接着，培训者在向受训者讲解操作标准、示范操作步骤和方法的过程中，应向受训者解释清楚如此做的原因，使受训者不但知道"所以然"，而且还明白"之所以然"；最后，培训者在讲解示范完毕时，应对受训者的理解、掌握程度进行检查，提问是比较常用而且较为有效的考核方法。

（2）练习操作。对学习有这样三句名言，"I hear—I forget, I see—I remember, I do—I understand."技能培训不能只停留在讲解示范这一环节上，而应坚持实物教学，让受训者亲自动手、不断地进行练习。培训者在讲解示范后，选择一名受训者进行练习，其他受训者则在一旁观摩。受训者在练习操作过程中，培训者首先应要求受训者边练习操作、边讲解操作的标准、步骤、方法及要求等，以及时了解受训者对授课内容的理解程度；其次，对受训者所讲解的内容应及时进行反馈，对理解正确的及时肯定，给予表扬，而对操作失误或理解错误之处，应及时指明，并帮助受训者分析错误产生的原因；接着，当受训者练习结束时，应用提问的方法对其他受训者再次进行考核，检查他们的理解掌握程度。为了增强培训效果，加强受训者的动手操作能力，技能培训应坚持一对一的方式，使每位受训者都能进行一次上述的练习操作，切勿人多走过场。最后，在每位学员都正确理解操作要求与标准，正确掌握操作步骤方法的基础上，进行反复练习，培训者则在现场加以指导，以提高学员的操作技能，达到培训的目的。

（四）结尾阶段

（1）根据培训目标，培训者在授课完毕后用几分钟的时间对本次培训的主要内容进行归纳总结。

（2）根据归纳的要点，可留几分钟的时间进行答疑。

（3）如果受训者没有任何疑问，培训者应对受训者的学习情况进行考核，考核的要点是受训者必须要掌握的知识技能,即授课的重点。考核的方法可用提问的方式进行。但在提问时,培训者应注意以下几点:一是要用特殊问句提问,要求受训者回答"何故、何时、何处、何人、何物、如何做",而不能只要求受训者回答"是"或"不是",因为采用选择问句的方式,对受训者是否已学到所传授的知识及巩固已学过的知识无多大作用;二是提问要简单明了,不能过于复杂,使受训者一听就明白应该如何回答;三是提问时要求做到一次一问,即一次不可以问多个问题,使受训者无所适从;四是提出问题,不应马上指点受训者回答,而是应暂停片刻,使每位受训者都有时间进行思考,从而通过提问使受训者对讲授的内容进行回顾与巩固。

(4)根据考核情况,培训者应对本次讲授和受训者学习情况进行点评,肯定好的方面,指出存在的不足之处,以利于今后培训工作的改进。

(5)可准备一些资料供受训者参考使用,同时可对下次培训的内容作一个简单介绍,以引起受训者的兴趣,起到承上启下的作用。

六、评估培训效果

(一)评估的类型

1. 形成性评估

形成性评估适用于培训需求分析至培训实施阶段,主要探究各阶段实施的细节及其成果(如培训目标、培训教材、教学法等)是否有缺失,除确保各个阶段的质量之外,还要保证整个培训课程合乎教学的标准。因此,形成性评估是以培训过程控制的方式运作,通过严格控制各程序细节及成果,以求得最好的培训效果。

2. 总结性评估

总结性评估适用于学习活动结束之后,主要衡量培训课程的效果、效率、价值或贡献,总结性评估可分为下列三种:

(1)结果评估,主要探讨受训者是否获得了培训目标所列的知识技能,继而判断培训课程的好坏及成本效益,再决定是否继续采用或舍弃该培训课程。

(2)证实评估,适用于培训活动实施一段时间后,定时收集、分析资料,以决定受训者是否能继续表现其能力,或检验培训课程的持续效果。

(3)终极评估,适用于培训课程已结束,受训者回到工作岗位一段时间之后,以了解受训者将所学知识转移应用于其工作的程度,以及对于其工作与组织的实际贡献。终极评估不仅针对受训者学习课程的效果,更关注其所学应用于饭店营运的整体绩效,可以说这是一种最切合实际但却不容易达成的方法。

(二)评估层级

评估层级就是指考核(或评估)受训者对于培训课程的体验与学习结果不同程度的反应。一般来说,评估层级依序为感受、学习、行为和成效,而每一层级均有中心议题,见表5-5。

表 5-5　　　　　　　　　　　评估层级受训

评估层级	感受	学习	行为	成效
中心议题	受训者是否喜欢或满意该培训	受训者从该培训学习到了哪些知识或技能	受训者于学习结束后是否改变其行为	受训者所改变的行为对其组织是否有贡献,贡献是什么

1. 感受

感受就是指受训者对某一特定培训计划的喜欢或满意程度。需要强调的是,感受的测量并不涉及所学习的任何知识技能,但几乎所有的评估都将感受列为评估的一个项目。虽然好的感受并不是学习效率高的保证,但多数培训者都认为受训者对培训的良好感受将有助于营造较好的学习气氛,获得较好的学习效果。

2. 学习

学习可狭义地理解为受训者了解或吸收由培训课程所提供的理论、事实、技术信息等,而评估学习即是测量受训者在部分单元或培训结束后对所有信息的了解、吸收程度或技能的纯熟度。简单来说,就是测量受训者特定知识技能的表现,以检验培训本身的效果与高效率。

3. 行为

培训的一个重要理论基础之一就是可以通过学习使受训者能够表现出决策者想要看到的并且有别于以往行为的目标行为。因此,培训的目标之一就是使受训者能够显示出可观察的行为。对学习的测量仅能显示培训的效果与效率,如果以此直接推断出高效果与高效率的培训能够造就高层次的目标行为,就显得过于武断了。因此,培训目标的检验需要超越学习的层面作更进一步的探讨。

一般来说,如果希望员工改善其行为方式,就必须掌握、控制培训前、培训期间、培训结束后以及受训者返回工作岗位的各种情况,以提供目标行为的形成机会。

测量行为比测量感受或学习更加困难,尤其是影响工作行为的诸多因素均隐藏于组织之中,且大多超乎培训课程所能掌握的范围。当培训时间过长,或行为的转变极为缓慢,或转变的行为不易观察,或应用培训所学的时间无法估计时,就使得行为的测量遇到很大的障碍。但如果不对行为进行测量,而仅仅停留于学习阶段,就会忽略培训对于组织的更深层次和更重要的影响。在这种情况下可以考虑充分利用咨询公司的力量,因为这种评估比较复杂但却很专业,占用的时间和精力也很多,借用咨询公司的经验和人力不失为一个好的选择。同时,首先应该取得受训者主管的配合,让其了解受训者参加这样的培训有利于其更好地开展工作;其次与其深入地沟通评估的目的和方法,并在批准这个培训时就让其知道事后需要他的配合,这些都能有效地降低测量行为的难度。

4. 成效

所谓培训成效就是指受训者完成培训后,其所改变的工作行为对饭店组织的贡献。培训必须对组织产生某种程度的贡献,否则就应该考虑其他更好的方法以解决培训的问题。但对成效的测量较为困难,其原因在于:不容易明确特殊培训的成效如何;不容易确定测量成效的项目与标准;不容易确定成效产生的时间,若时间过长,成效的评估就会失去其意义;无法明确特定培训的成效与其他非培训因素之间的关系及相互影响的程度。

由于上述因素,给成效的测量带来了许多困难,甚至可能导致测量工作的无功而返。当然,虽然困难重重,但很多学者还是做出了有益的探索,比如尽量取得管理层的合作以获取相关的数据等。

(三)培训评估工作流程

1. 评估准备阶段

(1)确定培训评估目的

在培训项目实施之前,人力资源开发人员就必须把培训评估的目的明确下来。在多数情况下,培训评估的实施有助于对培训项目的前景做出决定,对培训系统的某些部分进行修订,或是对培训项目进行整体整改,使其更加符合饭店的需要。同时,培训评估的目的将影响评估数据收集的方法和所要收集数据的类型。

(2)建立培训评估数据库

培训效果的评估分为定性和定量两个方面,因此数据的收集也从这两个方面入手。定量数据包括生产率、利润、事故率、设备完好率、员工流动率等。定性数据包括内外部顾客满意度、士气、工作氛围、工作积极性等。在企业培训效果评估中,定量数据使用得非常广泛,而且极具说服力。

2. 评估实施阶段

(1)确定评估层次

培训评估应本着实用、效益的原则,饭店应根据自己的实际条件,对各项培训工作有针对性地进行评估。具体可以遵循以下办法:一是对所有课程都进行第一层次评估;二是应对要求员工掌握知识或某项技能的培训进行第二层次评估,例如,新聘员工岗前培训,需要员工了解的饭店规章制度、饭店质量方针及质量目标、操作规程等;三是对于耗时三个月以上的培训项目、投入较大的项目、解决顾客投诉方面的培训、培训效果对组织很关键的项目、饭店管理层十分关注的项目进行第三层次、第四层次的评估。

(2)选择评估方法

培训评估按时间可以采取即时评估、中期评估和长期评估。即时评估是在培训结束后进行的评估,而中期评估和长期评估则是受训者返回工作岗位一段时间后的评估。对不同层次的评估可以采取不同的方法。对第一层次评估可采用问卷、评估调查表的方法;对第二层次评估可采用关键人物法、笔试、技能操作等;对第三层次评估可采用绩效考核法,即测量受训前后行为上的变化,也可采用比较评价法,即测量参加培训与未参加培训的员工之间的差别;对第四层次评估可采用收益评价法,计算出培训为饭店带来的经济收益,还可以通过考察事故率、生产率、生产能力等来衡量。

(3)收集、分析评估原始资料

原始资料的收集、分析是培训评估的重要环节,表 5-6 为员工培训反馈信息调查表。一般来说,第一层次评估收集培训评估调查表,第二层次评估收集笔试试卷及现场操作考核结果,第三层次、第四层次的评估收集员工满意度、员工流动率、顾客满意度、生产率、设备完好率、财务利润等。数据收集后,再调出数据库中的数据,与原始数据进行对比,从而得出评估结论。

表 5-6　　　　　　　　　员工培训反馈信息调查表

年　　月　　日

培训名称及编号			参加人员姓名	
培训时间			培训地点	
培训方式			使用资料	
培训者姓名			主办单位	
培训后反馈信息	受训者意见	1. 课程安排是否合理		
		2. 所学内容与工作联系是否密切		
		3. 主管是否支持本次培训		
		4. 对所学内容是否感兴趣		
		5. 所学内容能否用于工作中		
		6. 对教师的授课方式是否满意		
		7. 教师授课是否认真		
		8. 教师是否能够针对学员特点安排课堂活动		
		9. 受训心得、值得应用于本饭店的建议		
		10. 对饭店下次派员参加本训练课程的建议事项		

3. 评估总结阶段

(1) 确定培训评估报告

评估报告主要有三个组成部分：一是培训项目概况，包括项目投入、时间、参加人员及主要内容等；二是受训者的培训结果，包括合格人数、不合格人数及不合格原因分析，另外还应提出不合格者处置建议，对不合格员工应进行再培训，如果仍不合格者，应实施转岗或解聘；三是培训项目的评估结果及处置，效果好的项目可保留，没有效果的项目应取消，对于有缺陷的项目要进行改进。

(2) 跟踪反馈

培训报告确定后，要及时在饭店内进行传递和沟通。一些饭店企业往往忽略了这点而造成培训评估与实际工作脱节。培训评估报告应传递到以下人员：一是受训者，使他们了解培训的效果，以便在工作中进一步学习和改进；二是受训者的直接领导；三是培训主管，他们负责培训项目的管理，并拥有员工人事聘用建议权；四是饭店组织管理层，他们可以决定培训项目的未来。培训评估报告传递后，重要的是采取相应的纠偏措施并不断跟踪。培训主管可以根据培训效果调整培训项目，对于员工反映好、收效好的项目可以保留；对于没有效果的项目可以撤销；对于某些部分不够有效的项目可以进行重新设计和调整；对于某些领域欠缺的项目可以增设。

资料链接

麦当劳餐厅经理的成长路径图

麦当劳一直坚信，"人才是我们最重要的资产"，而学习是成功的必要条件。通过学习、训练和发展，员工可以在提升岗位技能、领导能力和管理技巧的同时，获得更多的发展机会。很多人在麦当劳餐厅收获了第一份工作经验，并踏上了通往成功的道路。

麦当劳中国训练、学习与发展副总裁兼麦当劳中国汉堡大学校长李曼霞女士说得很好:"在麦当劳,我们重视员工的成长以及工作的满意度,这不仅仅因为这是我们应该做的,更因为我们的领导团队和顾客都需要它。麦当劳的愿景就是为顾客提供'完美用餐体验'。而这些都需要通过员工的完美执行来实现。"

1. 培训:铺就成长之路

麦当劳的训练、学习与发展系统涵盖了企业所有的员工,同时针对员工核心能力、领导能力和专业能力的提升,设计了一系列符合使用者需求的训练课程和训练实践。在每一个不同的工作职责阶段,结合"绩效发展系统"为员工提供相适应的培训活动。

这些训练课程在全国各个训练中心展开,每年接受培训的人员近万人次。训练活动的设计是由麦当劳公司和外部专业训练机构合作开发的。从新员工加入餐厅的第一天起,学习、训练与发展就贯穿于员工的整个职业生涯。在麦当劳,从餐厅计时员工发展进入餐厅月薪管理组,再晋升为公司的中高层管理者,甚至成为总经理,每一个发展阶段都有清晰的培训方案和实施步骤,保证每位员工在每次职责变换和职业生涯发展时都有配套的学习和发展的机会。

新员工从加入麦当劳的第一天起,就踏上了公司为之设计的"成功之路"。每位新员工在完成一次和二次职前简介的同时,都将遵循"员工发展手册"的指引,开始接受四个基本岗位训练(殷勤款待;清洁、卫生消毒和食品安全;安全和保全;团队合作),确保其工作之初就能保持麦当劳服务的高水准。

在餐厅,即使是根本没有餐饮行业工作经验的新员工,面对各项工作也无须担心,"员工发展手册"包括了所有与岗位相关的训练资料。训练资料和训练程序都由员工训练员和餐厅管理组跟踪负责,他们共同为员工制订个人训练计划,并在餐厅中循序渐进地对员工开展训练,直至大家都能熟练掌握并严格执行岗位标准。每半年组织一次的激励计划还将对表现优秀的员工给予认知和鼓舞。

员工训练员是员工成长至餐厅管理组的必经之路。员工训练员是麦当劳在员工队伍中精心挑选出来的佼佼者,他们通过所有岗位标准考核并符合训练人员的特质。"准备、呈现、试做、追踪"是麦当劳训练系统中最基础的技能,员工训练员熟练掌握这些训练技能,成了餐厅营运训练系统中最基础的一环。员工训练员的工作职责会在"员工训练员手册"中清楚列出。

2. 助跑:从训练员到员工组长

麦当劳餐厅管理层有60%以上的成员是从员工训练员中成长起来的,员工组长就是从员工到管理组的过渡职位。员工组长将和社会招募的见习经理一起,共同开始新一阶段的学习和成长。在未来,他们都将是麦当劳各阶层的管理人才。

这一阶段的训练、学习与发展以"经理发展手册(1)"为依据,手册明确了受训者应该学习和掌握的内容、标准、流程等。受训者将在"教练"——餐厅经理的指导下,完成规定单元的学习后,被送到各区域的训练中心完成"基本值班管理课程"的学习。

"基本值班管理课程"的内容包括:"传递QSC&V",即训练如何在工作中传递我公司的核心价值"品质、服务、清洁和价值";"基本人际关系技巧",即训练最基本的人际关系和沟通技巧；"顾客满意和重新赢回顾客"，即引导他们从最佳的服务理念出发，如何令光临餐厅的每位顾客满意。整个课程为期五天，其中有一天是在餐厅实地实习中学习值班管理。

在完成"基本值班管理课程"之后两个月左右，他们将继续接受"高级值班管理课程"的训练，内容包括"教练和辅导"、"重视人员"、"QSC&V进阶"等。课程为期四天，其中有一天在餐厅实习，用以提升受训者的值班管理技能，并创造最佳的顾客用餐体验。

麦当劳的训练课程是管理组发展的重要内容，这些课程的设计融汇了麦当劳对核心能力、领导能力、专业能力的要求，受训者将从各类课程中获益匪浅。

3. 腾飞：从员工组长到餐厅经理

经过三个月到半年的训练，优秀的见习经理和员工组长可升迁到第二副理，将承担更多的工作职责。他们将继续完成"经理发展手册(2)"的各个单元，并接受"地区设备课程"和"有效管理实务"课程的培训。培训为期五天，内容包括"有效人事实务"、"通过个人领导能力提供QSC&V"、"冲突管理"、"时间管理"等。其中，有一天需要在餐厅实习。实习过程中，受训者将拓展餐厅的系统知识并运用到工作中去。

表现优秀的第二副理将晋升至第一副理的位置，还有机会到麦当劳训练的最高学府——麦当劳汉堡大学学习。第一副理在汉堡大学学习"餐厅领导实务"课程，包括"成为一个领导"、"了解我的餐厅"、"创造一个正面的工作环境"、"规划大蓝图"、"执行！执行！执行！"等为期五天的课程。

学员在模拟餐厅中，学习成为一个领导及建立高绩效团队的技巧，同时也会学习如何在餐厅各个营运层面中找出机会点，并针对根本原因拟订改善行动计划的技巧，从而稳定地满足顾客需求，以完成品牌使命——为顾客提供完美用餐体验。第一副理是餐厅经理的后继人选，在这个阶段，他们就将学会全面管理餐厅的营运并通过鉴定为未来的发展做好准备。

餐厅经理是餐厅的灵魂人物，也是公司迈向成功的关键人员组成。他们承担每一家餐厅业务运作并传递麦当劳的品牌和价值观。当餐厅经理任满六个月以上，他们将继续学习汉堡大学的"企业领导实务"课程。该课程的讲师团队由区域训练主管组成，为期5天，包括"责无旁贷"、"创新思维"、"发展餐厅才能"、"麦当劳积极参与社会"以及"业务计划的基础"等内容。课程核心是"业务计划的基础工作室"，学员在模拟餐厅里，整合并运用所学知识、技巧，制订一个与地区、全球方向一致的餐厅业务计划，支援麦当劳品牌使命的达成。

在麦当劳，每次训练课程前、中、后都将由教练负责设计和追踪受训者的训练进度。教练将依据"教练指南"帮助受训者制订行动计划，使训练效果最大化，并在实践中和他们肩并肩工作，给予认知和回馈。

更可喜的是，2010年3月底麦当劳中国汉堡大学正式落户上海，其将致力于培养本土领导人才以支持麦当劳在中国强劲的业务增长计划，并积极践行麦当劳对回馈中国社会的长期承诺。麦当劳中国汉堡大学是麦当劳全球第7所企业大学。未来五年内，麦当劳中国汉堡大学计划总投资2亿5千万人民币，将为超过5000位管理人员提供运营管理及领导力相关培训。

学习、训练与发展在麦当劳是没有止境的,它为全世界不同级别的员工拟订学习和发展计划,并认为这是一种非常好的投资。正如麦当劳的创始人雷·克洛克所说的那样:"如果你认为训练的开支昂贵的话,那么请考虑无知的代价。"

本章小结

饭店的培训体系由培训需求评估、制订培训计划、实施培训、培训效果评估这几个阶段构成。一个周全的培训计划最后落实在培训方案上,它应该包括培训目标、培训对象、培训内容、培训方法、培训师资、培训时间、教学设施和场地、培训资料、考核方式、控制措施、培训费用等内容。培训评估是指根据培训目标,对培训活动全过程及结果进行评价、鉴别、监督。它既是对上一阶段培训取得的效果与利弊进行的估量,也为如何改进、完善后续培训工作提供参考。

综合案例

5月的一个下午,某饭店15楼的歌剧院人潮涌动。全饭店不值班的员工几乎都来了,两旁的包厢坐满了人,等着舞台上的人员亮相。也许有人会问:怎么白天歌剧院也表演节目?答案是肯定的,只不过是一场特殊的节目表演。原来这是饭店各部门参加消防知识初赛合格的队员,前来歌剧院参加"消防知识抢答赛"。两旁的观众是各个部门前来助威的"啦啦队"。

只见歌剧院舞台上,一溜儿排开两列7桌的席位,分到是:保安部、康乐部、房务部、财务部、中餐部、娱乐部、工程部,每队将派三名代表上阵。

随着主持人张经理的一声令下,消防知识竞赛拉开了帷幕。第一个回合是必答题,以轮流回答的形式依次派代表回答,每题10分,几乎所有的队都获得了加分。随后是抢答题,一道道题目报出来,各个部门的代表都摩拳擦掌、跃跃欲试。几个回合后,各队的比分便拉开了距离。在领先的队中,参赛者一个个神情紧张、严肃,不时嘀嘀咕咕,商量作战的对策;在落后的队中,队员也不甘落后,仍精神饱满地努力争取下一个胜利。

接下来的是操作比赛,将由各队派一名代表,分别演练如何戴消防面具和接驳消防水带枪头。由于是现场操练,下面有那么多员工的眼睛在看着,酒店的陈总经理、刘总经理及各部门经理也都在现场观看,因此,上阵演习的员工有个别出现心慌手乱的现象。

最后一轮比赛的内容是风险题,有10分、20分和30分的题。每队均有同等的机会,但是可以根据自己队目前的状态选择。回答正确固然可喜,万一答错了,也要被扣相同的分数。"回报"很高,但风险也大,于是各队很明显地分出各种不同的心态了。得分高的队,求稳健,抽低分数的题答;居于中游的队,有保中游心态的,则抽10分、20分的题答;而想拼搏的队,则抽30分的题来答;倒数最后两名的队坚持只抽30分的风险题来赌一把。其中酸甜苦辣、嬉笑怒骂、油滑诙谐、幽默机智之场面,不时令台下观众或捧腹大笑，或长吁短叹，或痛心不已……

一晃两个多小时过去了，中餐部、康乐部、工程部分别获取了这次比赛的前三名。竞赛结束了，消防知识也已深入人心。

案例评析

别开生面的知识竞赛，实际上就是一场别开生面的教学公开课。中央电视台首创的"正大综艺"知识竞赛形式获得了广大观众的认可和肯定。这种比赛方式直观生动，台上的选手受到监督，台下的观众积极参与，形式好、创意好。以上实例中的酒店在消防知识的竞赛上也采用这一形式，获得了相当的成功。该酒店在竞赛题目形式的多样、内容的丰富和表现方式的奇特上，都是有创新的，是一个值得推广、深化、发扬的培训形式。

消防知识天天讲、月月讲，对新员工来说可能还有新鲜感，但对老员工来说，就会有枯燥、厌烦的心理。如何使消防知识做到"年年讲、月月讲、天天讲"，除了强制性的督导、监察、培训之外，还需要在形式上创新、在方式上翻新、在内容上温故而知新，化枯燥为生动。该酒店采用这种别开生面的知识竞赛，寓教于乐，使台上的选手全力以赴，向广度、深度学习，使台下的观众积极参与，于言谈笑语之间学到了消防安全知识。这种深入浅出、通俗易懂的立体化的安全常识教学，不可谓不是一个很好的范例。对于酒店的培训工作是一个很好的启示。

实训练习题

饭店餐饮部新近招聘了一批某高职院校酒店管理专业的顶岗实习学生做中餐厅接待服务工作，为了使他们加快适应餐厅的接待工作，请根据餐厅的实际情况，拟订一份新员工入职上岗前的培训计划。

复习思考题

1. 培训对饭店及员工有什么重要意义？
2. 影响成年人学习的因素有哪几种？
3. 饭店可以采用的培训方法有哪些？各自的优缺点是什么？
4. 系统的饭店培训过程包括哪些环节与内容？
5. 简述饭店员工培训效果评估工作流程。

第六章

饭店员工职业生涯设计

学习目标

◆ 能清楚认识自己的性格、兴趣、专业和职业倾向，设置恰当的职业目标

◆ 能够设计饭店员工职业生涯方案

知识目标

◆ 掌握饭店与个人职业生涯规划设计的步骤和方法

◆ 掌握饭店与个人不同职业生涯阶段管理的措施

◆ 了解职业发展的几个代表性理论

> 课程导入

一次关于人生目标的调查

哈佛大学曾经进行了一个关于人生目标对人生影响的跟踪调查。他们在一群智力、年龄、学历、环境等客观条件都差不多的年轻人中调查发现：3％的人，有清晰而长远的目标；10％的人，有清晰但比较短期的目标；60％的人，目标模糊；27％的人，根本没有目标。

25年后，哈佛再次对这群学生进行了跟踪调查。结果发现：3％的人，25年间他们朝着一个方向不懈努力，几乎都成为社会各界的成功人士，其中不乏行业领袖、社会精英；10％的人，他们的短期目标不断地实现，成为各个领域中的专业人士，大都生活在社会的中上层；60％的人，他们安稳地生活与工作，但都没有什么特别成绩，几乎都生活在社会的中下层，事业平平；剩下27％的人，他们的生活没有目标，过得很不如意，并且常常在抱怨他人、抱怨社会、抱怨"不肯给他们机会"的世界。

其实，他们之间的差别仅仅在25年前，他们中的一些人知道自己的目标是什么，而另一些人则不清楚或不很清楚。

请思考：客观条件差不多的年轻人25年后的人生为什么会有如此大的差别？

第一节　员工职业生涯概述

什么是职业？心理学家把职业定义为："跨越个人一生的相关工作经历模式。"然而，职业发生在特定的社会环境中，尤其是在组织中，许多分析职业的学者们都忽略了这一点，他们只从心理的角度来研究。通常典型的职业生涯分为一系列的发展阶段，在组织的影响下，个人在每一个发展阶段都发生着巨大的变化。这便是今天越来越多的人提出的"职业生涯规划"概念的来由。

在每个人一生的职业选择和职业发展中，有很多偶然因素，在许多情况下，职业与运气和机遇有关，许多职业选择是在无意中进行的。在一个人的生命和职业的关键时刻中一些意外的事件常常会导致意想不到的方向性改变，这些事件包括遇到了从事特殊职业的人、阅读了一本书、看了一部宣扬某项职业的电影、在失业的情况下或者在喧闹的火车里无意中浏览了当地报纸的招聘版。因此，无论是个人还是企业，借鉴和听取职业生涯规划专家意见，做好完整的职业生涯规划，对于个人职业生涯的良性发展是非常必要的。

一、职业生涯概念

（一）职业生涯概念

职业生涯可以分为狭义和广义两种。狭义的职业生涯是指从任职的职业学习和培训开始，直接从事职业工作的这段时间；广义的职业生涯是指从人生起点开始到职业能力的获得、职业兴趣的培养、选择职业、就职，直至最后完全退出职业劳动这样一个完整的职业发展过程。

综合各种观点,这里的职业生涯是指一个人终生职业经历的整个过程。职业经历是可以间断的,也可以是连续的,它包含一个人所有的工作、任务、职业、职位等的外在变更和对工作态度、工作价值、工作需要和情感体验等的内在变化。

具体来说,职业生涯的概念由个人、职业、时间、发展四个要素构成。首先,它的主体是个人,是个人的经历而非群体或组织的经历;第二,它是个人终其一生的职业历程,是伴随着与工作或职业有关的经验与活动的经历,而不是其他经历;第三,它具有时间概念,指个人从初始从事某种职业工作到退出社会职业工作的职业生涯周期过程经历的不同阶段,如职业生涯初期、职业生涯中期和职业生涯后期,不同个人的职业生涯周期的长短也不尽相同;最后,职业生涯是一个动态发展的概念,包含着个人对职业的选择、转换,职务的晋升、下降,职业发展不同阶段的成功与失败等职业变更内容,以及职业发展变化的动态过程。

职业生涯可概括为两种:传统性职业生涯和易变性职业生涯。在一个人的职业生涯中,他的职业可能是持续稳定的,如一名在饭店从事工程技术的员工,职业生涯初期是助理工程师,随着其专业知识的增长和工作经验的丰富,他可能担任起更为重要的专业技术工作,职称可能会逐步晋升为工程师、高级工程师。这种职业生涯被称为传统性职业生涯。易变性职业生涯则指一个人的职业经历可能由于兴趣、能力、价值观及外部环境等多种因素的变化而发生变化,从事多项职业,扮演多种职业角色。如一名职业生涯初期的技术人员后来可能会从事管理工作或其他工作。

(二)职业生涯规划概念

职业生涯规划(Career Planning)是指组织或个人把个人发展与组织发展相结合,对决定个人职业生涯的个人因素、组织因素和社会因素等进行分析,制定个人一生中在事业发展上的战略设想与计划。

职业生涯规划首先要求对个人特点进行评估,再对其所在的组织环境和社会环境进行分析,然后根据分析结果制定个人事业的奋斗目标,选择实现这一事业目标的职业,编制相应的工作、教育和培训等行动计划,并对每一步骤的时间、顺序和方向做出合理的安排。职业生涯规划的主体包括组织和个人,涉及员工本人、上级管理人员和组织三个方面。完整的职业生涯规划靠三者的共同努力才能实现。因此,对于饭店来说,员工职业选择和职业生涯目标,既是个人的需要,也是饭店的需要,通过职业生涯规划能把员工个人利益和饭店利益有机地结合起来。

对于个人来说,职业生涯规划的好坏必将影响整个生命历程。我们常常提到的成功与失败,不过是所设定目标的实现与否,目标的实现与否是决定成败的关键。个人的人生目标是多样的:生活质量目标、职业发展目标、对外界影响力目标、人际环境等社会目标。整个目标体系中的各因子之间相互交织影响,而职业发展目标在整个目标体系中居于中心位置,这个目标的实现与否,直接引起成就与挫折、愉快与不愉快的不同感受,影响着生命的质量。对于个人职业生涯规划,在方法上需要注意以下要素:

(1)确定个人理想生存状态;
(2)了解个人各方面素质特征和不可改变的社会现实环境,修订理想状态为可行的目标;

(3) 确定职业兴趣、理想职位和适宜的工作氛围；
(4) 确定达到理想职业的可行性路线，制定短、中、长期职业进程；
(5) 确定目前状态和短期目标间的差距，寻找切入点，开始执行职业生涯规划；
(6) 阶段性小结、反思，并对自己的职业生涯设计进行科学的修订。

资料链接

新人迈过职业生涯中的5个阶段的方法

一个人的职业生涯发展可分为五个阶段，把握住每个阶段可能出现的问题，提前规划，才能让自己掌握主动权。

1. "青黄不接"阶段

工作1～3年是职业生涯最"青黄不接"的阶段：你既不像毕业生那么"单纯"，又不像有四五年资历的那样能"独当一面"，正处于"一瓶不满，半瓶晃荡"的状态，那么这时候你如果跳槽找工作，其难度可想而知。

这个阶段的主要疑问是："我是谁？""我能做什么？"迷茫的主要原因是缺乏自信和社会经验。这段时间最好不要轻易跳槽，相反，如果这段时间你较为"安静"，你往往能够积累到你一生中第一次"从学习迈向工作"时段内宝贵的工作技能和坦然的就业心态，许多人"爱跳槽"的毛病往往都是从这个阶段"稳不住窝"开始养成的。

2. "职业塑造"阶段

工作3～5年后，你就会逐渐步入"职业塑造"阶段，逐渐熟悉组织文化，了解组织内情，建立初步的人际关系网，经过一段时期后，你的"职业性格特点"就暴露出来了：哪些是你特长的地方，而哪些又是你不足的地方，于是你开始进入"职业塑造"阶段，对职业方向进行合理调整和矫正。

那么，怎样进行"合理的调整和矫正"呢？不妨在你工作的相关领域先适当地改换一下工作方式，比如在同一个公司内部的不同部门适当进行换岗，这样不仅能开阔视野，增添新鲜感，还能测试出你究竟最适合做什么工种。如果发现你的性格和特长与现有工作偏差太大，那么一定要当机立断马上改行，这时候千万不要贪恋现有工作薪水有多高，环境有多好。

3. "职业锁定"阶段

工作5～10年，随着你对自身优劣势及性格特点的日渐清晰和不断的实践锻炼，你渐渐由"职业塑造阶段"走向了"职业锁定阶段"，开始认定"你是干哪一行的"了。

在这个阶段，有的人积累了比较丰富的经验，承担起工作的责任，发挥并发展自己的能力，为提升或进入其他职业领域打基础；有的人会产生新的疑问："为什么这么多年来我一事无成？""理想和现实不相符，我是不是需要重新选择？"迷茫的主要原因和个人的发展目标与组织提供的机会和职业通路不一致。

这时候又该怎么办呢？你如果依然愿意尝试这份工作，就应该首先端正态度，决不能整天愤世嫉俗、怨天尤人，而应该投入战斗，在战斗中快速磨炼和积极探索，不断修正下一步的工作流程和发展方向。即便是已经暂时"锁定"了你的职业种类，也千万不要每天得过且过地混日子。相反还要更加勤奋地不断寻求自我突破,逼迫自己不断跨越新的高度。

4."事业开拓"阶段

在工作10～15年,你的"职业"将成为终身的"事业",意味着你开始从前期"职业阶段"中的技能、经验及资金积累走向人生事业的开拓历程。可能你在这个阶段仍然保持着原来的"职业"状态,仍然是每天在为"老板的事业"而奔波,但年龄和阅历已经将你推向了事业发展的起跑线。并且你跑也得跑,不跑也得跑,你要为自己而跑,你的家庭开始逼迫你为他们着想,你的事业心和成就感都决定了你要开始考虑自我了。

这个阶段可能你会遇到的主要疑问是:"接下去的岁月,应该做些什么?"人到中年,很多人在机会面前不敢冒然决定,因为从心理上理解了人生的有限,而自己也开始重新衡量事业和家庭生活的价值。在大约35岁到45岁之间,会发生职业生涯危机。

5."事业平稳"阶段

工作15年以后,你已经步入"不惑之年",前期"职业阶段"和"事业开拓阶段"已经为你留下了几多积淀。在这个阶段,你所需要的是如何使你的事业能够在平稳的过程中持续上升。这期间你还要不断地去观察市场、了解市场,不能有丝毫的松懈,所以你可能会感觉很累、很辛苦,不过你见得多了,承受压力的能力也增大了很多,于是你也就能游刃有余了。

你曾经的一切豪言壮语和海誓山盟在这个阶段变为现实,你被推上了事业的巅峰,不过这一切美妙结果的前提就是你先要在前面的几个阶段表现得很努力,也很用心,这就是"世间自有公道,付出定有回报"的道理。

二、职业发展的基本理论

职业选择是指人们从对职业的评价、意向、态度出发,依照自己的职业期望、兴趣、爱好、能力等,从社会现有的职业中选择其一的过程。职业选择的目的在于使自己能力素质与职业需求特征相符合。我们应该如何选择自己的职业?职业选择理论为我们提供了很好的参考依据。具有代表性的职业选择理论主要有:金兹伯格的职业选择三阶段理论、休普的四阶段理论、萨帕的职业发展五阶段理论、施恩职业生涯系留点(职业锚)理论和人职匹配理论。

(一)金兹伯格的职业选择三阶段理论

金兹伯格是职业发展理论的缔造者。他指出,职业决策是一连串的过程,不是在某一时刻一下子就完成的"决定"。职业选择是优化决策,职业选择的实现是个人意识与外界条件的折中、调适。影响职业选择的因素包括现实因素、教育因素、个人情感和人格因素、职业价值与个人价值观因素。在金兹伯格的理论中,青年职业选择观念可以分为幻想期、尝试期和现实期三个阶段。从金兹伯格的三个阶段划分来看,他着重研究的是一个人的早期生涯发展。(表6-1)

表 6-1　　　　　　　　　　金兹伯格的职业选择阶段

阶段划分		各阶段任务或选择特征
幻想期 （0~11岁）		想象将来会成为什么样的人，并且在游戏群体中扮演所喜欢的角色，职业期望由兴趣所决定，不会也不可能考虑能力和社会条件
尝试期 （11~17岁）	兴趣阶段	与幻想期相联系，兴趣是其职业选择的主要基础
	能力阶段	开始将自己的能力和兴趣进行比较，以考察其一致性
	价值观阶段	将职业选择与其价值观相匹配，进行尝试性职业选择
	过渡阶段	关心焦点从个人兴趣、能力和价值观向现实机会与限制转移
现实期 （17岁以后）	探索期	将兴趣、能力、社会价值和个人价值调和而规划职业
	成型期	在探索期成败的基础上产生明显的职业模式
	载明期	个人选择了一个职业和专业

（二）休普的四阶段理论

职业生涯发展专家休普将人生职业生涯分为四个阶段，即试探阶段（25岁以前）、创立阶段（25~45岁）、维持阶段（45~65岁）和衰退阶段（65岁以上）。在维持阶段又分为成长与停滞两种状态，有的在此时期继续成长，有的在此时期停滞不前。

（三）萨帕的职业发展五阶段理论

美国著名职业问题专家萨帕认为，职业生涯是指一个人终生经历的所有职位的整体历程，是生活中多种事件的演进方向和历程，是个人独特的自我发展组型。

萨帕将人生职业生涯发展划分为五个阶段，即成长阶段（0~14岁）、探索阶段（15~24岁）、创业阶段（25~44岁）、维持阶段（45~64岁）和衰退阶段（65岁以上）。在探索阶段又分为试探期、转变期、尝试期和初步承诺期。在创业阶段分为稳定期和建立期。

（四）施恩职业生涯系留点（职业锚）理论

爱德加·施恩是美国著名的心理学家和管理学家，其著作《组织心理学》、《职业动力学》等具有重要的学术影响和实践价值。例如，施恩的协调组织与个人目标、实现一系列匹配的理论模型，成为人力资源管理学科的基础理论。他提出的"职业发展"观，是实现时代管理的组织发展的重要基础。

施恩的职业生涯系留点（职业锚）理论，是职业生涯发展理论中一个很重要的内容。它反映了人们在有了相当丰富的工作经历以后，真正乐于从事某种职业；反映了一个人进入成年期的潜力需求和动机，并把它作为自己终身职业归宿的思想原因。在长期的职业实践后，人们对个人的"需要与动机"、"才能"、"价值观"各方面有了真正的认识，即寻找到了职业方面的"自我"与适合自我的职业，这就形成了人们终身可以认定的最不肯割舍的东西，即"职业生涯系留点"或称为"职业锚"。也就是说，某种因素把一个人"系"在了某一职业上，就此"抛锚"安身。

职业锚是在个人工作过程中依循着个人的需要、动机和价值观经过不断搜索，所确定的长期职业贡献区或职业定位。简单来说，职业锚就是当一个人不得不做出选择的时候，无论如何都不会放弃的职业中的那些至关重要的东西或价值观。

（五）人职匹配理论

人职匹配理论即关于人的个性特征与职业性质相一致的理论。其基本思想是，个体差异是普遍存在的,每一个体都有自己的个性特征,而每一种职业由于其工作性质、环境、条件、方式的不同,对工作者的能力、知识、技能、性格、气质、心理素质等有不同的要求。进行职业决策(如选拔、安置、职业指导等)时,就要根据一个人的个性特征来选择与之相适应的职业种类,即进行人职匹配。如果匹配得好,则个人的特征与职业环境协调一致,工作效率和职业成功的可能性就大为提高;反之则工作效率和职业成功的可能性就很低。因此,对于组织和个体而言,进行恰当的人职匹配具有非常重要的意义。而进行人职匹配的前提之一是必须对人的个体的特性有充分的了解和掌握,而人才测评是了解个体特征的最有效方法。所以人职匹配理论是现代人才测评的理论基础。其中最有影响的是"特性—因素论"和"人格类型论"。

1. 特性—因素论

特性—因素论(Trait—Factor Theory)的渊源可追溯到 18 世纪的心理学的研究,直接建立在帕森斯(F. Parsons)关于职业指导三要素思想之上,由美国职业心理学家威廉斯(E. G. Willianson)发展而形成。特性—因素论认为个别差异现象普遍地存在于个人心理与行为中,每个人都具有自己独特的能力模式和人格特质,而某种能力模式及人格模式又与某些特定职业存在着相互关系。每种人格模式的个人都有其相适应的职业,人人都有选择职业的机会,人的特性又是可以客观测量的。

2. 人格类型论

美国职业心理学家霍兰德(Holland)创立的人格类型论对人才测评的发展产生了重要的影响。在人格和职业的关系方面,霍兰德提出了一系列假设:①在现实的文化中,可以将人的人格分为实际型、研究型、艺术型、社会型、企业型与传统型六种类型,每一特定类型人格的人,便会对相应职业类型中的工作或学习感兴趣;②环境也可区分为上述六种类型;③人们寻求能充分施展其能力与价值观的职业环境;④个人的行为取决于个体的人格和所处的环境特征之间的相互作用。在上述理论假设的基础上,霍兰德提出了人格类型与职业类型模式。不同类型人格的人需要不同的生活和工作环境,例如"实际型"的人需要实际型的环境和职业,因为这种环境和职业才能给予其所需要的机会与奖励,这种情况即称为"和谐"(Congruence)。类型与环境不和谐,则该环境和职业无法提供个人的能力与兴趣所需的机会与奖励。

第二节 饭店员工职业生涯设计与管理

成功的职业生涯设计的关键,是个性与职业相适应。职业生涯设计可以由专业人士协助完成,也可以自己进行。饭店员工职业生涯设计是指饭店在员工个人职业生涯规划的基础上,依据组织发展目标和任务要求,基于本饭店的职业需求战略,制定员工个人职业发展规划,提供职业发展机会,以实现饭店目标与员工职业目标共同发展的过程。

一、饭店员工职业生涯设计的步骤

(一)分析员工的需求与定位

此阶段的任务主要是开展员工的自我评估。员工也许会问：这一步怎么做呢？不妨试试以下方法。开动脑筋，写下来未来五年你认为自己应做的10件事情，要确切，但不要有限制和顾虑那些自己做不到的事情，给自己充分思考空间。饭店管理者可以帮助每位员工更好地了解自我、分析自我，明确个人的职业兴趣、价值观、资质、技能和行为倾向等。结合员工所处的相关工作环境和岗位进行深层次的综合分析，帮助员工了解自己的需求和明确职业发展定位，设计相应的职业发展方向和目标。

(二)职业环境与职业发展机会评估

职业环境与职业发展机会评估是指员工从饭店组织获得信息，了解职业环境和职业发展机会的多少，主要是分析组织内外环境因素对个体职业生涯发展的影响。

1. 社会环境分析

(1)社会各行业对饭店专业人才的需求状况。随着社会经济的发展，对饭店各种人才的需求也在不断发生变化。例如，随着计算机信息技术的发展和在饭店经营管理中的普及应用，饭店管理者的计算机应用能力变得越来越重要。对这方面信息的分析可以使员工认识到自己目前所具备的知识和技能是否为社会所需要以及需求程度如何，自己应该在哪些方面学习和提高才能适应社会的需要。

(2)社会中各种人才的供给状况。对人才资源供给状况的分析实际上是在分析人才竞争关系的状况。通过对这些信息的分析，可以使员工认识到那些与自己有竞争关系的人的状况，自己与他人相比较优势在哪里，不足在哪里，如何才能在竞争中取得优势。

(3)国家政策。对国家有关政策的分析，特别是有关产业政策的分析，可以使员工了解到一些新的择业机会，以便在进行职业生涯设计时利用这些机会。

(4)社会价值观的变化。不同时代有不同的社会价值观，人们在从事某种职业时也需要得到社会的认同。了解社会的价值观，有利于在职业生涯设计时做出与社会价值观相一致的职业选择。

2. 组织环境分析

(1)组织的特色。组织的特点包括组织文化、组织规模、组织结构和组织中的人员状况等。

(2)组织发展战略。组织发展战略主要包括组织未来发展的目标是什么，有什么阶段性的发展目标，目前组织所处的发展阶段是怎样的等。

(3)组织中的人力资源状况。人力资源状况包括组织目前的人员年龄、专业、学历结构是什么样的，组织中的人力资源发展政策是怎样的，组织会采取哪些员工发展的行动等。

通过对组织环境的分析，员工可以确定该组织是否是自己所偏好的职业环境，自己在组织中的发展空间和发展机会如何，从而决定是在该组织中寻求发展，还是脱离该组织到其他组织中寻求发展，哪些类型的组织是适合自己未来发展的组织。

(三)设置职业生涯目标

在此阶段,饭店需要帮助员工把饭店和个人需求结合起来,制定恰当的长短期职业目标。饭店应确保设立的目标是具体的、可实现的、富有挑战性的,并承诺协助员工实现职业目标。员工的职业目标应经过员工同上级主管协商讨论后,明确个人职业发展目标和相关的培训开发项目,并写进个人的职业发展计划表中,职业发展计划见表6-2。

表 6-2　　　　　　　　　　　　职业发展计划表

开发需求——目前的职位
为提高或维护令人满意的工作绩效而必备的专业知识和技能
开发需求——未来的职位
今后的职位所应具备的专业知识和技能:
理想的工作:
开发活动
经理和员工需要一起完成以下活动内容:
开发目标
描述已达到了开发需求的行为或结果:
结果:
日期:
员工签名:
经理签名:

(四)设计职业生涯路线与制订行动计划

职业生涯路线是对前后相继的工作经验的客观描述,而不是对个人职业生涯发展的主观感受。饭店组织可以按照已设计好的职业生涯路线来安排员工的工作变动,从而训练与发展其担任各级职务和从事不同职业的广泛能力。需要注意的是,在职业生涯路线的设计上必须包括一个个的职业梯阶,个人由低至高拾级而上。同时,上级主管应指导员工制订相应的行动计划,包括目标、达到目标的步骤及时间表。饭店应提供员工在实现职业目标过程中所需要的资源。行动计划可具体包括多种方法或方法组合,但这些都必须服从于职业发展的需求和目标。职业生涯发展的行动计划应由员工与其主管在有关部门和专家的指导下共同制订。

(五)职业生涯发展的评估与反馈

在行动的过程中,需要通过不断的评估与反馈来检验与评价职业生涯行动的效果。在职业发展的过程中,往往需要不断地对职业发展计划进行调整。这种调整可能是调整具体的行动计划,也可能是对职业发展路线进行调整,甚至可能是对职业目标的调整。职业生涯发展的评估与反馈主要包括两个部分:一是对实施职业发展策略与行动计划后个人职业发展状况的评估,及时修正规划的目标、策略、行动、方法等不切实际的部分,协调个人职业目标与现实的工作目标、生活目标与组织目标的关系,从而完善职业生涯规划,提高职业发展与开发活动的有效性。

二、饭店员工职业生涯设计的意义

第一,职业生涯设计是满足人生需求的重要手段。现代人大部分时间是在社会组织中度过的。我们的大部分人生需求都要通过职业生涯来满足。作为个人生命中投入时间和精力最多的人生组成部分,职业生涯使员工可以体验到爱与被爱的幸福、受人尊敬、享受美和成就感的快乐。相对而言,人的素质越高,精神需求就越高级,对职业生涯的期望也就越大。

第二,职业生涯设计是促进饭店员工全面发展的重要手段。现代人追求全面发展,随着生活水平的提高,人们的自我意识逐步增强。饭店员工在渴望拥有健康、丰富的知识、能力、良好的人际关系的同时,也渴望在事业上有所建树和拥有幸福和谐的家庭生活以及丰富多彩的休闲时光。员工追求成功的职业生涯,最终是要获得个人的全面发展。

第三,职业生涯设计有利于制订更为科学、合理的培训开发计划。当作为新员工进入企业时,每一个人都会有自己的发展愿景和计划,即对哪些工作有兴趣,希望两年后做什么,五年后做什么,成为什么样的人,向哪个专业发展等。但是,并不是所有的人都具备了与组织的人力资源动态需求相吻合的知识和能力,只有通过职业生涯设计,才有可能帮助员工认识和发现其职业发展道路的每一个阶段所必须接受的训练与开发。

第四,职业生涯设计有利于人尽其才,避免人力资源的浪费。饭店员工个人制定的职业发展目标和职业生涯规划能否实现,除了要有个人主观努力以外,还需要组织创造外部条件。因此,饭店组织应该了解每一位员工的气质、性格、能力、兴趣、价值观和理想等,特别要了解员工的职业发展规划和设想,从而为他们创造实现职业目标的环境和条件。

资料链接

帮员工谋划职业生涯

2005年毕业到某酒店工作的小夏赶上了好时候。这一年,该酒店推出一项全新的系统工程——面向每位员工的职业生涯规划。从那时到现在,短短2年时间,小夏已愉快地在酒店内部"跳槽"3次。

学财会的他先是专业对口地分到大连分酒店做财务工作。半年后,小夏提出去家乡的武汉分酒店,一边做财务,一边做武汉市场营销调查,这个想法很快被批准。半年后年终总结,大家公认小夏素质比较全面,业绩优良,但欠缺沟通技巧。为了弥补缺憾,小夏提出去前台学管理,结果又被批准了。

在该酒店,人们对职业生涯发展有"4个阶段"的共识——起步期、成长期、成熟期和衰老期。在承认自然规律的前提下,职业生涯规划的最高目标是:缩短起步期,使人才快速成长;延长成熟期,防止过早衰老。

该酒店将起步期的规划视为核心。起步期年轻人最大的困惑是不容易找准自己的位置,在彷徨和徘徊中白费时间,对个人、企业都是极大的浪费。

打破酒店内部人才流动壁垒的"内部跳槽"制度为"职业生涯规划"破了题。酒店规定:起步期的年轻员工,通过一段时间直接感受后,对现有工作环境不满意,感觉到现有岗位不能充分发挥其个人才能,可以不经过主管领导直接向酒店分管人事工作的最高权力机构——人事部提出相关要求,人事部负责在1个月内给予满意的答复。

为了引导青年用好这一全新的政策,在为期3个月的入店教育中,酒店首先安排5~7天的职业生涯规划,请专家讲人生规划的重要性和规划要点,包括职业生涯道路选择、个人成才与组织发展的关系、系统学习与终身学习的必要性及如何根据自己的特长和兴趣规划自己的人生等,使员工一进酒店就产生强烈的意识:把准方向、找准位置,尽快知道"我该在哪里""我该怎样往前走"。

(资料来源:张玉改.酒店人力资源管理.北京:中国林业出版社,2010)

三、饭店员工职业生涯管理的实施

(一)职业生涯管理的概念

职业生涯管理是指饭店管理部门根据组织发展和人力资源规划的需要,在组织中制定与员工职业生涯整体规划相适应的职业发展规划,为员工提供适当的教育、培训、轮岗和提升等发展机会,简言之,就是饭店帮助员工实现职业生涯目标的过程。

职业生涯管理是现代企业人力资源管理的重要内容之一。职业生涯管理应看作是竭力满足管理者、员工、企业三者需要的一个动态过程。在现代企业中,个人最终要对自己的职业发展计划负责,这就需要每个人不仅要清楚地了解自己所掌握的知识、技能、能力、兴趣、价值观等,而且还必须对职业选择有较深了解,以便制定目标、完善职业计划;管理者则必须鼓励员工对自己的职业生涯负责,在进行个人工作反馈时提供帮助,并提供员工感兴趣的有关组织工作、职业发展机会等信息;企业则必须提供自身的发展目标、政策、计划等,还必须帮助员工做好自我评价、培训、发展等。当个人目标与组织目标有机结合起来时,职业生涯管理就会意义重大。因此,职业生涯管理就是从企业出发的职业生涯规划和职业生涯发展。

职业生涯管理的实质就是把员工职业生涯规划的制定、实施、调控纳入组织的人力资源规划体系中。一般来说,完整的职业生涯管理应该体现两方面的要求:一是组织发展的要求;二是员工个人职业发展的要求。

(二)职业生涯管理的分类

职业生涯管理主要包括两种:一是组织职业生涯管理(Organizational Career Management),是指由组织实施的、旨在开发员工的潜力、留住员工、使员工能自我实现的一系列管理方法;二是自我职业生涯管理(Individual Career Management),是指社会行动者在职业生命周期(从进入劳动力市场到退出劳动力市场)的全程中,由职业发展计划、职业策略、职业进入、职业变动和职业位置的一系列变量所构成的。

(三)职业生涯管理的特征

第一,职业生涯管理是组织为其员工设计的职业发展、援助计划,有别于员工个人制订的职业计划。职业计划是以个人价值的实现和增值为目的,个人价值的实现和增值并不局限于特定组织内部。职业生涯管理则是从组织角度出发,将员工视为可开发增值而非固定不变的资本。通过员工职业目标的努力,谋求组织的持续发展。职业生涯管理带有一定的引导性和功利性。它帮助员工完成自我定位,克服完成工作目标中遇到的困难挫折,鼓励员工将职业目标同组织发展目标紧密相连,尽可能多地给予他们机会。由于职业生涯管理是由组织发起的,通常由人力资源部门负责,所以具有较强的专业性和系统性。与之相比，职业计划没有那么正规和系统，或者可以说，只有在科学的职业生涯管理之下，才可能形成规范的系统的职业计划。

第二，职业生涯管理必须满足个人和组织的双重需要。与组织内部一般的奖惩制度不同，职业生涯管理着眼于帮助员工实现职业计划，即力求满足职工的职业发展需要。因此，要实行有效的职业生涯管理，必须了解员工在实现职业目标过程中会在哪些方面碰到问题，如何解决这些问题，员工的漫长职业生涯是否可以分为有明显特征的若干阶段，每个阶段的典型矛盾和困难是什么，如何加以解决和克服。组织在掌握这些知识之后，才可能制定相应的政策和措施帮助员工找到内部增值的需要。一方面全体员工的职业技能的提高带动组织整体人力资源水平的提升；另一方面职业生涯管理中心的有意引导可使同组织目标方向一致的员工个人脱颖而出，为培养组织高层经营、管理或技术人员提供人才储备。提高人员整体竞争和储备人才是组织的需要。对职业生涯管理的精力、财力投入和政策注入可以看成是组织为达到上述目的而进行的较长期投资。组织需要是职业生涯管理的动力源泉，无法满足组织需要将导致职业生涯管理失去动力源而中止和职业生涯管理活动的失败。

第三，职业生涯管理形式多样，涉及面广。凡是组织对员工职业活动的帮助，均可列入职业生涯管理之中。其中既包括针对员工个人的，如各类培训、咨询、讲座以及为员工自发的扩充技能，提高学历的学习给予便利等；同时也包括对组织的诸多人事政策和措施，如规范职业评议制度，建立和执行有效的内部升迁制度等。职业生涯管理自招聘新员工进入组织开始，直至员工流向其他组织或退休的全过程中一直存在。职业生涯管理同时涉及职业活动的各个方面。因此，建立一套系统的有效的职业生涯管理是相当有难度的。

（四）职业生涯管理的内容

1. 职业路径

职业路径是指组织为内部员工设计的自我认知、成长和晋升的管理方案。职业路径在帮助员工了解自我的同时使组织掌握员工职业需要，以便排除障碍，帮助员工满足职业需要。另外，职业路径通过帮助员工胜任工作，确立组织内晋升的不同条件和程序对员工职业发展施加影响，使员工的职业目标和计划有利于满足组织的需要。职业路径设计指明了组织内员工可能的发展方向及发展机会，组织内每一个员工可能沿着本组织的发展路径变换工作岗位。良好的职业路径设计一方面有利于组织吸收并留住最优秀的员工，另一方面能激发员工的工作兴趣，挖掘员工的工作潜能。因此，职业路径的设计对组织来说十分重要。职业路径设计方式有传统职业路径、行为职业路径、横向职业路径及双重职业路径四种。

（1）所谓传统职业路径是一种基于过去组织内员工的实际发展道路而制定出的一种发展模式。

（2）行为职业路径是一种建立在对各个工作岗位上的行为需求分析基础上的职业发展路径设计。

（3）组织也常采取横向调动来使工作具有多样性，使员工焕发出新的活力，迎接新的挑

战。虽然没有加薪或晋升,但员工可以增加自己对组织的价值,也使他们自己获得了新生。

(4)双重职业路径主要是用来解决某一领域中具有专业技能,既不期望在自己的业务领域内长期从事专业工作,也不希望随着职业的发展而离开自己的专业领域。

2. 职业选择

(1)实际性向,具有这种性向的人会被吸引去从事那些包含着体力活动并且需要一定的技巧、力量和协调才能承担的职业。例如,森林工人、耕作工人及农场主等。

(2)调研性向,具有这种性向的人会被吸引去从事那些包含着较多认识活动(思考、组织、理解等)的职业,但不是那些主要以感知活动(感觉、反应或人际沟通以及情感等)为主要内容的职业。例如,生物学家、化学家以及大学教授等。

(3)社会性向,具有这种性向的人会被吸引去从事那些包含大量人际交往内容的职业,而不是那些包含着大量智力活动或体力活动的职业。例如,诊所的心理医生、外交工作者及社会工作者等。

(4)常规性向,具有这种性向的人会被吸引去从事那些包含大量结构性的且规律较为固定的活动的职业,在这些职业中,雇员个人的需要往往要服从于组织的需要。例如,会计、银行职员等。

(5)企业性向,具有这种性向的人会被吸引去从事那些包含大量以影响他人为目的语言活动的职业。例如,管理人员、律师及公共关系管理者等。

(6)艺术性向,具有这种性向的人会被吸引去从事那些包含大量的自我表现、艺术创造、情感表达以及个性化活动的职业。例如,艺术家、广告制作者及音乐家等。

3. 工作—家庭联系

组织中的员工除了过职业生活外同时还在经历家庭生活。家庭对员工本身有重大意义,也会给职业生活带来许多影响。工作—家庭平衡计划是组织帮助员工认识和正确看待家庭同工作的关系,调和职业和家庭的矛盾,缓和由于工作—家庭关系失衡而给员工造成的压力的计划。

工作—家庭计划的目的在于帮助员工找到工作和家庭需要中的平衡点。要达到这一目的,组织必须了解家庭计划的目的,而且还必须了解家庭各阶段的需求、工作境况对家庭生活的影响,然后给予员工适当的帮助。

对家庭需要的了解可以参考家庭发展周期理论。一般来说,单身成年人的主要问题是寻找配偶和决定是否结婚组建家庭。婚后初期,适应两人生活、决定是否生育、做出家庭形式和财务要求的长期承诺成为当务之急。子女出生后,体验为人父母的经验,担负起抚养和教育子女的责任成为首要任务,而且还要开始为自己的父母提供衣食和财务上的照顾。这些需要形成的压力有的会影响员工的工作情绪和精力分配,有的则形成强烈的职业方面的需要和工作动机,最终影响员工对工作的参与程度。

4. 职业咨询

职业咨询是指帮助被解雇的员工找到合适的工作,或是重新选择职业,同时向他们提供一部分资助以帮助他们渡过职业转换期。

(五) 职业生涯管理有效性标准

托马斯·G·格特里奇（Thomas. G. Gutteridge, 1986）对职业生涯管理有效性标准进行了探讨，提出了四个标准：

1. 达到个人或组织目标

个人目标包括：①高度的自我决定；②高度的自我意识；③获得必要的组织职业信息；④加强个人成长和发展；⑤改善目标设置能力。组织目标包括：①改善管理者与员工的交流；②改善个人与组织的职业匹配，提升组织形象；③确定管理人才库。

2. 考察项目所完成的活动

考察项目所完成的活动包括：①员工使用职业工具（参与职业讨论会，参加培训课程）；②进行职业讨论；③员工实施职业计划；④组织采取职业行动（提升，跨部门流动）；⑤组织确定继承人。

3. 绩效指数变化

绩效指数变化包括：①离职率降低；②旷工率降低；③员工士气改善；④员工绩效评价改善；⑤添补空缺的时间缩短；⑥增加内部提升。

4. 因态度或知觉而产生的心理变化

因态度或知觉而产生的心理变化包括：①职业工具和实践评价（参加者对职业讨论会的反映，管理者对工作报告系统的评价）；②职业系统可觉察到的益处；③员工表达的职业感受（对职业调查的态度）；④员工职业规划技能的评价；⑤组织职业信息的充足性。

事实上，在评价职业生涯管理有效性时，并没有考察所有涉及有效性的方面，而且组织也不必将所有的职业生涯管理方面均在组织中实施。但是这种系统的思考给未来实施评价提供了基础。

本章小结

职业生涯是指一个人终生职业经历的整个过程。职业经历是可以间断的，也可以是连续的，它包含一个人所有的工作、任务、职业、职位等的外在变更和对工作态度、工作价值、工作需要和情感体验等的内在变化。职业生涯规划是指组织或者个人把个人发展与组织发展相结合，对决定个人职业生涯的个人因素、组织因素和社会因素等进行分析，制定个人一生中在事业发展上的战略设想与计划。职业选择是指人们从对职业的评价、意向、态度出发，依照自己的职业期望、兴趣、爱好、能力等，从社会现有的职业中选择其一的过程。饭店员工职业生涯设计是指饭店在员工个人职业生涯规划的基础上，依据组织发展目标和任务要求，基于本饭店的职业需求战略，制定员工个人职业发展规划，提供职业发展机会，以实现饭店目标与员工职业目标共同发展的过程。

综合案例

不合群的老张的成功之道

曾听过一个笑话,老张的老婆问他为什么没去找老王下棋,老张反问老婆:"你愿意跟一个又固执、又挑剔、又喜欢辩论的人下棋吗?""不喜欢。""那么,老王也不喜欢。"

"群众的眼睛是雪亮的"是老张的口头禅。可是老张说自己倒霉就倒霉在这双雪亮的眼睛上了。老张是那种原则性极强、眼里容不下一粒沙子的人,又喜欢"较真儿",根本不管对方是什么来头,错了就是错了。因此在酒店里不讨人喜欢,但若论专业能力和资历,老张不比别人差,可就是混了快五年了,还是个普通员工。

为了成功,老张可谓"不择手段"。他买了很多书,这些书讲述怎么样跟人打交道,怎么样成为别人喜欢的人,怎样得到提拔。但是,也许这些方法并不适合他。

老张也曾经学着别人的样子给上司送礼,也学别人对领导说几句拍马屁的恭维话。但自己都感觉很造作,事后感觉实在丢人,偶尔想起来的时候,脸都会发烧。

他一直很苦恼,几次竭尽全力,力图改变自己的性格,但效果甚微。真是"江山易改,本性难移"。

老张常常心想:这辈子就这么完了吗?!

老张是个不容易挫败而自信、不会轻言放弃的人。他一定要弄清楚问题到底出在哪里。其实老张有一个难得的优点,他很愿意听别人的意见,尤其是有深度、一针见血的意见。因此他很想听听职业顾问的专业意见。所以有一天,老张来到酒店心理咨询中心,开门见山地问职业顾问:"我能成功吗?"

职业顾问说:每一种性格特点既是优点、又是缺点,每种性格的人都能成功,只是不同性格的人成功的道路不一样。适合李嘉诚做的生意不一定适合别人做,同样,别人做生意会成功,你做可能就会失败。

在职业顾问的建议下,老张终于找到了发挥自己特长的工作,在酒店的质检部做经理。老张的一丝不苟和责任心深得老板的器重。如今老张也成为酒店里的红人,而且还拿着"尚方宝剑",有先斩后奏的权力。

实训练习题

在所授课的某旅游与酒店管理专业的班级中,请每个学生根据所学知识及自身的实际情况,进行一次自我的5~10年的职业生涯目标规划,然后,同学之间进行交流,以达到综合提高的目的。

复习思考题

1. 什么是职业生涯？职业生涯规划的影响因素有哪些？
2. 简述人格类型理论的基本观点。
3. 简述并评价金兹伯格与萨帕的职业生涯理论。
4. 结合实际谈谈在我国饭店企业中应当怎样开展职业生涯管理工作。
5. 结合所学的理论知识，为自己设计一条职业发展路径。

第七章

饭店员工激励

学习目标

- ◆ 能在实践中有效地应用激励理论
- ◆ 能根据员工类型有效地应用激励手段

知识目标

- ◆ 理解激励的内涵和相关的激励理论
- ◆ 掌握各种激励理论在饭店管理中的运用
- ◆ 理解激励的概念与过程

饭店 人力资源管理

> **课程导入**

海景花园塑造高效团队

有人说:"海景(海景花园大饭店,简称海县)是一块生长人才的文化沃土"。许多单位在招聘员工时,只要在海景工作3个月以上的,可以免试录用。人们把这种现象称之为"海景效应"。

培养什么样的人需要设计。海景要求员工第一是会做人,第二是会做事,并按照"品德高尚、意识超前、作风顽强、业务过硬"品格模式塑造人、锤炼人。每一个管理人既要接受塑造和锤炼,又有责任塑造和锤炼好自己的下属。

海景对员工实行学校式素质化培训,员工的企业文化学习和技能培训都是高强度的,几年来一直坚持不懈,不打折扣。近两年,海景以其成功的魅力吸引了一大批大学生加盟。海景的领导对他们倾注了大量心血,用高强度的企业文化学习和严格的实践锻炼,使他们中的绝大多数成为能独当一面的管理骨干。

海景的老总常对员工说,我们不要求你们在海景干一辈子,但我希望你们人人成为人才并能为社会培养有用之才,这是我们企业的荣耀。

1997年,一个部门经理离开海景到另一家饭店,并且得到了"升迁",一年多以后,他又回到海景。几年来,有好几名高级管理人员走了又要求回来,海景以博大的胸怀接纳了他们,并予以重用。

他们为什么要"燕子归巢"? 有人说出了其中的秘密:海景是一个团队,一个有凝聚力的集体,环境氛围好。你个人本事再大,离开了团队,做事也很难。

海景非常重视团队塑造,每一个员工对海景都是至关重要的。饭店为员工施展才华搭建舞台,并花费心血把他们培养成出色具有团队精神的"演员",共同唱好一台戏。

海景认为,一个群体不能没有尊重、沟通和协作。海景有一个多层次沟通网络。总经理与部门经理、总经理与员工、部门经理与下属、班组长与员工、职能部门之间都有定期沟通会制度,以增进了解,达成更多的共识。与众不同的是,他们特别擅长"理念沟通",不是就事论事,而是从价值观、理念和行为准则上追寻共同语言。可以说,海景人统一于也凝结于共同的价值准则。

(资料来源:赵志惠,青岛日报,2001年08月24日第二版)

案例评析:饭店最重要的是人才,人才最重要的是品质。海景正是抓住了这一点,从企业文化和业务技能两个方面强化培训,造就了一批批素质过硬的"海景人""团队协作""顾客至上"等理念在青岛海景花园大饭店里被体现得淋漓尽致。海景花园大饭店正是利用"价值观"这一无形的手把大家的行动统一在了一起,实现了人力资源管理的优化。

第一节 激励理论

一、激励概述

在管理活动中,激励是一项重要的职能,只有激励到位,管理活动才会取得更高的效率。

(一)激励的概念

激励(Motivation),一般是指有机体在追求某些目标时的主观愿意程度(Degree of Readiness),含有激发动机、鼓励行为、形成动力的意义。心理学和行为科学研究表明,人类一切有目的的行为都具有一定的动机性,而人的动机是由他所体验到的某种未满足的需要所引起的,因为未获得满足的需要会引起个人的内心紧张,从而会导致采取某种行为来满足需要以解除或减轻其紧张程度。

激励对于不同的人具有不同的含义,对一些人来说,激励是一种动力,对另一些人来说,激励则是一种心理上的支持,或者为自己树立起榜样。激励是一种抽象的东西,当我们试图解释它的含义及应用时总会有些困难。通过观察所导致的行为,人们已经提出了许多关于激励的假说,在这些假说和研究成果的基础上,形成了一些对激励的定义。

弗鲁姆(Vroom)把激励定义为:对于个人及低层组织就其自愿行为所做的选择进行控制的过程。激励是诱导人们按照预期的行动方案进行行动的行为。这些活动可能对被激励者有利,也可能对激励者者利。

佐德克(Zedeck)和布拉德(Blood)认为,激励是朝某一特定目标行动的倾向。

爱金森(Atchinson)认为,激励是对方向、活动和行为持久性的直接影响。

盖勒曼(Gellerman)认为,激励引导人们朝着某些目标行动,并花费一些精力去实现这些目标。

沙托(Shartle)认为,激励是被人们所感知的从而导致人们朝着某个特定方向或者为完成某个目标而采取行动的驱动力和紧张状态。

多数定义似乎都强调了同样的内容,一种驱动力或者诱发力。基于此,我们对激励进行如下定义:

激励是指发现和引导员工内心的需要,通过各种有效的内外部措施,最大限度地激发员工的工作积极性、主动性和创造性,从而有效地实现组织目标和满足个人需要的过程。

作为饭店各级管理人员,在管理过程中首先要学会探索和发现员工的各种需要,激发其良好的工作动机,使员工产生一种自动力,将"要我做"转化为积极的"我要做"。

(二)激励过程

激励和动机紧密相连,所谓动机就是个人通过高水平的努力而实现组织目标的愿望,而这种努力又能满足个人的某些需要。这里有三个关键要素:努力的强度和质量、组织目标、需要。动机是个人与环境相互作用的结果,动机是随环境条件的变化而变化的,动机水平不仅因人而异,而且因时而异、因事而异,动机可以看作是需要获得满足的过程。

心理学研究表明,人的动机是由他所体验到的某种未满足的需要和为达到的目标所引起的。这种需要或目标可以是生理或物质上的,也可以是心理和精神上的。在现实情境中,人的需要往往不止一种,而是会同时存在多种需要。这些需要的强弱也随时会发生变化。在任何时候,一个人的行为动机总是由其全部需要中最重要、最强烈的需要所支配、决定的,这种最重要、最强烈的需要就叫优势需要或主导需要。人的一切行为都是由其当时的优势需要引发并朝着满足这种优势需要的目标努力的。这种努力的结果又作为新的刺激反馈回来调整人的需要结构,指导人的下一个新的行为,这就是所谓的激励过程,也称动机-行为过程。

激励的过程主要有四个部分,即需要、动机、行为、绩效。首先是需要的产生,在个人内心引起不平衡状态,产生了行为的动机。通过激励,使个人按照组织目标去寻求和选择满足这些需要的行为,最后达到提高绩效的目的。其基本模式如图 7-1 所示。

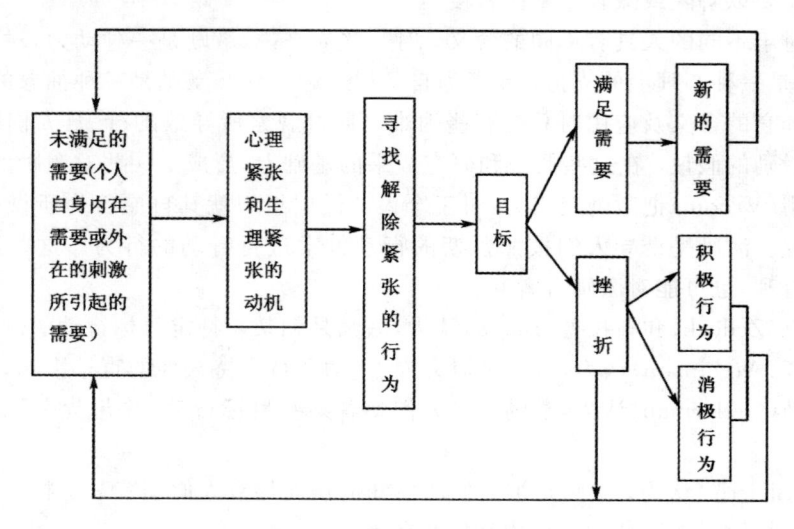

图 7-1　激励过程的基本模式图

二、激励理论

组织的管理者要想有效地激励员工,必须较全面地了解各种激励理论。激励理论主要包括内容型激励理论、过程型激励理论、行为改造型激励理论等。这些理论从不同的角度研究了人的行为动因,是各种激励方法的理论基础。

(一)内容型激励理论

1. 需要层次理论

这一理论是由美国社会心理学家亚伯拉罕·马斯洛(Abraham Maslow)提出来的,因而也称为马斯洛的需要层次理论(Hierarchy of Needs Theory)。

马斯洛的需要层次理论有两个基本出发点:第一,只有尚未满足的需要才能够影响人的行为,即已得到满足的需要不能起到激励作用;第二,人的需要有轻重层次之分,只有排在前面的那些属于低级的需要得到满足,才能产生更高一级的需要。在这两个论点的基础上,马斯洛认为,在特定的时刻,人的一切需要如果都未能得到满足,那么满足最主要的需要就比满足其他需要更迫切,只有前面的需要得到充分的满足后,后面的需要才显示出其激励作用。

为此,马斯洛认为每个人都有五个层次的需要:生理的需要、安全的需要、社交的需要、尊重的需要、自我实现的需要。

(1)生理的需要是任何动物都有的需要,只是不同的动物这种需要的表现形式不同而已。对人类来说,这是最基本的需要,如衣、食、住、行等。

(2)安全的需要是保护自己免受身体和情感伤害的需要。它又可以分为两类:一类是现在的安全的需要,另一类是对未来的安全的需要。即一方面要求自己现在的社会生活的各个方面均能有所保证,另一方面希望未来生活能有所保障。

(3)社交的需要包括友谊、爱情、归属及接纳方面的需要。这主要产生于人的社会性。马斯洛认为,人是一种社会动物,人们的生活和工作都不是孤立地进行,这已由20世纪30年代的行为科学研究所证明。这说明,人们希望在一种被接受或属于的情况下工作,属于某一群体,而不希望在社会中成为离群的孤岛。

(4)尊重的需要分为内部尊重和外部尊重。内部尊重因素包括自尊、自主和成就感;外部尊重因素包括地位、认可和受人尊重。

(5)自我实现的需要包括成长与发展、发挥自身潜能、实现理想的需要。这是一种追求个人能力极限的内趋力。这种需要一般表现在两个方面:一是胜任感方面,有这种需要的人力图控制事物或环境,而不是等事物被动地发生与发展;二是成就感方面,对有这种需要的人来说,工作的乐趣在于成果和成功,他们需要知道自己工作的结果,成功后的喜悦要远比其他任何薪酬都重要。

马斯洛还将这五种需要划分为高低两级。生理的需要和安全的需要称为较低级需要,而社会的需要、尊重的需要与自我实现的需要称为较高级的需要。高级需要是从内部使人得到满足,低级需要则主要是从外部使人得到满足。马斯洛的需要层次论可以自然地得到这样的结论:在物质丰富的条件下,几乎所有员工的低级需要都得到了满足。

马斯洛的理论特别得到了实践中的管理者的普遍认可,这主要归功于该理论简单明了、易于理解、具有内在的逻辑性。但是,正是由于这种简捷性,出现了另外一些问题,如这样的分类方法是否科学等。其中,一个突出的问题就是这种需要层次是绝对的高低还是相对的高低?马斯洛理论在逻辑上对此没有回答。

2. 双因素理论(保健—激励理论)

双因素激励理论,也叫"保健—激励理论"(Motivation—Hygiene Theory),是美国心理学家弗雷德里克·赫兹伯格(Frederick Herzberg)于20世纪50年代后期提出的。他在匹兹堡地区的11个工商业机构中,向近2000名白领工作者进行了调查。通过对调查结果的综合分析,赫兹伯格发现,引起人们不满意的因素往往是一些工作的外在因素,大多同他们的工作条件和环境有关,能给人们带来满意的因素,通常都是工作内在的,是由工作本身所决定的。

由此,赫兹伯格提出,影响人们行为的因素主要有两类:保健因素和激励因素。

(1)保健因素是那些与人们的不满情绪有关的因素,如公司的政策、管理和监督、人际关系、工作条件等。这类因素并不能对员工起激励的作用,只能起到保持人的积极性、维持工作现状的作用,所以保健因素又称为"维持因素"。

(2)激励因素是指那些与人们的满意情绪有关的因素。与激励因素有关的工作处理得好,能够使人们产生满意情绪,如果处理不当,其不利效果顶多只是没有满意情绪,而不会导致不满。他认为,激励因素主要包括:工作表现机会、工作带来的愉快、工作上的成就感、由于良好的工作成绩而得到的奖励、对未来发展的期望以及职务上的责任感。

赫兹伯格双因素激励理论的重要意义在于,它把传统的"满意—不满意"(认为满意的对立面是不满意)的观点进行了拆解,认为传统的观点中存在双重的连续体:满意的对立面是没有满意,而不是不满意;同样,不满意的对立面是没有不满意,而不是满意。这种理论对企业管理的基本启示是:要调动和维持员工的积极性,首先要注意保健因素,以防止不满情绪的产生。但更重要的是要利用激励因素去激发员工的工作热情,努力工作,创造奋发向上的局面,因为只有激励因素才会增加员工的工作满意度。

不过,正如马斯洛的需要层次理论在讨论激励的内容时有固有的缺陷一样,赫兹伯格的双因素激励理论也有欠完善之处。如在研究方法、研究方法的可靠性以及满意度的评价标准这些方面,赫兹伯格这一理论都存在不足。另外,赫兹伯格讨论的是员工满意度与劳动生产率之间存在的一定关系,但他所用的研究方法只考察了满意度,而没有涉及劳动生产率。

3. 成就激励理论

大卫·麦克利兰(David McClelland)的成就激励理论认为,人的基本需要有三种:成就需要、权力需要和社交需要。

(1)成就需要是指达到标准,争取成功的需要。极需成就的人,对成功有一种强烈的需求,同样也担心失败,他们愿意接受挑战,一般喜欢表现自己。

(2)权力需要是指影响或控制他人且不受他人控制的欲望。具有较高权力欲望的人,对向他人施加影响或控制表现出极大的关心,这样的人一般追求领导者的地位。

(3)社交需要是指希望和他人建立亲近和睦的关系的愿望。有高交往需要的人喜欢合作性而非竞争性的环境,渴望有高度相互理解的关系。

麦克利兰研究表明,对于企业的管理人员来说,成就需要比较强烈。因此,这一理论常常用于管理人员的激励。

(二)过程型激励理论

过程型激励理论着重研究人们选择其所要进行的行为过程,以及行为是怎样产生的,是怎样向一定的方向发展的,如何使这个行为保持下去以及怎样结束行为的发展过程。其主要代表理论有期望理论、公平理论、波特和劳勒的激励模型,这里着重介绍前两种理论。

1. 期望理论

相比较而言,对激励问题进行比较全面研究的是激励过程的期望理论。这一理论主要由美国心理学家V.弗鲁姆(Victor Vroom)在20世纪60年代中期提出并形成的。期望理论认为,只有当人们预期到某一行为能给个人带来有吸引力的结果时,个人才会采取特定的行动。它对于组织通常出现的这样一种情况给予了解释,即面对同一种需要以及满足同一种需要的活动,为什么不同的组织成员会有不同的反应:有的人情绪高昂,而有的人却无动于衷。期望理论认为有效的激励取决于个人对完成工作任务以及接受预期奖赏的能力的期望。根据这一理论的研究,员工对待工作的态度依赖于对下列三种联系的判断:

(1)努力—绩效的联系。员工感觉到通过一定程度的努力而达到工作绩效的可能

性。如需要付出多大努力才能达到某一绩效水平？能否达到这一绩效水平？概率有多大？

（2）绩效—奖赏的联系。员工对于达到一定工作绩效后即可获得理想的奖赏结果的信任程度。如当我达到某一绩效水平后，会得到什么奖赏？

（3）奖赏—个人目标的联系。如果工作完成，员工所获得的潜在结果或奖赏对他的重要性程度。如这一奖赏能否满足个人的目标？吸引力有多大？

期望理论的基础是自我利益，他认为每一员工都在寻求获得最大的自我满足。期望理论的核心是双向期望，管理者期望员工的行为，员工期望管理者的奖赏。期望理论的假说是管理者知道什么对员工最有吸引力。期望理论的员工判断依据是员工个人的知觉，而与实际情况关系不大。不管实际情况如何，只要员工以自己的知觉确认自己经过努力工作就能达到所要求的绩效，达到绩效后就能得到具有吸引力的奖赏，他就会努力工作。

激励过程的期望理论对管理者的启示是，管理人员的责任是帮助员工满足需要，同时实现组织目标。管理者必须尽力发现员工在技能和能力方面与工作需求之间的对称性。为了提高激励，管理者可以明确员工个人的需要，界定组织提供的结果，并确保每个员工有能力和条件（时间和设备）得到这些结果。根据期望理论，应使工作的能力要求略高于执行者的实际能力，即执行者的实际能力略低于（既不太低、又不太高）工作的要求。

2. 公平理论

公平理论（Equity Theory）是美国心理学家亚当斯（J. S. Adams）在1965年首先提出来的，也称为社会比较理论。这种理论的基础在于，员工不是在真空中工作，他们总是在进行比较，比较的结果对于他们在工作中的努力程度有影响。大量事实表明，员工经常将自己的付出和所得与他人进行比较，而由此产生的不公平感将影响到他们以后付出的努力程度。这种理论主要讨论薪酬的公平性对人们工作积极性的影响。他指出，人们将通过横向和纵向两个方面的比较来判断其所获薪酬的公平性。

员工选择的与自己进行比较的参照类型有三种，分别是"其他人"、"制度"和"自我"。"其他人"包括在本组织中从事相似工作的其他人以及别的组织中与自己能力相当的同类人，包括朋友、同事或者自己的配偶等。"制度"是指组织中的工资政策与程序以及这种制度的运作。"自我"是指自己在工作中付出与所得的比率。

公平理论认为组织中员工不仅关心从自己的工作努力中所得的绝对薪酬，而且还关心自己的薪酬与他人薪酬之间的关系。他们对自己的付出与所得和别人的付出与所得之间的关系进行比较并做出判断。如果发现这种比率和其他人相比不平衡，就会感到紧张，这种心理是进一步驱使员工追求公平和平等的动机基础。

公平理论对企业管理的启示是非常重要的，它告诉管理人员，工作任务以及公司的管理制度都有可能产生某种关于公平性的影响作用，而这种作用对仅仅起维持组织稳定性的管理人员来说，是不容易察觉到的。员工对工资提出增加的要求，说明组织对他至少还有一定的吸引力，但当员工的离职率普遍上升时，说明企业组织已经使员工产生了强烈的不公平感，就需要引起管理人员高度重视，因为它意味着除了组织的激励措施不当以外,更重要的是企业的现行管理制度有缺陷。

公平理论的不足之处在于员工本身对公平的判断是极其主观的,这种行为对管理者施加了比较大的压力。因为人们总是倾向于过高估计自我的付出,而过低估计自己所得到的薪酬,对他人的估计则刚好相反。因此管理者在应用该理论时,应当注意实际工作绩效与薪酬之间的合理性,并注意对组织的知识吸收和知识积累有特别贡献的个别员工的心理状态。

(三) 其他激励理论

1. X 理论和 Y 理论

道格拉斯·麦格雷戈(Douglas McGregor)提出了有关人性的两种截然不同的观点:一种是基本上消极的 X 理论(Theory X);另一种是基本上积极的 Y 理论(Theory Y)。通过观察管理者处理员工关系的方式,麦格雷戈发现,管理者关于人性的观点是建立在一些假设基础之上的,而管理者又根据这些假设来塑造他们自己对下属的行为方式。

(1) X 理论以下面四种假设为基础:

①员工天生不喜欢工作,只要有可能,他们就会逃避工作。

②由于员工不喜欢工作,因此必须采取强制措施或惩罚办法,迫使他们实现组织目标。

③员工只要有可能就会逃避责任,安于现状。

④大多数员工喜欢安逸,没有雄心壮志。

(2) Y 理论则基于下面的四种假设:

①员工视工作如休息、娱乐一般自然。

②如果员工对某项工作做出承诺,便会进行自我指导和自我控制,以完成任务。

③一般来说,每个人不仅能够承担责任,而且会主动寻求承担责任。

④绝大多数人都具备做出正确决策的能力,而不仅仅是管理者才具备这一能力。

麦格雷戈的人性观点对于激励问题的分析具有什么意义呢? 这一问题在马斯洛需要层次的框架基础上进行解释效果最佳:X 理论假设较低层次的需要支配着个人的行为;Y 理论则假设较高层次的需要支配着个人的行为。麦格雷戈认为,Y 理论的假设相比 X 理论更实际更有效,因此他建议让员工参与决策,为员工提供富有挑战性和责任感的工作,建立良好的群体关系,这都会极大地调动员工的工作积极性。

遗憾的是,并无证据证实某一种假设更为有效,也无证据表明采用 Y 理论的假设并相应改变个体行为的做法可以更有效地调动员工的积极性。现实生活中,确实也有采用 X 理论而卓有成效的管理者案例。例如,丰田公司美国市场运营部副总裁鲍勃·麦格克雷(Bob Mccurry)就是 X 理论的追随者,他激励员工拼命工作,并实施"鞭策"式体制,这种做法在竞争激烈的市场中,使丰田产品的市场占有份额得到了大幅度的提高。

2. 强化理论

强化理论(Reinforcement Theory)的观点主张对激励进行针对性的刺激,只关注员工的行为及其结果之间的关系,而不突出激励的内容和过程。强化理论是由美国心理学家斯金纳(B. F. Skinner)首先提出的。该理论认为人的行为是其所受刺激的函数。如果这种刺激对他有利,则这种行为就会重复出现;若对他不利,则这种行为就会减弱直至消失。因此管理要采取各种强化方式,以使人们的行为符合组织的目标。根据强化的性质和目的,强化可以分为正强化、负强化和自然消减。

(1)所谓正强化,就是奖励那些符合组织目标的行为,以使这些行为得到进一步加强,从而有利于组织目标的实现。正强化的刺激物不仅包含奖金等物质奖励,还包含表扬、提升、改善工作关系等精神奖励。为了使强化达到预期的效果,还必须注意实施不同的正强化方式。一种是连续的固定的正强化,譬如对每一次符合组织目标的行为都给予强化,或每隔固定的时间给予一定数量的强化。尽管这种强化有及时刺激、立竿见影的效果,但久而久之,人们就会对这种正强化有越来越高的期望,或者认为这种正强化是理所应当的。管理者要不断加强这种正强化,否则其作用会减弱甚至不再起到刺激行为的作用。另一种是间断的、时间和数量都不固定的正强化,管理者根据组织的需要和个人行为在工作中的反映,不定期、不定量实施强化,使每次强化都能起到较大的效果。实践证明,后一种正强化更有利于组织目标的实现。

(2)所谓负强化,就是惩罚那些不符合组织目标的行为,以使这些行为削弱甚至消失,从而保证组织目标的实现不受干扰。实际上,不进行正强化也是一种负强化,譬如,过去对某种行为进行正强化,但现在组织不再需要这种行为,而基于这种行为并不妨碍组织目标的实现,这时就可以取消正强化,使行为减少或者不再重复出现。同样,负强化也包含着减少奖酬或罚款、批评、降级等。实施负强化的方式与正强化有所差异,应以连续负强化为主,即对每一次不符合组织的行为都应及时予以负强化,消除人们的侥幸心理,减少直至消除这种行为重复出现的可能性。

(3)对于所不希望发生的行为,除了直接惩罚外,还可以从"冷处理"或"无为而治"角度使这种行为自然消减。如开会时,管理者不希望下属提出无关或干扰性的问题,可以当他们举手要发言时,无视他们的表现,这样举手行为必然会因为得不到强化而自行消失。从某种意义上说,撤销原来的正强化也是一种冷处理。

总之,强调行为是其结果的函数,通过适当运用即时的奖惩手段,集中改变或修正员工的工作行为。强化理论的不足之处在于,它忽视了诸如目标、期望、需要等个体要素,而仅仅注重当人们采取某种行动时会带来什么样的后果,但强化并不是员工工作积极性存在差异的唯一解释。

3. 归因理论

归因理论是人力资源管理和社会心理学的激励理论之一,归因是指观察者为了预测和评价被观察者的行为,对环境加以控制和对行为加以激励或控制,而对被观察者的行为过程所进行的因果解释和推论。很多专家对此理论有所贡献，较有影响的归因理论有以下几种：

(1) 海德的恒常原则归因理论。F.海德认为，在寻求行为的原因时，或者把它归于环境或者个人。如果归于环境，行动者则对其行为不负什么责任；如果归于个人，行动者就要对其行为结果负责。

(2) 维纳的二维归因理论。B.维纳认为，人们可以把行为归因于许多因素，但无论什么因素大都可以纳入内因－外因、暂时－稳定这两个方面的四大类中，即暂时的内因、暂时的外因、稳定的内因和稳定的外因。

(3) 阿布拉姆森等的归因理论。L.Y.阿布拉姆森等人发展了维纳的理论。他们依据习得的无能为力的研究对失败的归因作了补充，提出了第三个方面，即普遍－特殊方面。

(4) 凯利的三维归因理论。H.H.凯利提出，可以使用三种不同的解释说明行为的原因：①归因于从事该行为的行动者；②归因于行动者的对手；③归因于行为产生的环境。这三个原因都是可能的，要找出真正的原因主要使用三种信息：一致性、一贯性和特异性。凯利强调了这三种信息的重要性，所以他的理论又称为三度理论。凯利又提出因果图式的概念。图式就是人们在生活经验中形成某种看法。人们常以图式解释特定的行为。

(5) 琼斯和戴维斯的对应推断理论。这个理论主张，当人们进行个人归因时，就要从行为及其结果推导出行为的意图和动机。一个人所拥有的信息越多，他对该行为所做出的推论的对应性就越高。一个行为越是异乎寻常，则观察者对其原因推论的对应性就越大。

(6) 卡内曼和特威斯基的归因理论。这种理论认为，人在归因时，并非总是按理性去进行因果分析，而要注意节约能量，走捷径达到结论。在日常生活中，人们往往利用两种启发法进行推理判断：一是代表性启发法；二是可得性启发法。前者指人们在进行推理判断时往往选择有代表性的事例。后者指易于进入头脑的信息往往被利用。

第二节　饭店主要激励制度与方法

一、激励理论在饭店中的应用

(一) 需要层次理论在饭店的应用

饭店产品的销售需要员工与顾客面对面完成，客人的满意是企业的生命线，它又依赖于员工的勤奋与热情。因此，必须充分了解和针对员工的需要，并采取相应的措施使员工的需要得到满足，以达到激励的目的（如表7-1所示）。

表 7-1　　　　　　　　　　饭店员工需要层次的应用

需要	表现形式	应用
生理需要	衣、食、住、行	工资、福利、工作环境
安全需要	免受伤害、生命、财产、工作和生活保障	安全教育和设施、用工合同、职业保障、各类保险
社交需要	交友、亲情、爱情、归属感	关心员工情感生活、企业文化
尊重需要	自尊和受人尊重、地位、名誉	相对工资、职位、自尊教育、尊重员工（必要时提醒顾客）
自我实现需要	有挑战性的工作、能表现和开发自身个性的环境、参与管理	人与工作的匹配、鼓励员工参与管理、提出合理化建议

1. 生理需要

满足员工生理需要，即关注员工衣、食、住、行等基本需要。工资和福利是满足这些需要的基本形式。工资可以使员工购买到他们需要的物品，而福利则对满足员工生理需要起到了进一步的保障作用。针对饭店工作连续性、高强度的特点，许多饭店采取的福利措施包括：一般设有清洁卫生的员工餐厅供员工免费用餐，提供倒班宿舍供员工休息，为员工购买公交月票等。满足员工基本生理需要，可以保证员工有精力完成工作。值得注意的是，满足员工基本生理需要也是随着社会的发展而发展的，如员工买房、买车、停车，在以前被认为是奢侈的需要，而目前正在逐步成为基本的生活需要。

2. 安全需要

饭店中涉及的安全因素主要有防火、防盗、劳动保护、工作和生活保障。防火、防盗是饭店企业对客服务工作的重要组成部分，许多饭店投入了先进的消防设施和监控系统，并配备了训练有素的保安队伍。从本行业企业所发生的一些事故来看，培训员工学会自防自救、配备相应的劳动保护设施是不容忽视的。

在激励员工方面，饭店企业可以从员工更深层次的人身安全和职业安全角度考虑，为员工提供医疗、工伤或意外伤害保险，满足员工人身安全。如果企业为员工办理医疗保险，在饭店内设有医务所（可以同时为客人和员工服务），做到"小病不出门，大病有保险"，这样的措施对员工就很有吸引力。针对员工的性别、年龄、家庭状况、负担的不同，企业还可以建立灵活的福利制度提供员工选择或以保险作为奖励激励员工。

员工保障制度可满足员工职业安全的需要。饭店企业员工流动性很大，一方面是因为饭店企业数量众多，规模差别很大；另一方面也有管理不善的原因，企业若能注重为优秀员工提供完善的职业保障，就能吸引和留住优秀员工。

3. 社交需要

社交需要对于满足了基本需要的员工来说是最为强烈的，得不到满足可能影响员工的心理健康，进而影响员工的工作热情和工作态度。饭店服务强调"微笑服务"，试想，如果员工心情不舒畅，就不能做到"微笑服务"。饭店企业应组织各种团体活动，如球赛、歌咏比赛、旅游等。这些活动发展了员工的兴趣，在增加员工结识朋友的机会的同时为员工创造良好的企业氛围，促进了部门间的合作。同时，饭店领导还应注意恰到好处地关心员工的情感生活，包括交友、亲情和爱情，使员工在饭店中也能感受到家的温暖，从而产生归属感。

此外，企业通过让员工主动参与管理，提出合理化建议，建立互助金制度、教育培训制度、协商制度，从不同方面满足员工的社交需要，也是非常有效的激励方法。

4. 尊重需要

尊重需要对于饭店员工来说也特别重要。社会上看不起饭店员工的思想和言行一直存在，饭店领导要带头抵制这种错误思想和言行。尊重员工是饭店领导的第一要务，特别是对于相对成熟的员工，应给予充分的尊重，多采用协商的方式和口气，减少管理者的干预，充分维护员工的自尊，发挥员工的自主性。企业还可以通过人事考核、晋升、表彰、进修等方式使员工的劳动得到关注和认可。

此外，当发生顾客不尊重饭店员工的情况时，饭店领导也应妥善处理。首先，应防患于未然，通过培训和教育使员工在服务中注意保护自尊，通过适当的形式提醒顾客也应尊重饭店员工的劳动；其次，在发生了顾客不尊重员工的情况时，也要注意妥善处理，既要取得顾客理解，又要给予员工适当的安慰。

5. 自我实现的需要

在饭店企业中，有自我实现需要的员工主要是在工作中具备相关知识、有一定经验的优秀员工，这些员工有着强烈的发挥自身潜能、实现理想、获得有挑战性工作的愿望。企业可通过使其得到晋升、负责一个独立部门的工作或承担一项能发挥其能力的重任，来满足员工的成就感，也可以通过内部招聘竞岗、重奖做出特殊贡献的优秀员工等方式来满足员工自我实现的需要，同时也可达到留住和吸引优秀员工、用人所长的目的。饭店能在发展企业（如开连锁店，并购小饭店等）的同时注重发挥员工的才能，就能吸引和留住优秀员工，在市场竞争中获得优势。

（二）双因素理论在饭店的应用

按照双因素理论所说，成就、职责、晋升等都是激励因素，重视这些因素可以更好地激励员工，而物质、经济、安全、人际关系和管理等因素属于保健因素，重视这些因素可以起到维持、保健的作用。

1. 工作丰富化

工作丰富化是根据双因素理论提出的一种新的劳动组织形式。其核心内容是让员工参加工作的计划和流程设计，并在工作中及时进行信息反馈，从而自我评估和修正自己的工作，对工作本身产生兴趣，并获得责任感和成就感。工作丰富化试图通过赋予员工执行工作中更多的控制权、责任和自由决定权，来加深工作的深度。

由于饭店的绝大多数服务性工作都是简单而重复的体力劳动，容易使员工失去工作兴趣甚至产生厌恶感。采取工作丰富化，饭店可以在服务方式和流程方面广泛接受员工的建议，并尝试采用多种服务形式来提高工作兴趣和成就感，从而激发员工积极性。例如，饭店客房部可以在定量的基础上，让员工交替工作，采用搭配合作法，共同完成客房的清洁工作，以激发员工的兴趣。

2. 工作扩大化

工作范围有两个维度——广度和深度。工作广度是员工直接负责的不同任务的数量。只有比较狭窄的工作广度的员工，有时会得到更多的职责，以减少他们工作中的单调乏味，这个过程就是工作扩大化。

工作扩大化是一种与专业化分工背道而驰的人力资源管理模式。它要让员工增加所从事的工作种类,掌握承担几项工作的技能,以增加其对工作的兴趣,激发员工的服务热情,提高工作积极性。饭店则可以通过这种工作调换来丰富员工的工作技能,做到"一专多能",当某一岗位出现劳动力紧张时,可以迅速在饭店内部进行调剂、增补,从而降低劳动成本。工作扩大化主要适用于同一部门不同班组或不同工作岗位之间的变动,也适用于在不同部门之间进行工种的变换。尽管工作扩大化会给培训和服务质量带来一定程度的不良影响,但员工积极性的提高以及一专多能所创造的效益是能够弥补这些损失的。

(三)强化理论在饭店的应用

目前,我国绝大多数饭店都是采用严密的规章制度和严格实施惩罚手段来保证服务质量的。在我国经济不十分发达、员工就业机会不多而饭店工作环境较为优越的情况下,这一方式能够达到保证管理水平,使饭店正常运转的目的。但是,要想使饭店人力资源管理水平"更上一层楼",就需要管理者认真研究和学习一下强化理论的运用。

1. 采用负强化手段,思想、行为双重制约

一种反映可预期伴随着不愉快的事情,称为消极强化或负强化。就负强化手段而言,管理者要注意让员工认识到惩罚并不是因为管理者对其有个人的偏见,而是作为实施规章制度的一种必然结果,管理人员仅仅是在履行这一职责。如饭店不允许员工使用饭店的客用电梯,规定每天必须完成的数量定额(如清洁房间数)和质量标准以及达不到这些规定的处理办法等。同时,在行使惩罚促使员工行为转变的过程中,还有争取员工思想方面的接受,即实现"双重制约"。所谓"双重制约"是指要想改变员工的行为,就必须从员工的思想根源入手,使其意识到行为的不良后果,在管理者的帮助下,逐步改变不良的行为方式。

2. 采用正强化手段,调整员工工作情绪

一种反映伴随着愉快的事情,称为积极强化或正强化。学习和使用正强化手段是现代饭店管理者必须掌握的人力资源管理方法。饭店服务工作的质量和数量并不像工厂的产品质量与数量那样易于检查和掌握,特别是服务质量,往往是由接受者即顾客的心理感受来确定的,而员工在工作中所表现出的服务质量又与其个人情绪和自信心有很大的关系。服务人员的心境与情绪、公关意识与能力、自信心的培养等都需要管理者有效采用正强化的手段进行管理,管理者要学会将正强化,即表扬、奖励及其他手段运用于日常管理工作之中。正强化手段不仅有利于收到好的管理效果,而且能够树立管理者的威信。

在强化员工行为时,管理者要注意强化手段的一致性。对同一种行为不能既肯定又否定。如,对某一员工的表现,若管理者首先对其表扬,而后又给予批评,这种强化手段的自相矛盾往往会引起员工的迷惑不解。

二、饭店主要激励制度

饭店主要激励机制是指在饭店企业员工激励中所形成的机理和制度,它是饭店企业人力资源管理的重要内容。激励机制的根本作用是正确地诱导员工的工作动机,使他们

在实现组织目标的同时满足自身的需求,提高其满意度,从而使他们的积极性和创造性继续保持和发扬下去。建立有效的激励机制主要包括以下几方面的工作:

(一)建立符合饭店企业特点的企业文化

企业文化是人力资源管理中的一个重要机制,只有当企业文化能够真正融入每个员工个人的价值观时,他们才能把企业的目标当成自己奋斗的目标。因此,用员工认可的企业文化即企业精神、理念、统一的价值观等来管理,可以为饭店企业的长远发展提供动力。

(二)制定明确和公平的激励制度

激励制度,首先要体现公平原则,要在广泛征求员工意见的基础上出台一套大多数人认可的制度,并且把这个制度公布出来,在激励中严格按制度执行并长期坚持;其次,要和考核制度结合起来,这样能激发员工的竞争意识,使这种外部的推动力量转化成一种自我努力工作的动力,充分发挥人的潜能;最后,制度要体现科学性,也就是做到工作细化。饭店企业必须系统地分析、收集与激励有关的信息,全面了解员工的需求和工作质量的好坏,不断地根据情况的改变制定出相应的政策。

(三)坚持多种激励手段综合运用

饭店企业可以根据本企业的特点而采用不同的激励机制。

1. 物质激励与精神激励相结合

要调动员工的工作积极性,不仅要注意物质利益和工作条件等外部因素,更重要的是注意工作的安排,注意对员工进行精神鼓励,给予表扬和认可,注意给员工成长、发展、晋升的机会。

2. 内激励与外激励相结合

内激励侧重于行为前的需要和动机的引导及行为中的指导与支持(如职前教育、授权等),而外激励则侧重于行为的后果(报酬)的兑现及外部环境的治理。相比之下,内激励较之外激励产生的工作动力更持久,可以使员工对工作充满兴趣并快乐工作,激发其自豪感和成就感,发挥其个人最大潜能。因此,饭店管理者应坚持以内激励为主、外激励为辅的原则,使员工外有压力、内有动力。

3. 正激励与负激励相结合

正激励和负激励都能改变员工的行为,并且通过树立榜样和反面典型、明确管理制度来形成良好的工作氛围和企业文化,使组织行为更加积极向上。但是,从强化理论本身不提倡惩罚的内容来看,负激励尤其是惩罚具有一定的消极作用,容易使员工产生挫折和恐慌心理。因此,应该慎用负激励。饭店管理者要坚持以正激励为主、负激励为辅。

三、饭店主要激励方法

激励是一种力量,给人以动力,使人的行为指向特定的方向。激励的方法是实现激励目标的途径和具体形式。管理以人为本,提高管理绩效的关键之一在于运用适当的激励方法,充分调动人的主动性和积极性,使组织中的成员充分发挥出其潜在的能力,进行创造性的工作。

(一)目标激励法

目标激励法是根据员工期望获得的成就或结果,通过设置科学的目标,把员工的需求与组织目标紧密结合起来,以引导思想行为、激发工作热情的一种常用激励方式。激励目标可以是物质的,也可以是精神的;可以是指标规划,也可以是制度办法;可以是战略性的,也可以是战术性的。在饭店管理中采用"目标激励法"应注意做好以下几个方面的工作:

1. 饭店目标制定要科学化

(1)工作目标设置的具体性,是指设置的目标具有可衡量性。例如,如果某饭店餐饮部本月的经营目标是增加销售额和利润,那么具体目标可以定为"宴会销售额提高5%,酒水毛利率保持40%,总销售额提高15%"。

(2)工作目标设置的适度性,是指工作目标应该是员工通过努力能够达到的。这样才能让员工将个人目标与组织目标有机结合,形成组织成员对组织的归属感、认同感,最大限度地激发人的积极性。

(3)工作目标设置的挑战性,是指实现设置目标的努力程度。人们都有一种自我实现的要求,追求较高的目标往往是每个人的理想和抱负,当目标设置难度很大,对个人来说具有挑战性时,就会使人们产生较高水平的激励。相反,如果目标设置得过低,不仅使组织失去了本可达到更高目标的可能,而且还会降低目标对员工的激励作用,使人们简单地按容易实现目标的节奏工作。

2. 饭店目标完成情况的检查和评价要公正

(1)目标检查多样化,即灵活地采取员工自我检查、员工相互检查、领班检查、主管检查、"白手套"式检查等多种方法。

(2)业绩评价标准化,即严格按照既定的分解目标和标准评价员工的业绩,坚持"公平、公正、公开"的原则。

(3)业绩促进化,即根据员工业绩对员工进行奖惩,并进行必要的沟通,以促进将来的工作业绩。同时,对评价的结果进行分析和总结,以检验饭店目标的合理性;修正不合理的目标,适当提高已经达到的目标,以促进工作绩效的持续改进。

(二)精神激励

1. 情感激励

情感激励就是通过加强管理者与员工的情感沟通,尊重员工、关心员工、爱护员工并使员工能够体验到平等亲切的人际关系,从而激发起员工工作的积极性、创造性的激励方法。情感激励法被管理学家称为"爱的经济学",即无须投入资本,只要注入关心、爱护等情感因素,就能获得产出。因为员工并不仅仅满足于薪酬,他们更需要的是心酬——心理和精神上的满足和激励。企业领导对于下级的关怀,哪怕是微不足道但却是出自真诚的关心,对于下级都是无穷的激励。现在有些饭店不仅关心员工自身,如为员工举办生日派对、生病探望、结婚送贺礼或提供免费房等,而且还延伸到关心员工家属,如六一儿童节、母亲节和父亲节将员工的孩子、父母请到饭店来作为上宾招待,等等,这些举措都体现了对员工精神上的关爱,成为激发员工回报饭店领导关心的动力。

在情感激励中要注意把握五个技巧：一要勤于知情，善于察言观色、透视本质；二要敏于动情，要把握动情的契机、场合、分寸；三要巧于融情，做到情与言相符合，情与行相融合，情与事相结合；四要善于用情，注意方式、对象、内容；五要精于导情，引导积极情感，升华一般情感，排遣消极情感。

2. 荣誉激励

荣誉能体现一个人的社会存在价值，荣誉激励是满足自我实现需要、激发人们奋力进取的重要手段。对于那些做出突出贡献的员工，饭店给予一定的表彰或荣誉称号，如"优秀员工"、"操作能手"、"微笑大使"等都是对员工的公开承认，既可满足其自尊需要，又能产生竞争压力；既能使荣誉获得者经常用以鞭策自己，又可以为他人树立榜样和奋斗目标，加强员工的竞争意识，激励共同进步。在荣誉激励中，除对个人外，还要注重对集体的鼓励，如"先进班组"、"优秀团支部"等，以培养大家的集体荣誉感和团队精神。

（三）物质激励

物质激励的内容包括工资奖金和各种公共福利。它是一种最基本的激励手段，因为获得更多的物质利益是普遍员工的共同愿望，它决定着员工基本需要的满足情况。同时，员工收入及居住条件的改善，也影响着其社会地位、社会交往，甚至学习、文化娱乐等精神需要的满足情况。

1. 薪酬激励

薪酬激励是激励员工的基础。科学地设计企业员工的薪酬结构，把员工的薪酬与绩效挂钩，可以更好地激励员工的积极性。奖惩激励是对员工的成绩给予表扬，对员工的失误和错误给予适当的惩罚。

2. 福利激励

福利激励是指企业的领导者根据企业的经济效益制定有关福利待遇的发放标准，确保员工生存与安全的需要，激励员工为企业多做贡献。饭店发展最重要的目的是为了赢得利润，获得可持续发展。为了吸引和留住员工，除了合理的薪资外，还需要实施与其实力相适应的福利制度，如有些饭店在交纳员工正常的养老保险、失业保险、医疗保险、公积金外，还增加了工伤保险和生育保险、每年的国内外旅游计划、教育补贴、交通补贴、员工生日聚会等，这些完善的福利制度不仅提高了企业声誉，吸引了更多的人才加盟，而且还增强了内部的协作精神，激发了饭店员工的创造性，营造出积极向上的竞争氛围。

3. 股权激励

企业产权结构的变化，产生了一种新的物质激励形式——股权激励。股权激励作为一种长期激励方式，是通过让经营者或公司员工获得公司股权的形式，或给予其享有相应经济收益的权利，使他们能够以股东的身份参与企业决策、分享利润、承担风险，从而勤勉尽责地为公司的长期发展服务。现代企业理论和国外实践证明股权激励对于改善公司治理结构、降低代理成本、提升管理效率、增强企业凝聚力和市场竞争力起到非常积极的作用。

通常情况下，股权激励包括股票期权（Stock Options）、员工持股计划（Employee Stock Owner Plans）和管理层收购（Management Buyout，简称MBO）。

(四)奖惩激励

奖励和惩罚是激励员工的基本形式。其中,奖励作为员工激励的一种手段,其目的在于使奖励的员工将他们的良好行为加以保持和发扬,并成为其他员工的表率,为振奋员工队伍的士气起到积极的推动作用;惩罚是一种负激励,是为了纠正员工工作中的不良或消极行为而采取的一种强制措施。若应用得当,惩罚能对不良现象起到很好的威慑作用,但不能以惩罚为主,只能将其作为一种辅助手段,否则就会适得其反。采用奖惩激励时必须注意以下几点:

1. 奖励和惩罚不是目的

奖励和惩罚是为了实现企业目标、调动员工积极性。如果把其当作目标,就会变成为奖励而奖励,为惩罚而惩罚,成为一种"例行公事",这样,就达不到奖惩的应有效果。

2. 必须从饭店的目标进行奖惩

如果从个人目标或小团体目标出发进行奖励和惩罚,就必然会背离企业目标,把奖励变成培植亲信、拉帮结派,甚至是少数人侵吞劳动成果的手段,而把惩罚当作是排除异己、打击报复和压制民主的手段。这样的奖励和惩罚,既不可能公正、公平,也不可能调动广大员工的积极性。只有从饭店的整体目标出发进行奖惩,才能把个人目标和集体目标有机地结合起来。

3. 应坚持以奖励为主、惩罚为辅的方法

奖励是一种正强化、正激励,能够直接满足员工的物质和精神需要,是调动员工积极性的一种比较理想的手段。惩罚是一种负激励,是以剥夺人的部分需要来减少和纠正不良行为。这种手段的副作用会导致被罚者产生挫折心理,从而影响其积极性。因此,应以奖励为主、惩罚为辅,才会收到良好的效果。

4. 奖励技巧要不断创新

奖励不仅仅是奖钱,也包括表扬、授予荣誉称号、给予有纪念意义的实物、休假、旅游、外出培训、晋升、给予挑战性工作、以员工的名字命名其发明的产品或工作方法等多种形式。奖励还要适时,不要过于频繁或不及时。还要注意适当拉开奖励的档次,并且重视团体奖励。根据实际情况和员工需要采取灵活多样的手段不断创新,这样要比重复、单一的刺激所产生的激励力量大得多。

5. 惩罚要讲究方法与方式

惩罚是一种负激励,很容易导致被罚者产生挫折心理。因此,在运用惩罚手段时,应该尽量不伤害被罚者的自尊心。惩罚方式要有所选择,防止恶语伤人,减少或避免公开批评。在惩罚时,尽量把教育放在前边,只有对屡教不改或造成严重后果者才实施惩罚。

案 例

五星酒店激励之道

有一天晚上,某五星酒店总经理按照惯例走进职工餐厅与职工一起就餐、聊天。他多年一直保持着这个习惯,以培养员工的合作意识和与他们的良好关系。

这天,他忽然发现一位年轻职工郁郁寡欢、满腹心事。于是,总经理就主动坐在这名

员工对面，与他攀谈。员工说："我毕业于某重点大学，进酒店之前有一份待遇十分优厚的工作。但是出于对我们酒店的向往，毅然辞去了那份高薪工作，曾经一度以为这是一个最佳的选择。但是，现在才发现，我不是在为酒店工作，而是为经理干活。坦率地说，我的经理是个无能之辈，更可悲的是，我所有的行动与建议都得他批准。我的一些想法与建议，经理不仅不支持，还进行挖苦。我十分泄气，心灰意冷。这就是我崇拜的酒店？我居然要放弃了那份优厚的工作来到这种地方！"

这番话令总经理十分震惊，他想，类似的问题在公司内部员工中恐怕不少，管理者应该关注他们的苦恼，了解他们的处境，不能堵塞他们的上进之路，于是产生了改革人事管理制度的想法。

之后，酒店开始每周出版一次内部小报，刊登公司各部门的"求人广告"，员工可以自由而秘密地前去应聘，他们的上司无权阻止。另外，酒店原则上每隔两年就让员工调换一次工作，特别是对于那些精力旺盛、干劲十足的人才，不是让他们被动地等待工作，而是主动地给他们施展才能的机会。在实行内部招聘制度以后，有能力的人才大多能找到自己较中意的岗位，而且人力资源部门可以发现那些"流出"人才的上司所存在的问题。

案例讲述的是一种员工激励的方式——荣誉激励，其最重要的表现形式就是合理晋升。内部晋升与选拔的好处是：

1. 当人才看到自己的工作能力与业绩能够得到肯定或报偿时，其士气与绩效都会改善。

2. 内部候选人已经认同了本组织的一切，包括组织的目标、文化、缺陷，比外部候选人更不易辞职。

3. 可以激发人才的献身精神，而且可以给其他人才一个同样的期望。

4. 更为安全可靠，而且不需要培训，成本低。

酒店业作为服务行业的标杆，具备优秀人才方能创造优质服务。在人才密集型的酒店，激励是每个领导必须具备的一项基本的岗位胜任能力，最大限度地激发员工潜在能力，充分发挥其才干与智慧，为酒店和自己创造更大价值。有效激励措施是吸引和留在人才的途径之一，能够促进创建良好、稳定的企业竞争环境。

本章小结

激励是指发现和引导员工内心的需要，通过各种有效的内外部措施，最大限度地激发员工的工作积极性、主动性和创造性，从而有效地实现组织目标和满足个人需要的过程。有关激励理论主要有需要层次理论、双因素理论、成就需要理论、期望理论、公平理论、XY理论和强化理论等。有效的激励方法主要有物质激励、精神激励、奖惩激励和目标激励等。

综合案例

罗莉已经意识到,她的预订人员的业绩水平和工作质量在过去的几个月里持续下降。顾客抱怨说:电话接通后,他们要拿着电话等很长时间才有人接听;预订人员常常回答不了他们的问题,而且再询问其他事情时他们还表现得不耐烦。一位不满的顾客和罗莉面谈时说:"我原想在您的饭店订一间套房,但您的预订人员回答不了我的问题。我感觉她心不在焉,不想抽出时间回答我。所以我选择了另一家饭店。"

罗莉在观察这些预订人员工作时,发现他们工作漫不经心,语气消极,最好的也是冷淡;他们经常让顾客在电话里等待;他们看上去并不关心部门工作的好坏。罗莉意识到这是一个亟待解决的重大问题——预订人员通常是顾客接触的第一个饭店员工,他们对房间的销售负有直接责任,而且饭店每年的盈利要依赖于他们的业绩。

于是,罗莉向她的上级——前厅运营经理汇报了情况。经理感谢她注意到此事,她说:"罗莉,我觉得这件事很重要,但我现在却没有时间来处理这件事,所以请你拿出一个方案解决这个问题,我相信你会处理好的。下周你把方案告诉我。"

罗莉首先分析了情况,认识到问题的部分原因是预订人员缺乏顾客服务和销售方面的技巧培训。所以,她的方案第一步是制订并实施一个质量培训计划,使预订人员学会如何与顾客有效地交往和如何运用适当的销售技巧来创收。但她也发现只靠培训还不能解决问题。预订人员似乎根本没有将工作做好的意愿。她意识到如果激励问题不解决,再好的培训也不能建立高绩效的员工队伍。罗莉还需要通过导师的帮助来制订一个调动员工积极性的计划。

案例评析

员工激励首先在于管理者能及时发现问题,准确了解问题产生的原因。其次,在对症下药、寻找有效措施时应注意将多种激励方法结合起来使用,而不是只选择一种方法,如将培训、目标管理与绩效考核等激励措施结合起来。当然,管理者应认识到:改变绩效的更好方法是要通过精神激励员工的内源性动机。

请试分析以下三个问题:

1. 预订人员的问题究竟出在哪里?

2. 结合所学的激励原理,分析罗莉需要运用什么样的激励方式来调动员工的积极性。

实训练习题

组织学生到当地的一家三星级饭店进行有关激励性策方面的调研,根据自己在接待服务中的体会,并结合所学知识提出:对基层员工来说,什么样的激励方法更有效?

复习思考题

1. 什么是激励？激励有哪些方法？
2. 从人的行为模式看应该怎样理解饭店管理中的激励？
3. 需要层次理论和公平理论的核心是什么？这两种理论给饭店管理实践带来哪些启示？

第八章

饭店绩效考核与管理

学习目标

◆ 能够熟练掌握饭店绩效考核的一些常用方法
◆ 能够克服绩效考核常见偏差，并提出对策

知识目标

◆ 了解饭店绩效考核的内容
◆ 熟悉绩效考核的方法、步骤

课程导入

二级考勤

"人事培训部办公室吗？我是客房部9楼领班振华。上午我匆匆上班时忘了电脑考勤，但在班组内还是签到了。我没在考勤机上打卡是我的错，我愿意接受饭店对我的处分。"这是某天早上9点稍过时，宁波新园宾馆人事培训部经理接到的一个电话。

新园宾馆地处宁波闹市区，豪华的设施、高档的装修，以及较高的管理服务水准在宁波市已赢得许多美誉。尽管宾馆开业不到一年，其社会影响和经济效益已引起同行们的注目。在宁波市，饭店同行几乎都知道新园宾馆的二级考勤制度。

每个新园员工上班时，首先必须在员工通道处接受电脑考勤。考勤卡上用蓝色记录上班的精确时间，下班也是由电脑考勤，不同的是用红色记录下班时间，这是第一级考勤。员工还要经过本班组或本部门的签到考勤，由考勤员记录上下岗的精确时间，这是第二级考勤。

新园宾馆的二级考勤制度规定，即使员工在规定的时间内经过了一级考勤，如果在进入本班组或本部门之前到别处去转悠，未能在规定时间内准时上岗，一律作为迟到处理。制度有明确规定：所谓准时上岗是指必须在规定时间内更换好工作服，正式上岗；所谓准时下岗则指必须在规定时间之后再换下工作服离店。制度又进一步规定，若遇员工忘记电脑考勤，则以班组或部门考勤为准，但该员工必须按有关规定受到处罚。

客房部9楼领班忘记在上班时打卡，上岗后方才想起，于是向人事培训部主动报告，请求处罚。

请思考：宁波新园宾馆的严格管理是颇有名气的，他们为使各项严格的管理制度被一丝不苟执行，又制定了奖惩制度。实践证明，严格的管理制度可以结出丰硕的成果。新园宾馆开业不到一年，便在星级饭店林立的宁波市站住了脚跟，效益可观。

考勤是饭店人事管理的一个重要内容。我国多数饭店采用一级考勤制，或用打卡办法，或由所在班组记录上下班时间。一级考勤有显而易见的弊端。若采用打卡方式考勤，个别不自觉的员工准时打好卡后开始磨磨蹭蹭，或聊天，或外出，或在更衣室内悠然抽烟，等到换上工作服上岗，早已超过规定时间。若采用班组记录法，个别部门负责人为避免家丑外扬，影响本部门考核，常会故意放松要求，不记或少记迟到早退的人次。新园宾馆的二级考勤制度在防止员工钻空子、减少部门舞弊现象方面颇有作用。

从本例还可看到，新园宾馆员工只有在已经换上工作服，可以立刻进入工作角色的情况下，方才被认为准时上岗；同样，只有在下班时间过后换下工作服，方才被认为没有早退。这样严格的考勤管理制度，对于许多饭店，尤其内资饭店，具有一定的借鉴意义。

（资料来源：蒋一、马风，等.饭店管理180例.上海：东方出版中心，1997）

第一节 绩效考核与管理概述

一、绩效与绩效管理的概念

饭店的长久成功,关键取决于有效的绩效管理,即确保绩效标准与饭店长期战略目标相一致。绩效管理是饭店培养市场竞争力最为重要的管理制度体系,建立、实施并不断完善绩效管理体系是现代饭店管理的紧迫任务。

(一)绩效的概念

应当说,要给绩效下一个明确的定义是非常困难的。《牛津现代高级英汉词典》对英文"Performance"的解释是"执行、履行、表现、成绩",这个界定本身就很不清晰。一直以来,对于绩效的含义,不同的人有着不同的理解。一种观点认为绩效是结果,比较典型的是 Bernardin 等人(1984)的定义,他们将绩效定义为"在特定时间范围,在特定工作职能或活动上产出的结果记录"。另一种观点认为绩效是行为,像 Murphy(1990)指出:"绩效被定义为一套与组织或组织单位的目标相互关联的行为,而组织或组织单位则构成了个人工作的环境"。

综合各家观点,本书认为绩效可以被定义为个体或群体能力在一定环境中和一定时期内实现预定的目标过程中所采取的行为及做出的成绩和贡献。在饭店人力资源管理中,绩效又可以分为员工绩效和组织绩效。员工绩效是指饭店员工在某一时期内的工作结果、工作行为和工作态度的总和;组织绩效是指组织在某一时期内组织任务完成的数量、质量、效率和盈利状况。

(二)绩效的特点

绩效有多因性、多维性和动态性三个特点。

1. 多因性

绩效的多因性是指绩效的优劣不仅仅受某一个因素的作用,而是受到多种因素的共同影响。这些因素主要有员工的技能、工作态度和工作环境等。

(1)员工的技能,指员工本身的工作能力,是员工的基本素质,取决于员工的知识水平、智力、工作经历和受教育程度。具有较高技能的员工往往会获得良好的工作成绩。

(2)工作态度,指员工的工作积极性和工作热情,体现为员工在工作过程中主观能动性的发挥。员工的工作态度取决于主观和客观两方面因素。主观方面的因素有员工的需要、兴趣、受教育程度和价值观等。客观方面的因素有组织的管理方式、工作本身的挑战性、组织文化等。其他条件相同时,工作积极热情的员工一般能获得较好的工作绩效。

(3)工作环境,包括组织内部环境和外部环境。组织内部环境由物质环境和心理环境等构成,可直接影响员工的士气、创造力乃至组织效率和目标的达成。组织外部环境包括组织所处的社会风气、政治形势和经济形势,通常以间接形式影响组织系统。

2. 多维性

绩效的多维性是指员工的工作绩效可以从多方面表现出来。工作绩效是工作态度、工作能力和工作结果的综合反映。员工的工作态度取决于对工作的认知程度以及为此付出努力的程度,表现为工作热情、工作干劲和忠于职守等,它是工作能力转换为工作结果的媒介,直接影响着工作结果的形成。工作能力主要体现在常识、知识、技能、技术和工作经验几个方面。工作结果则是通过工作数量、质量、消耗的原材料、能源的多少等形式表现出来的。

3. 动态性

绩效的动态性是指绩效处于动态的变化过程中,不同时期员工的绩效有可能截然不同。经常有这样的情况,绩效差的员工经过积极的教育、引导和适当的激励后,会努力工作取得良好的绩效;工作绩效较好的员工却会因为未受到适当的激励而出现不再努力工作的现象,使工作绩效变得较差。

(三)绩效管理的概念

绩效管理是指为了达到组织的目标,通过持续开放的沟通过程,形成组织所期望的利益和产出,并推动团队和个人做出有利于目标达成的行为,即通过持续的沟通和规范化的管理不断提高员工和组织绩效、提高员工能力和素质的过程。

1. 绩效管理是一项战略性任务

员工工作的好坏,绩效的高低,直接影响着组织的整体效率和利益,因此,掌握和提高员工的工作绩效水平是企业经营管理者的一项重要职责,而强化和完善绩效管理系统是企业人力资源管理部门的一项战略性任务。

2. 绩效管理是提高工作绩效的有力工具

这是绩效管理的核心之一。绩效管理的各个环节都是围绕这个目的服务的。绩效管理的目的并不是要把员工的绩效分出上下高低,或仅仅为奖惩措施寻找依据,而是针对员工绩效实施过程中存在的问题,采取恰当的措施,提高员工的绩效,从而保证组织目标的实现。

3. 绩效管理是促进员工能力开发的重要手段

这也是绩效管理的核心目的之一。通过完善的绩效管理促进人力资源的开发职能的实现,已成为人力资源管理的核心任务之一。通过绩效沟通与绩效考评,不仅可以发现员工工作过程中存在的问题,如知识、能力方面的不足之处,可以通过有针对性的培训措施及时加以弥补,更为重要的是,通过绩效管理还可以了解员工的潜力,从而为人事调整及员工的职业发展提供依据,以达到把最合适的人放到最合适的岗位上的目的。

二、绩效考核与绩效管理的区别

在绩效管理实践中,人们往往只知道绩效考核而不知道绩效管理,绩效管理是人力资源管理体系中的核心内容,而绩效考核仅仅是绩效管理的关键环节。但是饭店在实际运用时往往只重视绩效考评而容易忽视绩效管理的系统过程。绩效管理是一个完整的管理过程,它侧重于信息沟通和绩效的持续提高,强调事先沟通与承诺,贯穿于管理活动的全过程。绩效考核则是管理过程的局部环节和手段,侧重于判断和评价,强调事后评价,而且仅在特定时期内出现。因此,绩效管理和绩效考核存在着很大的区别,见表8-1。

表 8-1　　　　　　　　　　　　绩效管理和绩效考核的比较

区别点 比较对象	过程完整性	侧重点	出现阶段
绩效管理	一个完整的管理过程	侧重于信息沟通和绩效提高,强调事先沟通与承诺	人力资源管理的核心内容,贯穿始终
绩效考核	绩效管理过程中的局部环节和手段	侧重于判断和评价,强调事后的评价	绩效管理管家环节,只出现在特定时期

总之,绩效管理和绩效考核存在较大的差异,但两者又是密切联系的,通过绩效考评可以为组织绩效管理的改善提供参考依据,帮助组织不断提高绩效管理水平和有效性,使得绩效管理真正帮助管理者改善组织管理水平,帮助员工提高绩效水平,帮助组织获得满意的绩效水平。

三、饭店员工绩效考核的作用

饭店员工绩效考核的目的在于尽可能地使员工的工资待遇和职务晋升建立在公平合理的基础之上,使饭店有可能更好地使用员工、选择人才,调动员工积极性,提高工作效率。

饭店员工在工作岗位上的表现好坏、绩效的高低,直接影响饭店的整体形象和效益。因此,掌握和提高员工的工作绩效是饭店管理的目标之一,对员工实行定期的工作绩效考核对实现这一目标的人力资源管理工作具有重要作用。

(一)考核是对饭店员工进行激励的手段

大多数员工希望知道自己在饭店的工作情况如何,自己的努力是否得到领导的认可。通过定期考核不仅能使饭店组织掌握每位员工的具体工作情况,且能及时向员工反馈考核的结果,让他们了解工作的评价,知道自己在工作中存在的不足,掌握饭店管理部门所提倡的规范行为。这有助于员工自觉巩固好的行为,纠正不足,调动他们的工作积极性。由于考核本身就是对工作业绩的评定和认可,因此它能使员工体验成就感和自豪感,从而增强员工工作的自觉性、主动性。

(二)考核是确定饭店员工劳动报酬的依据

考核结果是薪金报酬管理的重要依据。按劳付酬、论功行赏能使员工产生公平感,有助于增强员工工作的责任感和信心,减少因报酬不合理而导致挫伤员工的工作热情,使有限的人力资源能够充分发挥其应有的作用,且能防止人才的流失。

(三)考核是决定饭店员工调配和职务升降的依据

通过考核可以评估饭店员工对现任职位的胜任程度及其发挥潜力,依此对员工的工作岗位实施调配,职务升降,既能以理服人,又能做到人尽其才、才尽其用,减少人才的浪费。

(四)考核是饭店制订培训计划的依据

考核能够及时发现员工的长处和不足,以及他们与工作要求之间的差距有多大。依此制订培训措施和计划,能有针对性对员工进行岗位培训,且可检验培训措施与计划的效果。培训的目的是为了让员工接受新事物、学习新知识、新技术,适应新的市场竞争环境和新的内部条件。不断修正培训计划,使岗位培训真正发挥作用。

(五)考核能对饭店员工任用或开除提供法律依据

考核结果可以提供员工个人的工作胜任情况,为个人的留用或除名提供法律依据。经过多次调整,考核仍不合格的员工,饭店不可能继续留用而应除名。这完全符合相关政策法规的规定,减少合同双方的矛盾纠纷。

(六)考核能够促进饭店内部上下沟通、彼此了解

在考评过程中,各种人员之间广泛接触、相互沟通和了解。上下级之间通过面谈或其他渠道,不仅能将考核结果向员工反馈,同时也可听取员工的说明和申述。由此促进上下级之间的彼此沟通,让彼此相互了解各自的期望和要求,加深饭店内部的人际交流。

第二节 绩效考核的原则与内容

员工考核用途广泛,因考核的对象、目的不同,其考核的内容也不相同。在我国,有关考核工作的研究,长期以来集中于干部考核工作。其考核内容主要是人员的政治素质、业务能力、知识结构、发展潜力、工作态度、工作成绩等。为了适应饭店人力资源管理工作的需要,使员工考核科学、公正、合理,必须根据饭店不同岗位的工作要求和标准,进行具体量化,使其成为反映员工实际状况的考核指标。

一、绩效考核的原则

绩效考核的内容主要是以岗位的工作职责为基础来确定的,但要注意遵循下列几条原则:

(一)科学原则

科学原则要求绩效考核必须做到客观、科学和简洁。绩效考核的客观原则要求在绩效指标和标准的制定和评估实施等环节中,坚持实事求是的原则,真实反映实际绩效水平,不夸大或缩小绩效水平。科学原则要求绩效考核和管理尊重客观规律,正确运用合适的评估方法进行评估。简洁原则要求绩效考核尽量做到操作简单,不要把评估过程设计得复杂难懂,耗费组织大量的时间和评估成本。

(二)"三公"原则

绩效考核过程中要坚持"三公"原则,即公平、公正和公开,这也是所有考核工作都必须遵循的原则。考核的标准应该以明确的方式公开。如果秘而不宣,或者含糊不清、模棱两可,则既不能起到考核作用,也不能积极正确引导员工,从而也无法在实际工作中运用。公平与公正还包含两个含义:一是指每个人在考核过程中机会相等、条件相同、时间一致;二是指判定考核结果和运用考核结果时应一视同仁,没有特殊人,不搞特殊化。这也是有效发挥考核激励作用的重要条件。

(三)严格原则

饭店员工的绩效考核必须严格,否则考核就会流于形式。考核的标准应略高于一般要求的水平,使员工产生一种向上的动力。如果考核标准制定得过低或是随意性很大,不但不能起到激励作用,反而会造成"无所谓"的消极后果,优秀员工的上进心也将会挫伤。就饭店来说,宽松随意的考核标准既不利于提高饭店服务质量的提高,还有损饭店的良好形象。

(四)动态原则

现代饭店组织已经变得越来越具有动态性,以至于很难对工作做出明确的描述,任何一个组织想在很长时间内保持稳定不变,都是非常困难的。因此,组织的绩效考核系统也应不断地进行变化,动态地反映组织绩效的真实面貌。在实际考核中,为了真实地反映员工和组织的绩效,就应该对他们进行长期、连续的评估,这样才能反映出绩效的全貌。

二、绩效考核的内容

绩效考核的对象、目的和范围复杂多样,因此考评内容也颇为复杂。但就其基本方面而言,习惯上主要围绕德、能、勤、绩四个方面的要素进行。

(一)德

"德"是指一个人的思想素质、道德素质和政治表现。古人很早在用人的时候就对德的方面有相应的要求,只是在不同的历史时代,其内涵不同。因此,"德"的标准是随着不同时代、不同阶级、不同层次、不同行业而有所变化的。在改革开放的今天,"德"的一般标准是坚持党的基本路线,遵纪守法,富有使命感、责任心和进取精神,遵守职业道德,坚持实事求是,廉洁奉公,团结协作等。

"德"也是一个人最重要的内在素质。它不仅决定了一个人的主要行为方向,即为什么样的人生目的而奋斗,而且也决定了行为动力的强弱,即为达到目的所付出努力的程度;还决定了行为的方式和方法,即通过什么手段达到目的。因此,在传统人员考核工作中,"德"是考核内容的首要方面。

(二)能

"能"主要是指个人认识世界和改造世界的能力和作用。这既包括个人完成一定任务所需具备的实际工作能力,也包括一个人的潜能,也就是每个人为适应社会、环境变化所具有的发展可能性。能力是一个人在先天遗传因素基础上,通过后天实践活动而形成的内在心理素质。因此,对"能"的考核应以内在素质为依据,结合员工在工作中的具体表现来判断。一般来说,"能"包括一个人的动手操作能力、认识能力、思维能力、研究能力、应变能力、社会适应能力、创新能力、表达能力、组织指挥能力、协调能力、决策能力等。对于不同的职位,对其"能"的要求应有不同的侧重。

(三) 勤

"勤"是指一个人的勤奋敬业精神。它既指员工的工作积极性、创造性、主动性、纪律性和出勤率等，还包括员工通过个人努力而获得的适应社会发展需要的知识结构。其中，知识结构在考核过程中常又划分为：马列主义理论知识、政策法规知识、管理科学知识、本职专业知识和其他综合知识五个方面的具体要求。

在考核过程中，不能简单把"勤"理解为只是一个人的出勤率，员工的出勤率只是"勤"的外在表现之一，也不能只把"勤"理解为一个人的文凭高低，而应根据员工的具体条件、实际工作表现等，如实全面地综合考核。

工作态度是工作能力向工作业绩转换的"中介"，但在工作能力向工作业绩转换的过程中，除去员工的态度外，还存在有一个暗箱，如图 8-1 所示，能力为 100，而业绩却只发挥了能力的 40，剩下的 60 可以说是被暗箱中的"怪兽"给吃掉了。也就是说，在企业里存在吸食人们能力的"某种东西"。

```
能力（100） → 暗 箱 → 业绩（40）
```

图 8-1 暗箱与业绩的关系图

暗箱中所包含的东西非常多，除了个人的工作态度外，还有企业的内部和外部条件，如分工是否合理、指令是否正确、销售市场及原材料供应市场的状况等。如图 8-2 所示。

```
能力（100） → 外部条件
              工作态度  → 业绩（40）
              内部条件
```

图 8-2 业绩、能力与态度的关系图

因此，在对员工进行态度考核时，要剔除本人以外的因素和条件。工作态度的考核指考核和评估员工是否做了努力、是否有干劲、有热情、是否忠于职守、是否服从命令等。

(四) 绩

"绩"指员工的工作成绩和工作成效，包括完成工作的效率、效益和群众威望。在考评中，既要考核员工的工作数量、质量，也要考核其工作满足社会需要所带来的经济效益和社会效益，还要注重考核员工与其他人员相互交往过程中所得到的评价，也就是其在人们心目中的印象。

由于"绩"的内涵与工作要求紧密联系，其着眼于"已经干出了什么"而不是"干什么"。因此，作为饭店员工的日常工作考核，通常以业绩考核为主。这类考核，虽然也能进行多维度的分解，但考核的重点是已经成为现实的成绩和贡献，而不是其行为与活动过程。其考核的结果,易于量化而且直观,可操作性强,因此,日常考核工作多围绕业绩而展开。但对了解员工的潜能、素质等则显然不足。

三、绩效考核系统

对大部分企业来说,如果能够有效地考核评价员工的绩效,则不仅要掌握个别员工对公司的贡献与不足,而且要在整体上为人力资源的管理提供决定性的考评资料,由于绩效考评体系并非孤立的、完全固定的,而是受多种因素影响的,与多种因素相互作用的,因此称之为绩效考核系统,如图8-3所示。

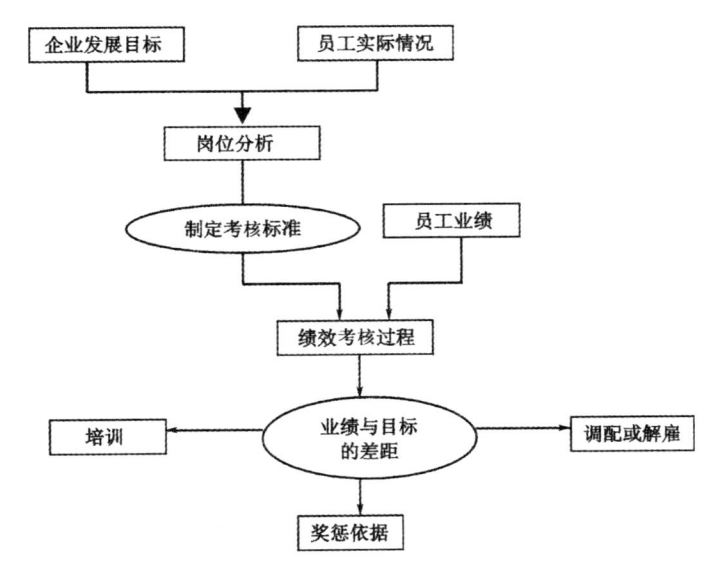

图8-3 绩效考核系统图

四、员工绩效考核的主体

在饭店员工的绩效考核工作中,主体是考核者,客体是被考核者。

(一)直接主管人员

绩效考核大都是由直接主管进行或参与进行的。由直接主管进行考核,也称为"自上而下考核"。饭店通常在制度上规定直接主管对于下级拥有绩效考核的责任和权力。直接主管对下属的工作最熟悉,甚至有的主管以前就是从事其下属目前的工作,因此,对高层管理人员的考核也要从德、能、勤、绩四个方面来考核,具体考核过程中要以工作业绩的考核为核心,侧重于对其组织领导能力的考核,见表8-2。

表 8-2　　　　　　　　行政、人力资源部高级管理人员考核表

考核内容	考核项目	考核要素	总分	考核得分
品德 （15分）	纪律性	1. 自觉遵守和维护公司各项规章制度、品行端正、无违纪现象 2. 忠于职守，严守秘密，身先士卒，诚实信用，公正公平	5分	
	责任感	1. 对工作有较强的责任心，敢于承担责任 2. 工作任劳任怨，能圆满完成各项工作任务，可放心交付工作	5分	
	积极性	1. 自觉履行职责，工作积极主动 2. 乐于接受任务，积极提合理化建议，主动改进工作	5分	
专业能力 （30分）	专业学识能力	1. 具备从事本岗位的专业技术知识，熟悉本岗位工作流程，能充分发挥能力，完成本岗位工作 2. 积极参加各项培训活动，不断更新和充实各项知识	5分	
	专业技术能力	1. 具备从事本职位要求的各种能力资格，比较好的理解、判断、洞察、表达、授权能力 2. 熟练掌握业务技巧，实践经验丰富，能灵活有效处理各种技术问题	5分	
	组织管理能力	1. 具备良好的计划、组织、协调、沟通、控制、监督、指导、决策等管理能力 2. 能独立分析问题和综合解决问题	5分	
	开拓创新能力	1. 有开拓创新意识，善于提出新思路、新见解、新方案 2. 对本部门工作实施创新方案且卓有成效	5分	
	人员开发能力	1. 善于开发员工的潜力，具有（备）本部门人员及自我开发能力 2. 对部门实施培训、考核、激励等开发方案，组织分工合理，部门凝聚力强	5分	
	发展潜力	1. 学识、涵养俱优，具有良好发展潜力 2. 勤奋好学，上进心强，不断自我完善	5分	
个性适应 （10分）	行为特征	1. 对上级坦诚，对部下亲切热诚，与同事关系和谐、融洽 2. 言语谨慎，思维缜密，决策果断，行动理智、稳重	5分	
	性格表现	1. 富有感情和理性，表现光明磊落、机敏乐观、踏实勤奋 2. 具有全局观念和团队合作精神，乐于助人，能较好地适应工作环境	5分	
工作绩效 （45分）	工作准确性	准确把握工作时间和工作容量，按时按质完成各项工作任务	10分	
	工作方法	工作方法恰当、准确，极少发生差错和失误	10分	
	成本意识	成本意识强，能合理使用和控制人、财、物	5分	
	质量、服务意识	良好的质量和服务意识，有效促进公司管理和提高部门服务水平	10分	
	部门工作目标与效率	1. 组织架构与各项管理制度的完善 2. 人员招聘、录用与促进人员合理流动、提高人力资源利用之措施 3. 宣传、教育培训、考核、激励和文化活动，企业文化建设 4. 安全意识，后勤总务，公共关系	10分	
考核得分（百分制）		加权得分（考核得分×60%）		

(二)同级人员

让同级人员相互进行的工作绩效考核,又称"同级互评"。这种方法在某些方面有特殊作用,例如工作方式和工作态度。同级之间的工作相似性强,相互之间的沟通机会比较多,必须了解更多。但是,同级互评有时会出现通过"轮流坐庄"获得奖励或避免惩罚等不负责任的行为。

(三)绩效考核委员会

为了排除直接主管自己考核员工可能存在的感情因素,确保绩效考核工作的真实、公平、有效,许多大型饭店都采用绩效考核委员会的形式对员工进行考核。绩效考核委员会通常是由比较固定的3~4位熟悉饭店全部运营工作的资深经理级主管,再加上一名被考核者的直接主管组成。这种考核形式的优点是可以从多个角度来评定被考核者的工作业绩和表现,客观性比较强。

(四)下级评价

由低级别的员工对高级别的员工进行绩效评价也具有重要意义,特别是对于高级别员工的领导能力、沟通能力等方面的评价,往往具有很强的针对性。但是需要注意的是,员工由于顾虑上司的态度及反应,也可能不会反映真实情况。为了解决这一问题,应当由专门的部门,如人力资源部进行组织,避免因考核结果而使员工受到打击报复。

(五)自我评价

自我评价有利于员工对饭店绩效考核的认同,减少逆反心理,增强参与绩效考核的意识;有利于员工明确自己的优缺点,总结经验教训,改进工作方法,加强自我管理。但是值得注意的是,员工自我评价一般比其他方式的绩效考核结果要高,很少有人会自我贬低。因此,这种方法不可以单独使用。

(六)360度绩效考评

对一个员工的工作行为进行绩效考核,所有的信息来自他(她)周围的人,包括他(她)的上级、下属、同事、外部顾客以及员工自己,这种将上述绩效考核主体综合在一起,并采用不同方法而完成的绩效考核,称为"360度绩效考核。"

第三节 绩效考核的方法与步骤

一、绩效考核的方法

饭店对员工进行定期的考核,其宗旨是通过考核了解员工在考核期限内的工作表现与饭店对其期望的成绩之间的差距,肯定成绩,指出不足,帮助员工提高绩效、扬长避短,同时以考核结果为依据,实施奖惩,达到激励员工、提高工作效率和服务质量的目的。为此必须了解、掌握有关的考核方法,常见的方法有分级法、行为评价法、工作成果评价法等。

(一)分级法

分级法就是按照被考核者每人绩效相对的优劣程度,通过比较,确定每个员工的相应等级或名次。按照分级程序的不同,分级法又可分为以下几种:

1.排序法

排序法是用来考核员工某一单因素绩效特征或综合绩效特征的一种简便而又流行的考核方法,包括简单排序法和交错排序法。

(1)简单排序法是诸多方法中最简单的一种方法,即按照全体被考核者的整体工作表现由好到坏依次排列,也可以按照成员特定的一些表现进行分等排列,如按照出勤率、出席会议记录、准备报告的质量等。

通常,这种方法比较适合规模较小的组织。当组织的成员增加以后,就难以区分每个人的工作表现了,特别是一般员工之间就更难以区分了。

(2)交错排序法是指上级主管人员按照整体的工作表现从员工中先挑绩效最好的,再挑出最差的,然后挑出次最优的,再挑出次最差的……如此循环,直至排完。

这种方法往往是十分高效的,不论由单个人的上级主管去排列还是由下属成员自己排序。该方法尤其适合于作为一个团体履行同一职责的员工的排序。

排序法在实际中容易操作,一般由员工的直属上司实行,其结果一目了然。但因为这种方法是在员工之间进行比较,实质上是迫使员工相互竞争,容易给员工造成心理压力。

从短期来看,排序法能够刺激一些员工更努力地工作,争取取得头名排位。但这种方法也会刺激人们积极或消极地干涉别人的工作。

2.代表人物比较法

人物比较法,就是在考核之前,先选出一名员工,以他的各方面表现为标准,对其他员工进行考核。见表8-3。

这种方法的具体步骤是:

(1)要确定考核的要素和每一要素在整个考核中所占的比重;
(2)从被考核者中选出几名代表人物,分别代表各个要素的一定等级;
(3)按考核要素的顺序,把每一名被考核者与这些代表人物进行比较,看此人与哪些代表人物最接近,就评定为与之相同的等级;
(4)将各个要素的评分加权合计得出每个被考核者的得分,并据此评定优劣。

表8-3　　　　代表人物比较法示例

被考核者	考核项目:工作积极性		代表人物姓名:×××		
档次 姓名	A	B	C	D	E
甲					
乙					
丙					
丁					
戊					

注:与代表人物相比,在相应的栏内打"√"
A—更为优秀;B—比较优秀;C—相似;D—比较差;E—更差

代表人物以具体人物为标准,因而比较直观,容易评价。使用这种方法,往往比其他方法更能刺激员工的工作积极性。但在实际的使用过程中,确定合适的代表人物难度较大。

3. 对偶比较法

对偶比较法是一种比排序法更为有效的绩效考核方法,因为它更能显示差别。它不是仅给一个员工的评价,而是分别就各个因素,把每个员工与群体中的其余每一位员工相比较。

用这种方法,在每个员工都工作得很好时仍能判定谁最佳,谁最差。它不仅仅反映一个员工工作完成的好坏,而且反映这个员工与其他员工相比干得怎样。其优点是判断范围小,准确度高,但如果被考核者的人数多,则工作量较大。配对总数 PC 由被考核者的人数确定(用 N 代表被考核者的人数):

$$PC=N(N-1)/2$$

在每一次比较时,给表现好的员工记"+",另一个员工就记"-"。所有员工都比较完后,计算每个员工的"+"的个数,依此对员工做出评价——谁的"+"个数多,他的名次就排在前面。在表 8-4 中,员工 E 从工作数量来看是最优的,而员工 D 的工作质量是最好的。

这种方法适用于工作绩效能够以数量来衡量的工作,这样才能展开两相比较。

表 8-4　　　　　对偶比较法对工作数量和工作质量的考评

对比对象	就"工作数量"所做的比较 被考评员工的姓名:					对比对象	就"工作质量"所做的比较 被考评员工的姓名:				
	A	B	C	D	E		A	B	C	D	E
A		−	+	−	+	A		−	+	+	+
B	+		+	+	+	B	+		+	+	+
C	−	−		−	−	C	−	−		+	+
D	+	−	+		−	D	−	−	−		+
E	−	−	+	+		E	−	−	−	−	

(二)行为评价法

对于上述的分级法,主管在运用时不得不把每一个员工的绩效与其他员工相比较,若整体绩效较差,这种评估就失去了客观的参照系,失去了准确性。而行为评价法使主管能够独立于其他员工、仅依据客观的行为标准来评估每一个员工。

1. 评级量表法

评级量表法在实际的操作中用得最广泛,它通常作维度分解,并沿各维度划分等级,设置量表可实现量化考核,而且操作也比较简捷。

评级量表法在考核中采用得最普遍,是由考核者根据量表,对员工每一考核项目的表现做出评价和记分,常用 5 级来衡量。

例如,用表 8-5 和表 8-6 对某个员工进行考核。

第一次考核时,他的"知识技能"、"理解力"、"判断力"、"表达力"、"纪律性"、"协作性"和"积极性"这几个考核项目的得分分别为：24分、24分、18分、12分、30分、24分、24分，总分为156分；

第二次考核时，各个考核项目的得分为：30分、24分、24分、18分、24分、24分、18分，总分为162分；

第三次考核时，各项得分依次为：30分、24分、24分、18分、30分、24分、24分，总分为174分。其考核最终得分就为164分，即（156＋162＋174）/3＝164，因此他的档次为"b"档。

表8-5　　　　　　　　　　　评级量表法示例（一）

考评内容	考评项目	说明	评定
基本能力	知识技能	是否充分具备现任职务所要求的基础理论和实际业务知识	A B C D E 10 8 6 4 2
业务能力	理解力	是否能充分理解上级的指示，干脆利落地完成本职工作任务，不需上级反复指示	A B C D E 10 8 6 4 2
	判断力	是否充分理解上级意图，正确把握现状，随机应变，恰当处理	A B C D E 10 8 6 4 2
	表达力	是否具备现任职务所要求的表达力（口头文字），能否进行一般联络、说明工作	A B C D E 10 8 6 4 2
	交涉力	在和企业内外人员交涉时，是否具备使双方诚服或达成协议的能力	A B C D E 10 8 6 4 2
工作态度	纪律性	是否严格遵守工作纪律和规章，是否严格遵守工作汇报制度，按时进行工作报告	A B C D E 10 8 6 4 2
	协作性	在工作中，是否充分考虑别人的处境，是否主动协助上级、同事做好工作	A B C D E 10 8 6 4 2
	积极性	对分配的任务是否不讲条件，主动积极，尽量多做工作，主动进行改进，向困难挑战	A B C D E 10 8 6 4 2

评定标准：
A—非常优秀，理想状态
B—优秀，满足要求
C—基本满足要求
D—略有不足
E—不满足要求

分数换算：
A—64分以上
B—48～63分
C—47分以下

合计分	
评语	
考核人签字	

表8-6　　　　　　　　　　　评级量表法示例（二）

考评项目	第一次考核	第二次考核	第三次考核	事实依据
知识技能	30 24 18 12 6 s a b c d	31 24 18 12 6 s a b c d	32 24 18 12 6 s a b c d	33 24 18 12 6 s a b c d
理解力	34 24 18 12 6 s a b c d	35 24 18 12 6 s a b c d	36 24 18 12 6 s a b c d	37 24 18 12 6 s a b c d
判断力	38 24 18 12 6 s a b c d	39 24 18 12 6 s a b c d	40 24 18 12 6 s a b c d	41 24 18 12 6 s a b c d
表达力	42 24 18 12 6 s a b c d	43 24 18 12 6 s a b c d	44 24 18 12 6 s a b c d	45 24 18 12 6 s a b c d

(续表)

考评项目	第一次考核	第二次考核	第三次考核	事实依据
交涉力	46 24 18 12 6 s a b c d	47 24 18 12 6 s a b c d	48 24 18 12 6 s a b c d	49 24 18 12 6 s a b c d
纪律性	50 24 18 12 6 s a b c d	51 24 18 12 6 s a b c d	52 24 18 12 6 s a b c d	53 24 18 12 6 s a b c d
协作性	54 24 18 12 6 s a b c d	55 24 18 12 6 s a b c d	56 24 18 12 6 s a b c d	57 24 18 12 6 s a b c d
积极性	58 24 18 12 6 s a b c d	59 24 18 12 6 s a b c d	60 24 18 12 6 s a b c d	61 24 18 12 6 s a b c d
各次考核得分				
评语 s 极优 a 优 b 良 c 中 d 差	最终得分	（一次＋二次＋三次）/3	档次划分评语	s 200 分以上 a 180～199 b 126～179 c 84～125 d 42～83
	最终档次	s a b c d		

2. 关键事件法

关键事件法是由美国学者弗拉赖根和伯恩斯共同创立的，就是通过观察，记录下有关工作成败的"关键"性事件，以此对员工进行考核评价。

关键事件法要求保存最有利和最不利的工作行为的书面记录。当这样一种行为对部门的效益产生无论是积极的还是消极的重大影响时，管理者都应把它记录下来。在考核的后期，考核者运用这些记录和其他资料对员工业绩进行考核。用这种方法进行的考核可以贯穿整个考核阶段，而不是仅仅集中在最后几周或几个月里。

在运用关键事件法的时候，管理人员将每一位下属员工在工作活动中所表现出来的非同寻常的良好行为或非同寻常的不良行为记录下来。然后在每六个月左右的时间里，管理人员和其下属人员见一次面，根据所记录的特殊事件来讨论后者的工作绩效。

关键事件工作绩效考核方法通常可作为其他绩效考核方法的一种很好的补充，因为它具有以下优点：

（1）它为你向下属人员解释绩效考核结果提供了一些确切的事实证据；

（2）它还会确保你在对下属员工的绩效进行考察时，所依据的是员工在整个年度中的表现，而不是员工在最近一段时间内的表现；

（3）保存一种动态的关键事件记录还可以使你获得一份关于下属员工是通过何种途径消除不良情绪的具体实例。

关键事件法给予员工与工作相联系的极其有用的反馈，可以减少近期效应。当然它也存在弱点，最大的瑕疵是管理人员常漏记关键事件。有很多时候，管理人员都是一开始忠实地记下每一件,到后来失去兴趣,到考核期限快结束时去补充记录。这样,近期效应的偏差被夸大,员工会觉得管理人员编造事实来支持其主观意见。

3. 行为锚定等级评价法

应用关键事件法对员工进行绩效考核的重要突破便是行为锚定等级评价法的发展和使用。这种方法能够反馈信息,而且所设计的方式也能够让上级主管更容易做出评估决策。

行为锚定等级评价法的目的在于:通过等级评价表,将关于特别优良或特别劣等绩效的叙述加以等级性量化,从而将描述性关键事件法和量化等级评价法的优点结合起来。因此,其倡导者宣称,它比我们所讨论过的所有其他种类的工作绩效考评工具都具有更好和更公平的考核效果。

行为锚定等级评价法和关键事件法的相似之处在于,首先都是强调要收集关键事件来描述每项工作的有效行为、一般行为和无效行为。这些关键事件可以组成员工工作表现的全部范畴,例如,有关行政管理能力、人际交往技巧等。在对下属进行考核时,每一项工作范畴都可以作为一项衡量指标,采用这些进行分类时,另外一组被考核者列出与每一指标相关联的关键事件。

图 8-4 就是关于这类衡量指标的范例。如对信息的了解关键事件法是与此相关联的。这一范例是关于某饭店中营销部经理工作行为评价的。

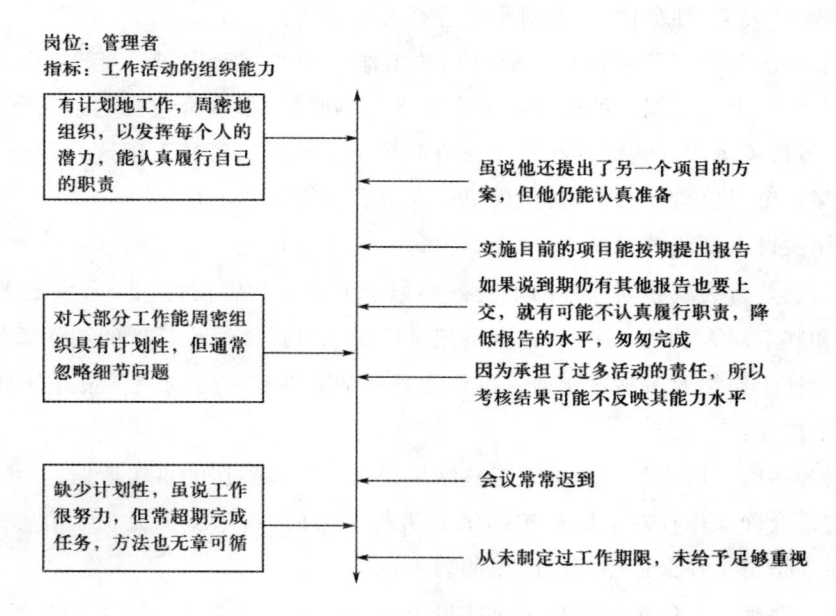

岗位:管理者
指标:工作活动的组织能力

- 有计划地工作,周密地组织,以发挥每个人的潜力,能认真履行自己的职责 —— 虽说他还提出了另一个项目的方案,但他仍能认真准备
- —— 实施目前的项目能按期提出报告
- 对大部分工作能周密组织具有计划性,但通常忽略细节问题 —— 如果说到期仍有其他报告也要上交,就有可能不认真履行职责,降低报告的水平,匆匆完成
- —— 因为承担了过多活动的责任,所以考核结果可能不反映其能力水平
- 缺少计划性,虽说工作很努力,但常超期完成任务,方法也无章可循 —— 会议常常迟到
- —— 从未制定过工作期限,未给予足够重视

图 8-4 关于单一指标经理工作的行为评价表

行为锚定等级评价法的优点是,使用行为锚定等级评价法比使用其他的工作绩效评价法要花费更多的时间。但是许多人认为,行为锚定等级评价法有以下十分重要的

优点：

（1）工作绩效的计量更为精确。由于是由那些对工作要求最为熟悉的人来编制行为等级体系，因此行为锚定等级评价法应当能够比其他评价法更准确地对工作绩效进行评价。

（2）工作绩效评价标准更为明确。等级尺度上所附带的关键事件有利于评价者更清楚地理解"非常好"和"一般"等各种绩效等级上的工作绩效到底有什么关系。

（3）具有良好的反馈功能。关键事件可以使考核者更为有效地向被考核者提供反馈。

（4）各种工作绩效评价要素之间有着较强的相互独立性。

（5）具有较好的连贯性。相对来说，行为锚定等级评价法具有较好的连贯性和较高的信度。这是因为，在运用不同考核对同一个被考核者进行评价时，其结果基本上都是类似的。

4. 行为观察评价法

行为观察评价法是行为锚定等级评价法的一种"变形"。行为观察评价法也是从关键事件中发展而来的方法，但与行为锚定等级评价法不同。首先，它不剔除不能代表有效绩效和无效绩效的大量非关键行为，而是用"事件"中的许多行为来具体地界定，并构成有效绩效（或无效绩效）的所有必要行为。其次，它并不是要评价哪一种行为最好地反映了员工的绩效，而是要求评价者或管理者对员工在评价期内表现出来的每一种行为的频率进行评价。最后，再将所得的评价结果进行平均之后得出总体的绩效评价等级。

例如，行为观察评价法并不是仅用四种行为来界定在某一特定维度上所划分出来的四种不同绩效水平，而是用15种行为。见表8-7。

表8-7　　　　行为观察评价法举例

克服变革的阻力
（1）向下属描述变革的细节。
几乎没有　1　2　3　4　5　几乎总是
（2）解释为什么进行变革。
几乎没有　1　2　3　4　5　几乎总是
（3）与雇员讨论变革会给雇员带来何种影响。
几乎没有　1　2　3　4　5　几乎总是
（4）倾听雇员的心声。
几乎没有　1　2　3　4　5　几乎总是
（5）在使变革成功的过程中请求高雅的帮助。
几乎没有　1　2　3　4　5　几乎总是
（6）如果有必要，会就雇员的问题商定一个具体的日期来进行变革之后的跟踪会谈。
几乎没有　1　2　3　4　5　几乎总是
总分数＝

很差	差	满意	好	很好
10分以下	11～15分	16～20分	21～25分	26～30分

行为观察评价法的优点在于：
(1)它能够将高绩效者和低绩效者区分开来；
(2)能够维持客观性；
(3)便于提供信息反馈；
(4)便于确定员工的培训需求。

但它的不足之处就是过于烦琐，因为它所需要的信息可能会超出大多数管理者所能够加工或记忆的信息量，一个行为观察评价体系可能会涉及80种甚至80种以上的行为，考核者在考核时，还必须回忆每一位员工在6个月或12个月的评价期间内所表现出的每一种行为的发生频率。

二、绩效考核的步骤

绩效考核的基本步骤包括制定绩效计划、进行持续沟通、实施绩效考核、提供绩效反馈以及指导绩效改进五个环节，绩效考核的步骤如图8-5所示。

图8-5　绩效考评过程图

(一)制订绩效计划

制订绩效计划是绩效考评过程的起点，是员工与直接上级或经理就工作职责、工作任务及其有效完成的标准以及员工个人发展确定目标、达成共识的过程。在这个过程中，经理和员工对以下问题进行沟通并确定为书面计划：员工本年度的主要职责和任务是什么？何时完成？判断完成绩效的标准如何？完成工作需要哪些权责及其他资源？工作目标、任务的完成对部门乃至组织的影响程度如何？经理如何帮助员工实现绩效目标？员工需要学习什么技能？如何通过沟通以了解工作进展，克服影响工作绩效的障碍和问题？

(二)进行持续沟通

持续沟通是绩效考核管理的重要环节，也是绩效考核管理的传统模式与现代模式的本质区别之一。所谓持续沟通应包括三个方面：其一，经理或主管应对工作进展情况、潜在的障碍和问题、可能的解决措施等与员工进行全面的交流和沟通，保证员工顺利完成工作任务并达到应有的绩效水平；其二，绩效沟通贯穿于整个绩效考核管理过程，而不只是在某个时点、某个环节上的交换信息，它承担着联系其他四个环节的桥梁作用；其三，持续沟通应该鼓励员工参与，突出员工自我评价、自我管理的作用。传统的人事考核认为，如果鼓励员工自我评价，就会助长员工人为夸大个人绩效面、有意缩小过失的行为。

但是如果建立一种持续沟通、平等交流的机制和环境,就会有效地引导员工正确地对待自己的行为表现,并对自己做出客观、合理的评价。

(三)实施绩效考核

绩效考核的实施是绩效考核管理活动的核心环节,是对员工在一定期间内的工作绩效进行的识别和评定,是确定员工是否达到预定的绩效标准的管理活动。具体来说,绩效考核的实施包括以下几个方面:

(1)绩效考核前的各项组织准备工作,包括宣传发动工作、工作日程安排、考核主体与客体的选择、考核工具的准备等(各种表格等)。

(2)绩效考核测量方法的选择。

(3)绩效信息的收集、整理与分析工作。

(4)绩效考核结果的统计。

(5)绩效评估的审核。

(四)提供绩效反馈

绩效考核结束后,上级或主管应就绩效考核结果与员工进行沟通,使之明确绩效的不足和改进方向以及个人特性和优点。绩效反馈是绩效管理的一个重要环节。

绩效反馈的有效性对绩效管理效果有很大影响,需要三个方面的支持:一是反馈手段,主要手段是绩效面谈。许多组织还设立"投诉"制度,允许员工在一定期限内对绩效考核结果提出意见,然后组织相关人员对产生异议的评价结果进行复核,以纠正评价中因主观和客观因素造成的偏差,保证评价结果的公平性和公正性。二是反馈机制,组织必须建立正规的绩效反馈制度,使与员工进行持续的绩效反馈成为管理者的一种制度化的行为。三是创造一种绩效反馈的环境与氛围。

(五)指导绩效改进

绩效考核结果反馈给员工后,如果不进行绩效改进和提高的指导,这种反馈就失去了意义。绩效改进指导也需要贯穿整个绩效管理过程。绩效改进指导包括绩效诊断和辅导两个环节。绩效诊断是管理者帮助员工识别造成绩效不足的原因或改进提高的机会,帮助员工寻求解决方法的过程;绩效辅导则是帮助员工提供相关知识技能,克服工作中的障碍以提高绩效。

由于以上五个环节基本上是按绩效考核工作的先后顺序(除持续的沟通外)进行的,所以又称为绩效考评的"横向程序"。此外,还有一种是按组织的层级逐级进行考核的程序,即先对基层进行考核,再对中层考核,最后对高层进行考核,形成由下而上的考核过程,称为"纵向程序"。当然,纵向程序中基本包含了"横向程序"的各个环节。

第四节　绩效考核的反馈与处理

大多数企业的绩效管理过程只进行到绩效考核实施即告以段落，各式各样的表格在花费了大量时间和精力填写完成后往往被束之高阁。管理者觉得很辛苦而且没有成果，员工也觉得很累而且充满疑惑。评估结果没有反馈给员工，所以原有的问题依然存在。而这又导致了从高层到员工都对绩效管理的有效性产生怀疑，并且阻碍了绩效管理的继续推行。

怎么样才能实施真正的绩效管理？怎样才能让被考核者了解自己的绩效状况？怎样才能将管理者的期望传达给员工？这就要通过绩效信息的反馈来完成。

一、绩效信息的反馈

(一)绩效信息反馈面谈

向员工反馈绩效信息的面谈既是一种机会也可能是一种风险。由于管理者必须传递表扬和建设性批评两方面的信息，在这样的谈话中，管理者需要关注的是如何既强调员工表现中的积极性方面，同时仍就员工应如何改进进行讨论。表8-8表示管理者在绩效面谈中应注意的事项。

表 8-8　　　　　　考核反馈面谈中管理者应注意的事项

应做什么	不应做什么
事先做好准备	教训员工
聚焦于工作表现和今后发展	将工作考核和工资及晋升一并谈论
对评定结果给予具体的解释	只强调表现不好的一面
确定今后发展所需采取的具体措施	只讲不听
思考负责人在下属今后发展方面的角色	过分严肃或对某些失误"喋喋不休"
对理想的表现予以强化	认为双方有必要在所有方面达成一致
重点强调未来的工作表现	将该员工与其他员工进行比较

(二)绩效面谈的原则

一般来说，面谈都是经过考核并发现被考核的下级有些绩效上的缺陷后而由管理者主动约见的。在面谈中管理者需要把握以下的面谈原则：

(1)对事不对人，根据绩效考核的结果数据进行基础谈话。

(2)反馈要具体，避免一般。不要泛泛地、抽象地一般性考核，要拿具体结果出来支持结论，援引数据，列举实例，让员工心服口服。

(3)不仅找出员工的绩效缺陷，更重要的是诊断出原因。

(4)要保持双向沟通。要共同解决问题，必须是双向过程，不能上级单方面说了算，让上级主宰一切，教训下级，这样不能解决问题。

(5)落实改进的行动计划。绩效面谈的根本落脚点就是要上级与下级共同商量出有针对性的改正计划。计划不能是列出条条框框,而要多一些备选方案,不过最后重点还要放在一两项最重要的行动计划上,而且完成计划的各项资源应该如何配置都要十分具体,与此同时,管理者与员工还应该共同制订出下一考核时期对员工的辅导计划。

> **资料链接**

绩效评估面谈案例

经理:小 A,有时间吗?(评:面谈时间没有提前预约)

小 A:什么事情,头儿?

经理:想和你谈谈,关于你年终绩效的事情。(评:谈话前没有缓和气氛,沟通很难畅通)

A:现在?要多长时间?

经理:嗯……就一小会儿,我 9 点还有个重要的会议。哎,你也知道,年终大家都很忙,我也不想浪费你的时间。可是 HR 部门总给我们添麻烦,总要求我们这儿那儿的。(评:推卸责任,无端牢骚)

A:……

经理:那我们就开始吧,我一贯强调效率。

于是小 A 就在经理放满文件的办公桌的对面,不知所措地坐下来。(评:面对面的谈话容易造成心理威慑,不利沟通。双方最好呈 90 度直角面谈)

经理:小 A,今年你的业绩总的来说还过得去,但和其他同事比起来还差了许多,但你是我的老部下了,我还是很了解你的,所以我给你的综合评价是 3 分,怎么样?(评:评估没有数据和资料支持,主观性太强,趋中效应严重)

小 A:头儿,今年的很多事情你都知道的,我认为我自己还是做得不错的呀,年初安排到我手里的任务我都完成了呀,另外我还帮助其他的同事很多的工作……

经理:年初是年初,你也知道公司现在的发展速度,在半年前部门就接到新的市场任务,我也对大家做了宣布的,结果到了年底,我们的新任务还差一大截没完成,我的压力也很重啊!

小 A:可是你也并没有因此调整我们的目标啊?!(评:目标的设定和调整没有经过协商)

这时候,秘书直接走进来说,"经理,大家都在会议室里等你呢!"

经理:好了好了,小 A,写目标计划什么的都是 HR 部门要求的,他们哪里懂公司的业务!现在我们都是计划赶不上变化,他们只是要求你的表格填得完整、好看(评:HR 部门在考核的时候多注重了形式而忽视了内容),而且,他们还对每个部门分派了指标。其实大家都不容易,再说了,你的工资也不错,你看小王,他的基本工资比你低(评:将评估与工资混为一谈),工作却比你做得好,所以我想你心里应该平衡了吧。明年你要是做得好,我相信我会让你满意的(评:轻易许诺,而且有第三人在场)。好了,我现在很忙,下次我们再聊。

小 A:可是头儿,去年年底评估的时候……

经理没有理会小 A,匆匆地和秘书离开了自己的办公室。

> **分析思考**

这是一次失败的绩效面谈,由于经理缺乏准备和根据,绩效考核仅仅流于形式,最后未能达成一致意见,必然会使员工产生不满情绪。不难看出,这个谈话之所以不成功,主要存在这样几个问题:一、考核的着眼点是关注过去,不重将来;二、针对人,评价性格;三、气氛严肃;四、感到突然;五、缺乏资料、数据的支持;六、凭主观印象;七、单向沟通。

二、绩效考核系统的效果评价

(一)绩效考核误差因素分析

绩效考核工作是一项复杂的工作,在实际工作中,会出现许多误差。首先是方法,其次是考核者的主观因素。具体来说主要表现在以下几个方面:

1. 缺乏客观性

传统绩效评价方法的一个潜在弱点是缺乏客观性。例如,在绩效评价中,通常使用的因素如态度、忠诚和品格等都是难以衡量的。另外,这些因素可能与员工的工作业绩没有关系。在评价方法中总会存在着一些主观性,但使用与工作有关的因素能够增加其客观性。

2. 晕轮效应误差

当考核者仅把一个因素看作是最重要的因素,并根据这一因素对员工做出一个好坏的全面评价,便产生了晕轮效应误差,或者说看见被考核者某种特性方面的优异,就断定他其他方面一定也好,一好百好;反之,则一坏百坏,全盘否定。例如,有的评价人员对被考核女性的衣着打扮时髦看不惯而影响了对她的工作绩效的正确评价,实际上爱美是女性的本性,只要她不是利用工作时间化妆打扮,就不能成为影响她工作绩效进行评价的因素。晕轮效应误差在绩效评价中是很容易出现的。

3. 首因效应和近因效应

因为最常见的考评周期是6个月到1年,所以要记住员工所有的工作表现是很难的。认知上的这一不足,往往使考核者产生首因效应和近期效应。

(1)所谓的首因效应也叫优先效应,是指考核者常通过获取的有关被考核者的最初信息来考核他的工作表现是好还是差,之后与最初判断相符合的信息就很容易被接纳了,而相反的信息往往忽略不计。正因为总是对最初收集的信息给予特别的关注,所以称为优先效应。

如考核者与被考核者初次见面,见其仪表堂堂,声音洪亮,心中的好感就会油然而生,考核过程中最易发现他的成绩,即使有时候有一些小毛病,也会找出理由来替他开脱。相反,如果见其相貌平平,沉默寡言,蔑视之情也就随之而生,考核时则最易发现他的缺点,对于成绩也就不以为然。

首因效应同样会给考核工作带来消极的影响,使考核结果不能正确地反映被考核者的真实情况。为了避免这种错误,考核时不能有先入为主的印象,考核时不能带有自己的主观意见,而应该从实际情况出发来做出正确的评价。正如美国国际管理顾问公司总裁马克·麦科马克在介绍他如何观察人、了解人时所指出的那样,"……千万不要有先入为主的印象。通常人们总相信首次印象;当别人给你留下印象时,也不要随便作为信条加以肯定,否则,你一定会后悔……"

(2)在考核的实际中,考核者也可能并未仔细留意员工在整个考核期间的工作表现。当考核工作来临时,才开始设法寻找员工以往的一些工作表现,而恰好员工最近的工作表现和工作成绩又非常显著,结果最近的工作表现就有可能占去考核分数的很大比重,这就称为近因效应。

这种偏见往往对一些在 6 个月到 1 年中始终表现很好,而却在最后一周或考评工作开始前两周犯了错误的员工有极为严重的影响,而无论职员还是管理人员都可以通过平时记录所发生的关键事件来减少这种近因效应。虽说做这件事会花费很多时间,但这些档案材料却能确保被考核者整个过程的工作表现都会参与到最后的绩效考核中来,从而保证了绩效考核的公正性。

4. 趋中误差

有时在考核中会出现一种趋势,不是走极端,而是寻求安全,即尽管被考核者的工作表现有所差异,但考核的最终结果都是一样的。这就是所谓的趋中误差。

在确定评价等级时,许多管理人员都很容易犯这种错误。比如,如果评价等级是从第 1 等级到第 7 等级,那么他们很可能既避开较高的等级(第 1 和第 2 个等级),又避开较低的等级(第 6 和第 7 等级),而把他们的大多数员工都评定在第 3、第 4 和第 5 这三个等级上。

在公司里,这种现象是很普遍的。经理们总是信奉"枣核理论"——大部分人的表现都一般化,表现得好和表现得差的人只是少数。在这种思想的指导下,他们做出来的考核结果自然也就"中间大,两头小"了。这样做带来的结果是非常不好的,大部分人都集中在平均水平,以至于比较不出他们之间的优劣差别,考核也就失去了意义。因此,在考核的时候,一定要抛弃这种错误的思想,严格地按照考核标准来进行考核,达到什么样的要求,就给予什么样的结果。

5. 从众心理

所罗门·阿希曾做过一个实验,他把被试者分成 7~8 人的小组,让每个小组的成员坐在一间屋子中,对两张卡片进行比较。一张卡片上画有一条直线,另一张卡片上则有三条长度不一的直线。如图 8-6 所示。

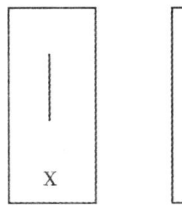

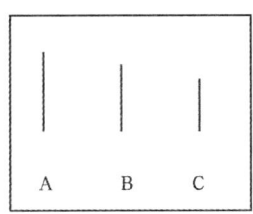

图 8-6 阿希实验所用的卡片图

实验中,阿希要求被试者只需大声说出右边三条直线中哪一条与左边的直线长度相等即可。

从图中可以看出,右边卡片中各直线之间长度差异是相当明显的。在一般情况下,

判断错误的人不会超过1%。但是,如果该小组的其他成员都故意给出错误的答案,那么会出现什么情况呢?

于是,他在每一个小组中只安排一个不知内情的真被试者,而其他成员均是他的实验助手,座位的顺序已先安排好,那位真正的被试者被安排在最后一个说出自己的判断结果。

实验的前两轮,阿希没有加以干扰,所有被试者回答得很正确,从第三轮开始,第一个被试者做出一个明显错误的回答,回答"C"和"X"长度相同,第二个被试者继续给出同样的错误答案,其他人的回答也一样。当轮到最后那个真正的被试者时,尽管他知道"B"与"X"的长度相同,可是其他人却都说"C",自己该怎么办呢?"是说一个与大家截然不同的答案呢? 还是与大家的意见保持一致,尽管这个答案明显是不对的?"

经过多次实验,有35%的被试者顺从了小组其他人的意见,也就是说,虽然被试者知道这样回答是错误的,但为了与其他成员意见一致,他还是顺从了这一错误的回答。

从这一实验中我们可以看出,有相当一部分人存在着"从众心理",他们总是极力避免与大家的意见不一致。

在平时的绩效考评过程中,也常常发生这种事情。当大家对一个人做出"绩效较差"的评价时,即便你很欣赏这个人,也知道他的绩效并不比别人差,可是为了不犯众怒,你很可能也做出"绩效较差"的评价,这就影响了绩效考评的准确性,无法为人力资源管理提供正确决策的信号。

因此,在考核的过程中,考核者一定要切记:要独立做出自己的判断,而不要盲目地跟随别人,只有这样才能从不同的角度出发,真正了解被考核者的工作实绩。

6. 相似性错误

在绩效考核的过程中,一些考核者总是把自己的性格、能力、工作作风等拿来和被考核者对比,凡是与自己相似的人总是不由自主地做出较高的评价;相反,对那些与自己有些格格不入的员工,就会情不自禁地给出较低的评价。这就是所谓的相似性误差。这一误差所隐含的假设前提是他们是员工的"榜样",这样与其相似的下属就会更有可能具有良好的工作表现。

例如,主管是一个在各方面要求非常严格的人,那么,他会认为那些做事一丝不苟的员工在各方面的表现都很出色;而那些不拘小节的员工各考核项目有可能得到较低的评价。虽然犯这种错误的人大多数都不是故意的,但是,这样做确实影响到了考核结果的准确性。

7. 考核指标理解误差

由于考核人对考核指标的理解的差异而造成的误差,同样是"优、良、合格、不合格"等标准,但不同的考核者对这些标准的理解会有偏差,同样一个员工,对于某项相同的工作,甲考核者可能会选"良",乙考核者可能会选"合格"。避免这种误差,可以通过以下三种措施来进行:

(1)修改考核内容,让考核内容更加明晰,使能够量化的尽可能量化。这样可以让考核者能够更加准确的进行考核。

(2)避免让不同的考核者对相同职务的员工进行考核,尽可能让同一名考核者进行多次考核,员工之间的考核结果就具有可比性。

(3)避免对不同职务的员工考核结果进行比较,因为不同职务的考核者不同,所以不同职务之间的比较可靠性较差。

8. 光环效应误差

当一个人有一个显著的优点的时候,人们会误以为他在其他方面也有同样的优点,这就是光环效应误差。在考核中也是如此,比如,被考核者工作非常积极主动,考核者可能会误以为他的工作业绩也非常优秀,从而给被考核者较高的评价。在进行考核时,被考核者应该将所有考核者的同一项考核内容同时考核,而不要以人为单位进行考核,这样可以有效地防止光环效应。

9. 个人偏见误差

考核者喜欢或不喜欢(熟悉或不熟悉)被考核者,都会对被考核者的考核结果产生影响。考核者往往会给自己喜欢(或熟悉)的人较高的评价,而对自己不喜欢(或不熟悉)的人给予较低的评价,这就是个人偏见误差。采取小组评价或员工互评的方法可以有效地防止个人偏见误差。

10. 压力误差

当考核者了解到本次考核的结果会与被考核者的薪酬或职务变更有直接的关系时,或者惧怕在考核沟通时受到被考核者的责难,鉴于上述压力,考核者可能会做出偏高的考核。解决压力误差,一方面要注意对考核结果的用途进行保密,一方面在考核培训时让考核者掌握考核沟通的技巧。如果考核者不适合进行考核沟通,可以让人力资源部门代为进行。

11. 完美主义误差

考核者可能是一位完美主义者,他往往放大的被考核者的缺点,从而对被考核者进行了较低的评价,造成了完美主义误差。要解决该误差,首先要向考核者讲明考核的原则和操作方法,另外可以增加员工自评,与考核者考评进行比较。如果差异过大,应该对该项考核进行认真分析,看是否出现了完美主义错误。

12. 自我比较误差

考核者不自觉的将被考核者与自己进行比较,以自己作为衡量被考核者的标准,这样就会产生自我比较误差。解决办法是将考核内容和考核标准细化和明确,并要求考核者严格按照考核要求进行考核。

13. 盲点误差

考核者由于自己有某种缺点,而无法看出被考核者也有同样的缺点,这就造成了盲点误差。盲点误差的解决方法和自我比较误差的解决方法相同。

(二)减少误差的措施

1. 影响绩效考核的因素

如果有许多外在因素对考核过程产生一定影响,那么即使是最有信度和效度的考核形式也不可能奏效。影响绩效考核准确性和有效性的最大障碍常常是以下这些前提假设:

(1)上司不仅是员工工作表现的最佳信息来源,而且也是一个充足的信息来源;

(2) 绩效考核尽可能简单,以免妨碍上级主管更重要的工作职责;
(3) 即使经过了很长一段时间,考核者也能回忆起员工的工作表现;
(4) 组织应经常对个人的工作表现而不是对某个部门或某一群体进行考核;
(5) 从整体上看,工作表现一般能充分考核某个员工的工作表现;
(6) 所有考核者都试图要对被考核者进行准确、客观的考核;
(7) 以行为描述为基础的考核形式常常能确保考核的有效性和可靠性。

2. 减少考核误差的措施

以上假设常常会阻碍考核的信度和效度,如果我们能正确地采取措施,就会减少考核误差的出现。

(1) 运用多种标准。工作越复杂,考核的标准就应该越多。但是,并不是每一件事情都要进行考核,只需要考核那些决定绩效高低的关键活动。

(2) 确认你已经对以上所说的考核中容易出现的误差有了清楚的了解。因为弄清楚问题显然会有助于你避免这些问题的出现。

(3) 选择正确的考核工具。每一种考核工具都有其优点和不足。例如,等级排序法能避免中心化倾向,但是在所有的员工的绩效都应该被评价为"高"的情况下,这种考核法就会引起员工的不良感受。

(4) 培训考核者。为了避免考核者在考核过程中的晕轮效应、从众心理、首因效应等误差,应对考核者进行培训。在一项典型的此类主管人员培训中,主讲人先为考核者放映一部关于员工实际工作情况的录像带,然后将结果放到粘贴板上,并将在工作绩效考核中所可能出现的问题逐一进行讲解。最后主讲人将会给出正确的考核结果并对考核者在考核过程中所出现的各种错误一一加以分析。有研究表明,用计算机辅助进行工作绩效考核培训,有助于提高管理人员和下属员工就绩效考核展开讨论的能力。

(三)绩效反馈机制

绩效评价最重要的是让员工们意识到工作绩效没达到预期绩效的要求和如何改进绩效。事实上,许多企业并不注重绩效反馈工作,没有充分发挥绩效反馈的作用。管理者应当以一种能够诱发积极的行动反应的方式来向员工提供明确的绩效反馈。绩效反馈机制将有利于员工的绩效改进,增强绩效反馈过程的潜在作用。有效的绩效反馈具有以下几个特点:

1. 员工的绩效反馈应是经常性的、不定期的

管理者一旦发现员工绩效中所存在的缺陷,就有责任立即指出,并教他如何纠正。如果员工的绩效每年的1月份时就已低于标准,而管理者要等到12月份再去对其绩效进行评价,那么就会使企业蒙受11个月的生产率损失。因此,管理者应当经常性地、不定期地向员工提供绩效反馈,从而使他们清楚自己的绩效水平。

2. 为绩效讨论提供一种好的环境

管理者应当选择一个中立的地点来与员工进行绩效讨论。管理者的办公室通常并不是最佳的绩效反馈地点,管理者应选择一个谈话轻松的地方;管理者应该表明,绩效会谈应当是一种开诚布公的对话。

3. 反馈之前让员工先对个人绩效进行自我评价

在让员工参加绩效面谈之前,先让其认真思考一下自己在绩效考核期内所达到的绩效,并鼓励他们寻找自己的不足。一方面,用于管理目的的自我评价,员工往往会夸大;另一方面,用于开发目的的自我评价,往往比管理者的评价要低。反馈面谈的重点可放在上、下级之间存在分歧的问题上,这会提高绩效反馈过程的效率,并让员工对自己过去的绩效进行认真思考,让其完全参加到反馈过程的讨论之中去。

4. 鼓励下属积极参与绩效反馈过程

在绩效反馈的过程中,有三种方法供管理者采用:一是"讲述－推销法",即管理者告诉员工对他的绩效考核,然后再让员工接受管理者对他做出的该项评价的理由;二是"讲述－倾听法",即管理者告诉员工对其做出了怎样的绩效考核,然后再让员工谈一谈对这种绩效评价的看法;三是"解决问题法",即管理者和员工在一种相互尊重和相互鼓励的氛围中讨论如何解决员工绩效中所存在的问题。

研究证明,"解决问题法"的效果是最为突出的,但是大多数的管理者却仍然依赖于"讲述－推销法"。

5. 赞扬、肯定员工的有效业绩

通常认为,绩效反馈过程的焦点应集中在找出员工绩效中存在的问题,提供准确的绩效反馈,这其中既包括查找不良绩效,同时也包括对有效业绩的认可。赞扬员工的有效业绩会有助于强化员工的相应行为。此外,由于管理者并不仅仅是只寻找员工绩效的不足,也增加了绩效反馈的可信程度。

6. 重点放在解决问题上

管理者在绩效反馈方面通常会犯的一个错误就是把绩效反馈看成是对绩效不良员工进行惩罚的一个机会,因而总是告诉这些员工他们的绩效是如何的糟糕。这种做法只会伤害员工的自尊,或者强化其抵触情绪,这都不利于员工的绩效改善。为了改善员工不良的绩效,管理者先与员工一起找出导致不良绩效的实际原因,然后就如何解决这些问题达成共识。每一种原因都要有不同的解决方法。如果不采用这种解决问题法来进行绩效反馈,那么就可能永远都不会找到纠正不良绩效的方法。

7. 将绩效反馈集中在行为上或结果上而不是员工本身

在进行负面反馈时,要避免对员工个人存在的价值提出疑问。举个例子来说,如果管理者对员工说:"你把事情搞得一团糟,你根本就没有用心去做!"那么必然会导致员工产生抵触心理和很强烈的反感;相反,如果管理者对员工说:"你之所以没有能够按时完成这个项目,是因为你在其他项目上花的时间大多了。"那么,结果可能会好一些。

8. 尽量少批评

如果一位员工的绩效低于规定的标准,那么必然要对其进行某种批评。然而,一位有效的管理者则应当抵挡住抽出进攻之剑的诱惑。当一位员工面对个人所存在的绩效问题时,他(她)往往是同意自己应当在某些方面有所变化的。但是,如果这时管理者仍然是一而再、再而三地举出其绩效不良的例子来,那么员工无疑会产生一种防卫心理。

9. 制定具体的绩效改善目标,然后确定检查改善进度的日期

制定目标的重要性不能过于夸大,它只是最为有效的激励因素之一。研究表明,目标的制定有利于提高员工的满意度,有利于激发员工改善绩效水平,实现绩效的真正改善。但是,除了确定目标以外,管理者还应当确定对员工达到目标绩效要求的进展情况进行审查的具体时间。

本章小结

绩效管理是饭店培养市场竞争力最为重要的管理制度体系,建立、实施并不断完善绩效管理体系是现代饭店管理的紧迫任务。在绩效管理实践中,绩效管理和绩效考核存在着很大的区别。绩效考核的内容主要以岗位的工作职责为基础来确定的,但要注意遵循几个常见的原则。绩效考核的对象、目的和范围复杂多样,但就其基本方面而言,习惯上主要围绕德、能、勤、绩四个方面的要素进行。饭店对员工进行定期的考核,其宗旨是通过考核了解员工在考核期限内的工作表现与饭店对其期望的成绩之间的差距,肯定成绩,指出不足,帮助员工提高绩效、扬长避短,同时以考核结果为依据,实施奖惩,达到激励员工、提高工作效率和服务质量的目的。为此必须了解、掌握有关的考核方法。绩效考评的基本步骤包括制订绩效计划、进行持续沟通、实施绩效评价、提供绩效反馈以及指导绩效改进五个环节。为了实施真正的绩效管理,让被考核者了解自己的绩效状况以及将管理者的期望传达给员工要通过绩效信息的反馈来完成。

综合案例

某酒店集团后勤部新上任的李经理,打算针对集团后勤工作管理不善,员工热情不高,大家对整个后勤部的意见等问题,进行充分的调查研究,制定"严格管理,促进后勤工作转变"的工作方针,并将主管人员绩效考核作为整个方针落实的第一步。但李经理将这一建议在部办公会议透露后,却引来大家各种意见。

负责业务的副经理老王认为:后勤工作千头万绪,关键要稳住顶在第一线的主管们。考核工作是很重要,但在全集团尚未全面实行管理人员考核之前我们自搞一套,主管们压力一定很大,一旦影响了情绪,工作会更难的。

负责行政人事的副经理老肖则认为:后勤工作繁重琐碎,能维持现况已属不易,再折腾,搞乱了管理人员的思想,局面会更糟。

李经理再次强调管理人员考核的意义,他认为只有做到奖惩分明,打破大锅饭,并把

管理人员的奖金、提拔和晋升工资与工作好坏挂起钩来,后勤工作才可能根本改观。在李经理的坚持下,部办公会议同意了对主管进行考核的意见,并由肖副经理拿出具体考核细则交全体主管会议讨论。

经过几次部办公会议的争论,李经理也听取了老王、老肖的意见,意识到主管能否理解考核的意义将成为整个考核工作成败的关键。因此在几天后的主管会议上,李经理把解决主管的认识问题列为会议的重点。主管会议开得很成功,在李经理阐明考核工作意义之后,不少主管纷纷发言表态,支持领导决定,气氛相当热烈。李经理看到原先的担忧基本解除了,便给每位主管一份《考核细则》,并当众宣布下一季度试行,第一个月的奖金将按考核后的实际得分发放。

一个月的考核工作顺利进行着,主管们比过去忙多了,后勤工作也有些起色。每次的全体主管会议,到场的人多了,平时不记录的主管也带上了小本本,各部门挂起了行踪留言黑板。各科应上报的一个月工作计划和工作汇报都早早收到了。后勤部办公室也整整忙了一个月,记录着各种反馈信息。

第二个月的5日,李经理收到了主管们送上的自评表,出乎意料,主管们几乎都给自己打上满分;员工评议表和其他科的打分又带有很浓的个人成见。如物资科主管工作负责、原则性很强,得罪了一些人,被其他科打了个最低分;只有部领导的评分才恰如其分,可以公布。

在第二天的主管会议上,李经理公布了部领导对主管的考核结果,宣布奖金获得数。但6位得分少的主管却当场要求部领导说明原因和理由,会议难以进行下去。当天下午他们还联合起来到集团办公室和人事部告状。由于6位主管接连几天没有主持工作,闹得不可开交,直接影响了整个后勤部的正常工作秩序。

一周之后,经集团领导调解,后勤部10位主管的奖金仍按最高等级发放。面对这一切,李经理陷入了苦闷的深思。

案例分析

某企业是一家民营餐馆发展起来的大型餐饮连锁企业,创立于2005年,由总公司和8家控股子公司组成,拥有资产1亿多元,汇聚了大批餐饮业精英和人才,员工达上千人。创业5年,公司的年销售额翻至两倍,公司总营业面积近5万平方米。公司连锁餐馆已发展至30余家,遍布周边省市,占据区域主导地位。

在企业迅猛发展的过程中,内部管理问题日益突出,成为阻碍企业进一步发展的桎梏。监督力度不足:一方面发现不了员工的问题,一方面发现了也没有相应的惩罚措施,员工出错的次数逐步上升;基层员工工作规范欠缺,各有各的工作习惯,没有可以参照的工作标准作为岗位工作好坏的评判。考核缺失:没有量化的考核依据,员工干好干坏一个样,严重制约了员工工作的积极性。管理干部对于员工工作量的把握没有任何可量化的依据。

讨论：1. 该企业在绩效管理中存在哪些问题？（至少3点，并详细说明）

2. 产生这些问题的根本原因是什么？

3. 请你对身边的餐饮企业进行调查，了解餐饮企业的运作特点与运作模式，在此基础上，紧扣案例企业实际，提出改进措施。

实训练习题

指导学生以某饭店大堂副经理为例，按照"上司、同事、下属、自我和客户"考评为一体的360度绩效考核内容，设计一份月度绩效考核表，并组织老师与学生们一起讨论完善。

复习思考题

1. 什么是绩效与绩效管理？
2. 常用的绩效考核方法有几种？
3. 饭店员工的绩效考核应该坚持哪些原则？
4. 试设计一份饭店餐厅部或客房部一般员工季度绩效考核表。
5. 试分析员工绩效考核对饭店人力资源管理的贡献。

第九章

饭店薪酬管理

学习目标

◆ 能够熟练掌握并运用饭店的主要薪酬制度
◆ 能够初步设计饭店薪酬方案

知识目标

◆ 了解饭店薪酬的概念和主要内容
◆ 理解影响饭店薪酬水平的主要因素
◆ 了解饭店福利的特点和主要形式

课程导入

××大酒店薪酬管理制度

一、总则

1. 本制度经酒店董事会审议通过，自某年某月某日开始执行。

2. 本制度实行的准则：坚持按劳分配、多劳多得，支持效率优先，兼顾公平的原则。

3. 本制度努力实现的方向：按效分配，唯才是用、唯功是赏的薪酬分配原则。

二、工资结构

员工工资的具体结构如下：

1. 个人工资收入＝职务岗位等级工资＋店龄津贴＋浮动效益工资；

2. 职务岗位等级工资含：基本工资＋岗位津贴＋生活津贴（包括员工中、夜班津贴，独生子女费等）＋技术津贴（仅限特殊工种）

3. 职务岗位等级工资，依据担任的职务、岗位职责、技能高低，经考核后确定；

4. 店龄津贴：依据员工服务年资（含试用期间）计算（以每年 1 月 1 日为限，即头年某日入店均以次年的一月一日起算）调整 1 次，在酒店服务满一年的员工，可享受店龄津贴。店龄津贴起点为每人每月 30 元，每月随工资发放，并逐年按此标准递增，店龄工资最高为 300 元，超出此数，酒店另外补贴）。

5. 浮动效益工资：奖金。随酒店经营效益的高低，并结合管理质量的优劣而上下浮动，具体方案另拟。

6. 每年 6 月 30 日前，依据岗位工资等级标准和员工的业务技能以及本年度考核结果进行调整。

7. 上列计算结果若有小数点产生时，一律舍去不计。

三、岗位工资等级

1. 酒店为公正评价每位员工的资历能力和贡献，将全店职能部门所有岗位自上而下划分为 10 级 30 档。管理人员以现任职务确定工资等级，职工以现有岗位确定相应的工资等级。

2. 全店等级工资情况见附表《××大酒店岗位工资等级表》。

四、工资的计算与支付

（一）等级工资计算期间为当月 1 日至当月月底，工资发放时间为次月的 15 日（若遇节假日顺延）。

（二）每月工资以 30 天计算，每工作 5 天享有有薪假期 2 天。职务岗位等级工资总额＝出勤工资×（出勤天数＋应享有带薪假天数）×30

五、浮动的效益工资

（一）与效益工资有关的考核指标：

1. 月份营业收入指标数

2. 月份成本率

3. 月份费用率

4. 月份利润率或利润总数

5. 月份其他指标（或个别特殊部门的单独指标）。

(二)浮动效益工资的计算方法：

第一部分：浮动效益工资部分

1. 由酒店总经理一次性下达各营业部门的月度、季度、年度的经营指标数，并由酒店总经理和各营业部门的第一责任人签订"经营指标确认书"。

2. 月度以每月1日——每月30日(31日)为月份考核的结算时间，并以此发放月度浮动效益工资和超产奖金；年度的每年的1月1日——每年的12月31日为年度的考核的结算时间，并以此为计算根据发放年度的双薪，作为年度的总奖金。

3. 计算方法：

(1)全店领班级以上(包括领班级)管理人员的基本工资和当月营业指标完成情况相挂钩，即当月浮动效益工资，普通员工的工资不参与浮动。

(2)全店领班级以上(包括领班级)管理人员的基本工资计算方式为：每人的职务岗位等级工资的80%为基本工资，其余20%为各种津贴。津贴部分(即20%)，则不参与浮动。

比如：某领班，每月职务岗位等级工资为750元，则其中80%＝600元为基本工资数，每月参与浮动，其余20%为各类津贴，不参与浮动；某部门经理，每月职务岗位等级工资为1600元，则其中80%＝1440元为基本工资数，每月参与浮动，其余20%为各类津贴，不参与浮动。

其余类推。

第二部分：超产奖金部分

1. 奖金的含义：

奖金：含奖给与扣奖两个含义，即奖与罚。有奖有罚，奖罚平等。

2. 奖金的类别：

××大酒店的奖金种类有：

(1)经营效益奖

(2)管理绩效奖

(3)服务质量奖

(4)特殊贡献奖

(5)年终双薪奖

(6)其他单项奖

①先进部门或班组(团体)

②某项集体奖(团体)

③先进工作者(个人)

④优秀员工(个人)

⑤微笑明星(个人)

⑥优秀通讯员(个人)

⑦岗位技能(技术能手)比武(团体或个人)

⑧协作精神(团队或个人)

⑨见义勇为(团体或个人)

⑩创新、创意项目奖(团体或个人)

⑪拾金不昧(个人)

⑫节支降耗(团体或个人)

⑬文体活动(团体或个人)

⑭酒店形象大使(个人)

⑮特殊贡献(团体或个人)

⑯其他……

3.经营效益奖：

(1)本项奖金的设置，与××大酒店全体员工相挂钩(又可称为:效益工资奖)

(2)本项奖金的评定，按各部门月度经营效益的完成情况而计算与评奖。

(3)本项奖金的设定，与上述第一部分："浮动效益工资部分"同时存在，并分别进行计算。

第三部分:年终双薪奖

1.年终奖的范围

(1)2004年度为特殊的试行年度，计算日期为:4月1日～12月31日。

(2)第二节005年度以后，均以每年的1月1日～12月31日结算。

(3)年终奖的计算基数:基本工资＋职务岗位工资

2.营业部门年终奖:第一板块所有部门的每一位员工。

(1)按本部门年度总营业额的完成比例计算年终奖。

(2)倘若某营业部门，只完成全年总营业额指标数的80%以下(含80%)，不发年终奖。

(3)倘若某营业部门，完成了全年总营业额指标数的80%～100%(不含80%，亦不含100%)，原则上不发年终奖，但酒店可发给部分安慰奖，或称董事会的赠送奖。

(4)倘若某营业部门，完成了全年营业额指标数的100%以上(含100%)，则按百分比的比例，发给年终奖。

3.年终双薪奖的计算方式：

比如:某营业部门，当年完成了全年营业总数的115%，那么，这个部门的每一位员工，均可获得全年12个月职务岗位等级工资以外的年终奖(亦称第13个月的工资)，计算方式为:该员工(或管理者)的每月基本工资＋每月职务岗位工资，再乘以115%。

假设:某员工(或管理者)每月基本工资＋每月职务岗位工资为1000元，那么他即可获得:1000元×115%＝1150元。

评析：该饭店薪酬制度内容全面，可操作性强，体现了饭店行业特殊性。在本案例的薪酬制度中，规定了基本工资待遇，对浮动效益工资部分进行了详细的规定并具体说明，将工资与酒店的绩效、个人能力、团队合作结合起来，这样可以充分发挥薪酬制度的经济杠杆和激励作用，为饭店的可持续发展保驾护航。

第一节　饭店薪酬管理概述

一、薪酬的概念

薪酬是指员工因工作关系付出个人劳动，从企业获取的劳动回报因而得到的各种酬劳的总和。薪酬的表现形式是多样的，主要包括工资、奖金、福利、津贴与补贴等各种直接经济薪酬和物质薪酬形式，支付的方式除了货币形式之外，还可转化为带薪假期、工作环境改善和工作的发展空间等的间接经济薪酬或精神薪酬的形式。饭店薪酬实际上是指饭店对员工为履行其职责或完成工作任务而实现绩效，付出的服务劳动、时间、学识、技能、经验和创造所支付的各种形式的回报。

薪酬是一个广泛的概念，可将其分为内在薪酬和外在薪酬两大类别（如图9-1所示）。其中，内在薪酬是指员工由工作本身而获得的满足感，包括：参与决策权、自由分配工作时间及方式、较多的职权、比较有趣的工作、个人成长的机会、活动的多元化等。外在薪酬是指以物质形态存在的各种类型的薪酬，又分为直接薪酬、间接薪酬和非经济性薪酬三类。这些都是工作参与的结果，这样才会出现工作内容丰富化、弹性工作时间、工作轮换等现象。

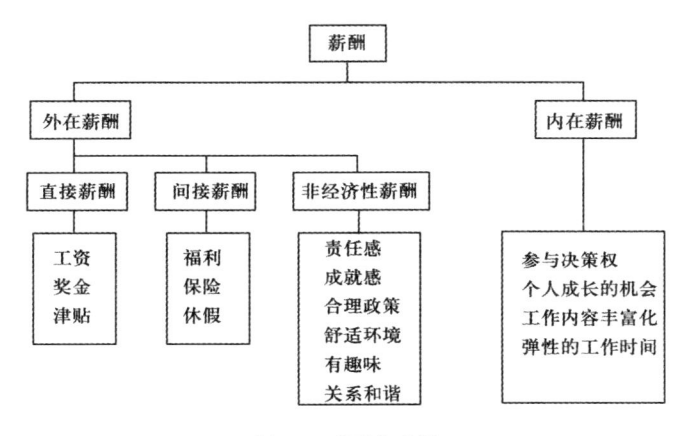

图 9-1　薪酬构成图

1. 直接薪酬

直接薪酬主要是指饭店为员工提供的基本工资、加班费、津贴、奖金等。为了提高服务人员的待遇，饭店应推行以岗位工资为主的岗职工资制度。岗职工资制度是从总经理到员工按决策层、领导层、督导层、服务层分成许多级别，各级别因技术工种的不同而有所不同的工资制度。这样可以避免出现单纯按行政级别来划分工资高低的现象。饭店还应采用年功序列奖励制度，根据工作年限、贡献大小来给予不同奖励。此外，饭店还可实施利益共享计划，设立职工股，让员工成为企业的股东，分享企业的利益。马里奥特公司创始人马里奥特（Marriott）便是第一个倡导利润共享计划的人。在20世纪90年代，马里奥特饭店每年都要拨出2000多万美元的利润来发给员工。

2. 间接薪酬

间接薪酬主要是指员工的福利。现在，饭店大多采用统一的方式，为员工提供医疗保险、养老保险、带薪假期等福利。事实上，由于员工个性的不同，对各种福利价值的主观评价也是不同的。为了使激励的效果达到最大，饭店还应考虑员工的个人需要，给予员工充分的主动权，为员工提供"自助餐"式的福利。比较切实可行的做法是：饭店为每一个员工建立一个灵活的、规定具体金额的福利消费账目，并为每种福利标明价格。员

工可以自行选择福利项目,直到他们账户中的金额用完为止。

3. 非经济性薪酬

非经济性薪酬包括工作的有趣性、责任感、成就感以及工作环境方面是否具有合理的政策、称职的管理和和谐的人际关系等。

饭店管理人员应认识到员工的需要是多方面的,既有物质的需要,又有精神的需要。因此,管理人员应适当考虑员工的精神需要,通过各种精神鼓励措施来激励员工,如评选"最佳员工"、授予"××岗位能手"称号等。管理人员还应注意到:不同的员工的精神需要是不同的。管理人员应根据员工个人的差别有针对性地采用各种激励手段。如有的员工希望有良好的人际关系,饭店可以多组织一些生日聚会、舞会等社交活动以满足他们的需求;有的员工希望受人尊敬,拥有较高的威望,饭店可通过授予各种荣誉称号来激励他们。

根据有关研究表明,饭店业员工与经理层人员对激励的认可排序明显不同,员工层将"所做的工作得到完全认可"排在最重要的位置上,接下来依次为"工作有趣"、"工资待遇好"、"工作安全"和"在企业中得到晋升和发展"。而经理层则普遍这样排序:工资待遇好;工作安全;工作环境好;在企业内部能得到晋升和发展;所做的工作能得到全面的认可。从这些情况可以看出,饭店的薪酬设置应对员工层和经理层予以区别,对于员工层要在合理的经济性薪酬尤其是直接经济薪酬的基础上,加大非经济性薪酬的应用力度,以激励员工的工作热情并保持稳定;对于经理层则要更为重视经济性薪酬的业内水平,从而使其薪酬水平有竞争力。从另一方面来说,员工层的薪酬中固定工资部分所占的比例相对小,而其他支出(如培训、郊游、休假、奖金等)所占比例大;而经理层则固定工资所占比例大,其他部分小,从这一角度来节约人力资本。

二、饭店薪酬管理的概念

饭店薪酬管理是企业分配给员工的直接、间接、非财务的货币激励以及非货币激励的过程。广义上的饭店薪酬管理指的是饭店组织通过与员工互动和了解员工需要来建立一套完善、系统、科学、高效的薪酬制度体系,以达到吸引、留住和激励员工,进而达到组织获利、提升组织竞争力目的的一系列管理活动;而狭义上的饭店薪酬管理具体涉及工资(奖金)分配方案、福利政策、员工培训计划以及选择薪酬支付方式、时间、次数、每次金额等活动。

三、饭店薪酬管理的作用

案例分析

红桥饭店是一家以经营饭店和餐饮业闻名全国的中外合资企业,朱明是红桥饭店的总经理。上任一年来,他确信,要调动员工的积极性,提高服务质量,必须建立一套公平合理的报酬制度。

朱明上任的头3个月,他便要求人力资源部对红桥饭店的所有职务(岗位)进行分析,给每一项职务编制了职务说明书,对职务的性质、任务、职责等作了详尽的描述。同

时,朱明运用各种手段进行薪酬调查,从而获得了同类饭店各类员工的报酬水平的有关资料。此外,朱明还让薪酬科编制了一张市场薪酬率曲线,他确信,这些信息有助于他进行本企业的薪酬决策。

红桥饭店还建立了比较全面的福利制度。正式职工在工作一年之后,饭店将提供一周的假期,在此期间薪酬照付。此外,员工的继续服务年限达到10年以上,便可享受医疗保险、住房补贴、退休金计划等福利。

在福利制度的实施中,朱明注意到,员工对这些在其他饭店不提供的福利措施似乎不在意。上任一年来,他一连遇到了好几个问题。第一,基层管理者流动率高,在这一年里就有5个领班辞职。他不明白他们为何要辞职,面谈时,每个领班都给他同一个答案:他们在红桥饭店工作愉快而且人际关系很好,不过是该辞职的时候了。第二,行政文秘人员抱怨他们的薪酬和保安一样,而保安则抱怨他们的薪酬少于厨师。企业内部抱怨不断增加,朱明陷入一种困惑之中,为什么红桥饭店提供的报酬水平不低,尤其是有较全的福利政策,但抱怨依旧?

问题: 你认为红桥饭店的问题出在什么地方?

饭店薪酬管理是饭店人力资源管理过程中不可缺少的一个重要环节。薪酬水平的高低受多种因素的影响。薪酬管理水平的高低不仅关系到饭店人力成本控制的好坏,而且关系到饭店人力资源管理的其他方面,如员工的激励,进而影响到员工的去留,对于整个饭店企业的运转起到至关重要的作用。具体来说,饭店薪酬管理的作用主要体现在以下几个方面:

(一)减少员工流失,保持员工稳定

近年来,饭店员工流失现象严重,员工(特别是旅游院校的大学生员工)流动率高,成为困扰饭店管理人员的一大问题。员工流失的一个重要的原因就是饭店缺乏良好的人力资源管理体系,饭店薪酬管理不具备吸引力,在一定程度上打击了员工的积极性,从而产生了"离心力"。其中,饭店企业薪酬待遇过低是造成员工流失率高的主要原因,有些饭店企业只考虑到提高员工的薪酬水平会增加饭店企业的运营成本,而忽视了企业内部员工的频繁跳槽不仅增加了重新招聘、培训新员工等的费用,而且大量的员工流失还给饭店的日常管理带来了极大的阻碍。同时,还会形成饭店企业在同行业中薪酬低、福利差的口碑,不利于饭店企业招募到具有特殊技能的员工和优秀的管理人才,进而影响到饭店企业的长远发展。因此,饭店企业人力资源管理部门应结合企业的实际情况,适当调整薪酬水平,改善员工待遇,提高员工忠诚度,保持企业人员结构的相对稳定。

(二)形成有利的员工激励机制

饭店企业对于员工的激励类型一般分为有形激励和无形激励两种。对于基层的服务人员,饭店企业既可以通过增加工资、奖金等直接薪酬对企业内部表现突出的员工加以鼓励,又可以依靠福利、补助等间接薪酬进行奖励,而对于企业内部的中高层管理人员,运用一般的金钱、物质形式进行激励并不能产生预期的效果,应通过非经济性薪酬方式,给予他们某些一般员工无法享受的待遇和特权,使其具有不可比拟的优越感,来促使其为饭店的发展做出更大的贡献。

(三) 使企业的发展目标和员工的个人目标一致

饭店薪酬管理必须能够体现出饭店的发展方向和战略目标，并以此为基础制定出相应的管理规定及规则。对于符合饭店发展需要，严格遵守相关管理规则并且表现优异的员工要积极表彰或嘉奖，并在饭店内部广泛宣传，形成一种示范效应。随着时间的推移，饭店员工便会自觉地按照饭店的发展方向和战略目标严格要求自己，渗透到日常工作中的一言一行，使自己的个人目标与饭店企业的发展目标趋于一致。

(四) 营造良好的企业氛围

世界上很多著名的饭店管理集团都非常注重对员工进行物质投资和感情投资，营造良好的企业氛围，创造一种员工感到温暖、受重视、自身价值受到认可并且有参与感的工作环境，使员工能看到自己事业发展的方向，提供有竞争力的工作与福利。例如，著名的希尔顿饭店公司保持了一种"家庭精神"，饭店公司的老总和各饭店经理人员之间相互了解，共事多年。这种"家庭味"的企业氛围是其他饭店集团难以匹敌的，希尔顿饭店公司视之为"传家宝"。公司非常重视员工的福利，处处为员工着想，营造出一种家的氛围。各饭店专门设有职工食堂，为他们免费供应午餐、晚餐和夜餐，还为职工提供免费医疗。凡在饭店工作满15年或达到公司规定退休年龄者，按工龄补发工资。

(五) 塑造竞争优势

目前，饭店企业之间的竞争日益激烈。这种竞争的实质是对人才的竞争，特别是对于高级管理人才的竞争。为了更好地吸引人才，饭店应通过提供有吸引力的薪酬、丰厚的福利待遇和光明的发展前景来广泛吸纳人才，以在日趋白热化的市场竞争中形成自身的竞争优势。以马里奥特饭店为例，马里奥特饭店十分重视人才，使自己保持较强的竞争优势，马里奥特饭店为美国康奈尔大学饭店管理学院毕业生提供毕业实习机会，同时华盛顿的马里奥特饭店总经理亲自与这些实习生见面并挑选人才，选中的人员将留在马里奥特饭店工作，年薪为 16 000～20 000 美元，比其他饭店高出 4 000～6 000 美元。

资料链接

厦门酒店人力资源现状

据 2007 年 6 月～9 月，由厦门亚太旅游人才发展中心组织的厦门饭店业人力资源(薪酬)调查课题组对厦门酒店人力资源现状进行摸底调查，结果表明，99％的酒店员工有过跳槽经历。

据介绍，厦门酒店业正面临人力资源隐患：由于薪酬待遇低、缺乏发展前景、酒店管理僵化等原因，酒店员工纷纷跳槽或转行，使酒店业面临较大的用工缺口，不得不降低聘用标准，新员工未经充分培训就上岗，这必然导致服务质量下降，影响酒店的品牌形象与利益，最终陷入一个恶性循环。

在未来几年中，厦门酒店业还将面临更加严峻的人力资源挑战：一是厦门酒店业的新建与扩张，会造成更多的劳动力短缺；二是随着 2008 年新《劳动合同法》的正式实施，这会使酒店的用工成本增加，给酒店的招聘、培训、薪酬、绩效和劳动关系管理带来更多的挑战。

现象一，99%在职员工曾跳槽

本次调查对象有三类，其一为酒店在职员工；其二为潜在的旅游人力资源，也就是参加酒店用人供需见面会的求职者；第三类则是厦门院校旅游系的在校生。接受访问的99%在职员工都有跳槽经历，平均跳槽次数达到第二节9次。

在职员工中，有8第二节%的员工薪酬是在1500元以下。结合10项指标考察员工对酒店工作的满意度之后发现，结果均为中度满意度以下。多数人认为，影响从事酒店工作的因素主要是薪酬待遇低，其次是个人发展机会少，"工作单调重复，劳动强度大"这个理由则位列第三。

现象二，学生对薪酬期望值偏高

令人担心的是，虽然酒店在职员工有71.4%表示愿意继续留在酒店工作，可是旅游院校的在校生只有25.6%愿意在毕业后到酒店就职。此外，所有在职员工对薪酬的期望值都在1000元/月以上，其中有47.9%期望达到1500～2000元，而旅游管理专业本科生期望的工资平均为3176元，专科生期望的平均工资为1947元。调查结果表明，学生期望较高，有点儿偏离实际就业情况，特别是本科生期望的工资，普遍高于目前酒店业为毕业生支付的工资。

建议，制定行业最低工资标准

针对厦门市酒店业的人力资源问题，课题组在报告中也提出了建议和对策。其中提到，在政府产业政策方面，对人才的认定应更科学合理，研究和制定饭店行业最低收入限制。同时增强酒店薪酬的竞争力，薪酬要与能力和工作绩效挂钩，采用浮动工资制，提高员工满意度；而在院校方面，旅游系在新生入学后，应适时加强职业意识和职业生涯设计教育，在实习和课程中应加强对酒店的介绍，增强学生对酒店业的了解。

四、饭店薪酬管理的原则

(一)合法性

合法性体现在，当饭店企业在进行薪酬管理时，必须符合国家和地方的相关法律法规，如《劳动法》。

(二)公平性

公平性包括三个方面的内容，即自我公平、外部公平和内部公平。自我公平是指员工工作所付出的劳动与作为回报的所得相匹配；外部公平是指员工要求自己在企业内部的薪酬与社会上同行业从事相同工作的人的平均薪酬相匹配；内部公平则指员工要求自己得到的薪酬与企业内部从事相同工作或做出同样贡献的其他员工大体相当。公平性是进行薪酬管理的最基本原则。公平、公正、透明的薪酬管理可以有效地调动员工工作的积极性，减少企业与员工之间劳资纠纷。要做到切实保证饭店薪酬管理的公平性，具体措施包括以下两个方面：

(1)建立明确、科学的薪酬管理制度。饭店必须制定规范的薪酬管理制度，根据员工从事的工作性质、职责、内容来划分相应的类别、等级，并以此为依据来决定其对应的工资、福利、待遇水平。

(2) 透明薪酬管理制度。饭店人力资源管理部门必须使员工能够清楚地知道其薪酬的衡量标准、决定其薪酬水平的主要影响因素及原因，增加员工对企业薪酬管理的了解，得到员工心理上的认同。

(三) 适应性

饭店在进行薪酬管理时，必须考虑到企业的人力成本，进而影响到企业的日常运营过程中资金周转问题。要把握适度的原则，制定出合理的上限和下限，不能超出企业的经济承受能力。

(四) 激励性

饭店进行薪酬管理的重要目的之一是充分调动员工的积极性，发挥其潜能，更好地为企业的发展贡献力量。因此，饭店在制定薪酬管理规定时，一方面，要尽可能最大限度地激发员工的工作热情和潜能；另一方面，与制定的薪酬标准相对应的工作要求必须是员工能够实现的。如果工作要求超出了员工的能力范围，那么所制定的薪酬制度也就失去了意义。

(五) 平衡性

平衡性是指薪酬管理的各个方面要均衡。薪酬管理要综合考虑各方面的因素，在制定薪酬衡量的标准时，既要考虑到职务、职位、工作业绩、工作年限、受教育程度等因素，又要考虑到企业的发展需要。在确定薪酬管理的内容时，既要包括直接薪酬，又要兼顾间接薪酬和非经济薪酬。

(六) 战略性

战略性是指薪酬管理必须考虑到企业当前的发展方向和战略目标，并随着其发展方向和战略目标的调整而发生相应的变化。饭店在成立初期，必须节约人力成本，同时也面临着如何吸引人才的问题。饭店人力资源管理部门必须采取通过低工资、高福利、高待遇的方式来吸引和留住人才。比如，为员工提供免费宿舍，建立员工食堂，免费供应早、午餐，提供免费的洗衣服务等，使员工切实感受到企业对自身的关怀，增加员工的归属感，可以大大降低员工流失率。同时，还要对员工进行个人职业生涯发展规划，明白企业今后的发展前景是美好的，使员工对自己的个人发展充满希望。当饭店经营走上正轨之后，饭店需要增加客源，推广相关的服务产品、设施时，饭店的人力资源管理部门应结合当前饭店发展方向，对市场营销部门和相关部门的工作人员实行绩效考核工资制度，根据其工作表现来决定相应的工资水平和福利待遇。

五、影响饭店薪酬管理的因素

(一) 饭店外部因素

1. 劳动力市场的供需状况

劳动力市场的供需状况能直接影响到饭店薪酬管理。当劳动力市场供大于求时，饭店薪酬水平就会下降；反之，饭店薪酬水平就会上升。目前，我国饭店业中高层管理人才奇缺,因此,这部分人才的薪酬处于较高的水平,并且随着大批国外品牌饭店在国内开业,其薪酬水平仍有继续上涨的潜力。

2. 国家和地区的相关法律法规

我国的《劳动法》对于节假日加班费、工资、带薪年假、社会保险和福利都有明确的规定。饭店人力资源管理部门应按照国家和地区的相关法律法规进行薪酬管理,从而避免不必要的纠纷。

3. 社会薪酬水平

饭店人力资源管理部门进行薪酬管理时,不仅要考虑到同行业相对应的工作岗位的薪酬水平,还要参考社会其他行业相对应的工作岗位的薪酬水平。近年来,饭店员工(特别是旅游院校的大学生员工)流动率高,与饭店行业的薪酬水平远低于金融行业、信息行业等其他行业的薪酬水平有着密切的关系。饭店可以通过岗位评价在企业内部建立一般的薪酬标准,使之与同地区、同行业中的类似企业保持相同水平,并使其具有预期的相对性,从而符合所在地区的平均水平。

4. 地区经济发展水平

一般来说,经济发展速度相对比较快、旅游业繁荣发展的地区,饭店薪酬水平比较高,如北京、上海、广州等;而经济发展速度相对缓慢、旅游欠发达的地区,如西部地区,饭店薪酬水平就较低。

5. 当地的物价水平

一般来说,饭店薪酬水平同当地的物价水平是正相关的关系。当物价上涨,特别是某些基本的生活必需品的价格上涨时,员工薪酬水平也应以相同比例增加。以美国的企业为例,物价上涨指数同薪酬上涨的水平是相互对应的关系,两者等比例增加。我国的饭店企业在物价上涨时,可以借鉴国外的经验调整员工薪酬,将员工的薪酬与一定的宏观物价指数挂钩,以保证员工实际薪酬水平的基本稳定。

(二) 饭店内部因素

1. 饭店员工所处的岗位、等级

工作岗位、等级的不同,决定了员工所具备的学历、技能、工作年限和工作相关的职责必须有所差异。因此,其薪酬水平必须有所区别。例如,一线服务人员的工资水平远远低于部门经理的工资水平。

2. 饭店的发展阶段及其经营状况

饭店的发展阶段不同,赢利能力也不同。因此,饭店的薪酬管理在不同阶段也要有所不同。例如,饭店在开业之初,需要以低工资、高福利的薪酬管理来吸纳和保留人才。当饭店的经营走上轨道之后,必须推销饭店相关设施来增加赢利,对饭店市场营销部门的员工需要推行 80% 的基础工资和 20% 的效益奖金的薪酬管理制度。

3. 饭店的管理哲学、企业文化

企业管理的哲学,特别是分配哲学,往往会对薪酬水平的确定起到非常重要的作用。在偏向于使用物质激励的企业文化氛围下,企业倾向于用较高的货币薪酬刺激员工的热情;而在偏向于使用精神激励的企业文化下,企业用适中的薪酬就能起到相同的激励效果。

4. 福利待遇的差别

有些饭店企业员工的工资部分大体相同,但员工的生活水平却大不相同,关键在于不同饭店员工的福利待遇水平存在很大的差异,进而影响到员工的实际生活水平。

5. 饭店的赢利状况

显而易见,饭店的赢利状况会直接影响到员工的薪酬水平。一般来说,经济效益较好的饭店,员工的工资水平和福利待遇水平相对较高;而经济效益较差、面临亏损倒闭的饭店,员工的薪酬水平就较低,甚至会出现拖欠工资的现象。

6. 饭店员工的配置

在一定时期内,饭店员工的数量配置与其薪酬水平呈负相关的关系。具体来说,饭店员工的数量越多,企业的人力成本就越多,在企业总利润一定的情况下,人均薪酬就越少。因此,企业在资本配置过程中,要考虑到薪酬成本与其他生产成本之间的转换和替代,比较各种资本及其配置效益。

7. 饭店人力资源管理水平

高水平的人力资源管理可以适当降低企业的薪酬成本,低水平的人力资源管理可以增加企业的薪酬成本。

第二节 饭店薪酬设计的一般步骤

薪酬不应该仅仅是企业为获得劳务所支付给员工的成本,更应该同时具有诱导员工服从管理与激励员工行为的多种功能。因此,只有在薪酬设计方面以绩效与技能等激励性要素为基础,建立工资总额随饭店经济效益上下浮动的运行机制;同时,改进福利观念,将人力资源成本进行最有价值的应用,才能发挥薪酬应有的功能。

薪酬设计的要点在于"对内具有公平性,对外具有竞争力"。想要设计出科学的薪酬体系和薪酬制度,一般需要以下几个步骤:

一、工作分析

工作分析是确定饭店薪酬的基础。结合饭店的经营目标,饭店管理层要在业务分析和人员分析的基础上,理清各部门的职能和相关职位的关系,人力资源部门和各部门主管合作编写出工作说明书。通过这一步骤明确饭店各岗位的职责、组织的架构、所需员工的技能等情况。

二、工作评估

工作评估旨在解决薪酬的对内公平性的问题。它有两个目的:一是比较饭店内部各个职位的相对重要性,得出职位等级序列;二是为进行薪酬调查建立统一的工作评估标准,消除不同饭店之间由于职位名称不同或职位名称相同但实际工作要求和工作内容不同所导致的职位难度差异,使不同职位之间具有可比性,为保证工资的公平性奠定基础。

工作评估包括在确定各职位工作内容的基础上对其进行相互比较,即对职位薪酬因素进行比较、分析、衡量。工作评估的方法有以下几种：

(一) 排序法

排序法是一种非常简单的工作评估方法，是指依据"复杂程度"等总体指标，对每个职位的相对价值进行排序。主要有以下几个步骤：

1. 获取工作信息

首先进行工作分析。要对每个岗位做好工作规范，说明"岗位总体情况"。这种方法不需要对岗位的一系列薪酬因素进行排序，因而工作说明书并不像在其他的评估方法中那样不可或缺。

2. 选择等级参照物并对具体工作划分职位等级

在实际运作中，常见的是按部门或工种进行排序，如服务员、领班、经理助理等，这就避免了将不同的职业放在一起比较。

3. 选择薪酬因素

在排序法中，通常是在弄清楚岗位总体情况的基础上，使用一个因素将工作进行排序。因此，不论选择了多少薪酬因素，最好要向评估人员仔细解释这项薪酬因素的具体含义，以确保评估工作的一致性。

4. 对岗位进行排序

最简单的做法是给每个等级分别建一套索引卡片，每套卡片都对岗位有一个简短的说明，然后把这些卡片按其代表的岗位的价值从低到高进行排序。有时为了取得更为精确的结果，可以采用"交替排序法"。具体方法是：先取出等级最高的卡片，然后取出等级最低的卡片；再是第二高的卡片，然后是第二低的卡片，以此类推，直至把所有的卡片都排好序号。因为选择极端情况比较容易，所以这种方法可以简化排序工作。

5. 综合排序结果

对岗位排序时，通常还要分别使用几种等级标准。因此，排序工作完成后，饭店人力资源部门只需要简单地取其平均值。

排序法的优点是简单、省时，缺点是在实际运用中过分依赖"主观估计"。

(二) 职位归类法

这是一种简单易行、被广泛使用的方法。它把所有的岗位分成若干组，工作内容相似的小组称为"类"，工作内容除了复杂程度接近以外都不一样的称为"级"。

分组的方法有两种：一是制定"类说明书"（类似于"工作说明书"），并据此把岗位进行分类；另一种是给每一类岗位制定一系列分类标准，然后再根据这些标准对职位进行分类。

首先，选择薪酬要素，制定同岗位薪酬要素数量或基准有关的类别（或级别）说明书。例如，工作的复杂程度和灵活度要求，接收和实施的监督，所需的判断能力，人际工作关系的特点、责任、经验，要求的知识水平等。然后，根据这些薪酬要素，得出"分级说明书"。最后，由饭店人力资源部门审评所有的工作说明书并给每个岗位确定合适的级别（或类别）。

(三) 要素计分法

要素计分法是一种比较复杂的量化岗位评估方法。它首先要求确定多个薪酬要素，每个要素要分成几个等级;其次,这些要素的等级都要是工作的现实情况。

确定岗位的等级,并根据不同岗位的不同等级确定不同的分值。只要人力资源部门确定岗位薪酬要素的等级,就可以把每个薪酬要素的分值加总,并得出每个岗位的总分值,这个结果就是对每个岗位进行量化分析之后得出分值。需要计分法是使用最广泛的岗位评估方法。具体操作步骤如下:

1. 确定要评估的岗位组

饭店中岗位繁多,很难在一个方案中进行比较,因此,最好、最实际的做法就是将这些岗位按照不同的工作性质,分成不同的岗位组,分别对于每个岗位组提出一个方案。例如,可以分成行政人员岗位、服务员岗位、勤杂工岗位,等等。

2. 收集岗位信息

工作分析做得比较出色的饭店,在此步骤中可以直接利用在工作分析中得出的"工作说明书"。

3. 选择薪酬要素

岗位不同,选择的薪酬要素也不相同。要素可以包括受教育水平、身体素质要求、技能水平,等等。

4. 界定薪酬要素

通过仔细界定,以确保在比较、权衡、应用这些要素的时候能保持一致。

5. 确定要素等级

确定要素等级,可以根据工作的复杂程度为每个要素确定五个等级。每个要素的等级可以根据具体情况确定,但要确保能够清楚地区分岗位水平。

6. 确定要素的相对价值

这一步骤是指确定每个要素的权重。对于不同的岗位,同一种要素的重要性不同,不同的要素在同一种岗位中的重要性也不相同。例如,英语口语水平对前台服务员来讲是一个十分重要的要素,而对于餐厅服务人员来讲其重要性就显得弱一些。因此,这种确定要素重要性的工作十分重要,一般由人力资源部的专业人员完成。

7. 确定各要素及各要素等级的分值

首先将岗位的总分值确定下来。例如,可以设定总分值是 200 分,再乘以各个要素的权重,就可以得到各个要素的分值;然后对于每个要素,最高水平的就是这个分值,其他层次的可以按照等差的形式加以类推。

8. 编写《岗位评估手册》

完成上述工作步骤后,把所得到的结果汇编成册,便于使用。

9. 将岗位列等

一旦编好《岗位评估手册》,就可以据此进行岗位列等了。每个岗位都能够按照要素进行评估以确定其分值,按照结果将其列等。

要素计分法的优点在于易于解释和评估。但是,建立一个分值评估方案是相当困难的。

(四)要素比较法

要素比较法也是一种量化分析技术,它需要分析比其他的方法更多的薪酬要素。要素比较法实质上是对排序法的一种改进。在排序法中,饭店通常是把每个岗位视为一个整体,并根据总体的某些指标对岗位进行排序。而在要素比较法中,需要多次选择薪酬指标,并据此对岗位多次排序,然后把每个岗位的各序列分数加权得出一个总体序列分。

要素比较法首先要确定与薪酬分配有关的评价要素,并给这些要素定义不同的权重和分数。此方法的优点在于它是一种精确、系统、量化的岗位评估方法,并且对于每个岗位都进行相互比较以确定其相对价值。缺点在于它非常复杂,往往难以向员工解释评定的结果。

科学的职位评价体系是通过综合评价各方面因素得出薪酬级别,而不是简单地与职务挂钩。这有助于解决"当官"与"当专家"的等级差异问题。比如,一位四星级饭店的行政总厨不一定比餐饮部经理的薪酬等级低,前者注重技术难度与创新能力,后者注重管理难度与综合能力,二者各有所长。

目前,国际上有一种趋势是"减级增距",即企业内的岗位等级逐渐减少,而工资级差变得更大。

三、薪酬调查

饭店进行薪酬调查,主要是为了保证薪酬水平具有竞争力。在确定员工薪酬时,对某一岗位的薪酬调查起着关键的作用。

(一)薪酬调查的意义

(1)通过薪酬调查可以真实地反映当地饭店行业现行的薪酬水平;
(2)通过薪酬调查可以为所有的岗位确定起薪点;
(3)通过薪酬调查可以明确不同级别之间的薪酬差异;
(4)通过薪酬调查可以比较本饭店现行的薪酬与行业平均薪酬水平的差异;
(5)薪酬调查的结果可以清楚地向员工解释饭店薪酬政策的合理性;
(6)薪酬调查的结果可以作为调整饭店薪酬水平的依据。

(二)薪酬调查的对象

饭店在确定薪酬水平时,需要参考当地劳动力市场的薪酬水平。薪酬调查的对象,最好是选择与自己有竞争关系的饭店或同行业中的类似饭店,重点考虑员工的流失去向和招聘来源。

由于饭店行业人员流动比较频繁,可以利用招聘面试、人员跳槽的机会,了解竞争对手的薪酬水平,但要避免以偏概全。

(三)薪酬调查的内容

薪酬调查的数据,要有上年度的薪资增长状况、不同薪酬结构对比、不同岗位和不同级别的岗位薪酬数据、奖金和福利状况、长期激励措施以及未来薪酬走势分析等。

有些调查可以采用问卷的形式,一般包括以下内容:

(1)有关饭店的基本资料,包括名称、地址、员工人数、饭店规模、营业额、星级水平和资产等。
(2)有关饭店的薪酬资料,包括基本工资、福利政策、薪酬结构、工作时段和假期管理等。需要注意的是,薪酬调查还应该收集有关退休保障、带薪休假等涉及员工福利的信息,为制订员工福利方案提供依据。

(3)相关的岗位类别,包括被调查饭店的工作类别、员工类别、员工的实际月薪酬水平、年度总收入、最近一次的加薪情况、奖金及津贴等。

(四)薪酬调查与分析

只有采用相同的标准进行岗位评估,并获得真实的薪酬数据,才能保证薪酬调查的准确性。具体来说,如果调查得知某饭店每月支付给洗碗工的工资是1500元,面对这种比较高的薪酬待遇,就有必要进一步调查一下该饭店关于洗碗工的"工作说明书",了解其真正的工作内容包括哪些方面。

薪酬调查的结果,是根据调查数据绘制的薪酬曲线。在岗位等级薪酬等级坐标图上,首先标出所有被调查饭店的员工薪酬所处的点,然后整理出同类饭店的薪酬曲线。从图上可以直观地看出某家饭店的薪酬水平与同行业相比处于什么位置。

四、薪酬定位

在分析同行业中其他饭店有关薪酬的数据后,需要做的是根据本饭店的经营状况确定薪酬水平。

影响饭店薪酬水平的因素有很多。从外部环境看,国家的宏观经济、通货膨胀、行业特点和行业竞争、人力资源供应状况,甚至外币汇率的变化,都可能对饭店的薪酬水平产生不同程度的影响。在饭店内部,赢利能力、支付能力和对员工的素质要求是决定薪酬水平的关键因素。此外,所需人才的稀缺程度、饭店的品牌效应和综合实力,也是重要的影响因素。

在薪酬设计时有个专用术语叫作25P,50P,75P。意思是说,假如有100家企业(或职位)参与薪酬调查,薪酬水平按照由低到高排列,第25位以前的代表低位薪酬(25P),第50位左右代表中位薪酬(50P),第75位之后的代表高位薪酬(75P)。一个采用75P策略的企业,需要有雄厚的财力、完善的管理制度、过硬的产品和服务作支撑。因为薪酬是刚性的,降薪几乎不可能,一旦市场前景不妙,将会使企业的留人措施变得很难实行。

五、薪酬结构设计

在国外,许多饭店在确定员工的薪酬时,往往要综合考虑三个方面的因素:一是其职位的等级,二是个人的技能和资历,三是个人绩效。在薪酬结构上与其相对应的,分别是职位薪酬、技能薪酬和绩效薪酬。也有的将前两者合并考虑,作为确定一个员工基本薪酬的基础。

(一)薪酬的构成

薪酬结构又称为薪酬模式,是指在薪酬体系中,工资、奖金、福利、保险、红利、佣金等所占的份额和比例。以下就以工资、奖金、福利、保险、津贴这五种在饭店行业中常见的薪酬形式为例,表示了不同薪酬形式的不同特性,如图9-2所示。

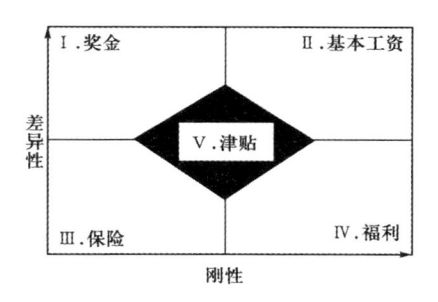

图 9-2　不同薪酬形式的不同特性

从图 9-2 中可以看出，基本工资是差异性高、刚性强的薪酬形式。在饭店中，员工之间的工资差异是十分明显的，而且在一般情况下只能升不能降，有比较强的刚性。奖金则是差异性强、刚性弱的薪酬形式，员工的绩效不同，奖金必然会不同，但是奖金水平会随着饭店经济效益和战略目标的变化而发生改变，从而表现出其柔性强的一面。保险主要包括医疗保险、养老保险和失业保险等，它确定的主要依据是国家或地方的法律、法规或相关政策，因此，差异性和刚性都比较差。福利属于饭店员工人人都可以享受到的利益，而且一般情况下是只能改善不能恶化，因此差异性不大，但刚性是比较高的。津贴的种类比较多，要区别对待。

（二）薪酬结构的模式

工资、奖金、福利、保险、津贴这五种薪酬形式的组合会形成不同的薪酬结构，通常有三种模式，即弹性模式、稳定模式、理性模式。

1. 弹性模式

这种模式的薪酬主要是根据员工近期的工作绩效决定。在弹性模式下，奖金和津贴的比重比较大，福利、保险的比重比较小，而且在基本工资的部分，也常常采用绩效薪酬或销售提成等形式。这种模式有较强的激励功能，但是会使员工缺乏安全感，比较适合正处在迅速发展阶段的饭店。

2. 稳定模式

这种模式的薪酬主要取决于员工工龄与饭店的经营状况，与个人的工作绩效联系不大。稳定模式的薪酬，主要部分是基本工资，奖金所占比重较小，而且主要依据饭店经营状况并结合员工基本工资水平按一定比例发放或是平均发放。这种模式对员工而言有比较强的安全感，但缺乏激励功能。如果饭店人工成本增长过快，饭店的负担会比较大。因此，稳定模式的薪酬结构更适合于业务正常发展的成熟型饭店。

3. 理性模式

这种模式需要管理者根据饭店的经营目标、工作特点以及收益情况，合理地进行薪酬组合。这种模式既要有弹性，能够不断地激励员工提高工作绩效，而且还要具有稳定性，给员工一种安全感，使他们关注饭店发展的长远目标。理性模式的薪酬结构，通过较低的基本工资、与成本控制相结合的奖金以及标准的福利待遇水平，实现控制成本的目标，比较适合业务没有增长或出现衰退的饭店。

六、薪酬体系的实施和修正

（一）预算

对薪酬实行预算管理将有利于饭店在一段时期内的人力资源成本保持在一个既定的范围内。薪酬预算主要有两种方法：一是从饭店的每一位员工未来一年薪酬的预算估计数字，计算出整个部门所需的薪酬支出，然后汇集所有部门的预算数字，编制饭店整体的薪酬预算；二是饭店的高层管理者首先决定饭店整体的薪酬预算额和增薪的数额，然后再将整个预算数额分配到每个部门，各部门按照所分配的预算数额，根据本部门内部的实际情况，将数额分配到每一位员工。

（二）沟通

在制定和实施薪酬体系过程中，及时、有效的沟通是保证薪酬制度顺利执行的因素之一。世界上不存在绝对公平的薪酬体系，薪酬制度的合理与否在很大程度上取决于员工是否满意。饭店人力资源部门可以利用薪酬制度问答、员工座谈会、员工满意度调查、内部刊物等形式，充分介绍饭店的薪酬政策。

（三）支付

1. 薪酬支付的标准应该是公开化的

薪酬管理要坚持公平的原则，而员工对于薪酬的公平感来自于管理人员将正确的薪酬标准传达给员工。有的饭店要求薪酬保密，这样做不利于激励员工。正确的做法应该是公开薪酬支付的标准，而对每位员工的具体实得的薪酬保密。

2. 薪酬支付的时机要合适

把握住薪酬支付的恰当时机，是保持员工工作积极性的关键。调动员工积极性的手段之一就是对他们良好的工作成绩给予及时的奖励。

3. 要确定合理的支付方式

计时制支付方式是将薪酬与工作时间进行直接联系。计时制可以分成小时薪酬、周薪酬和月薪酬。这种支付方式最注重的是工作本身的价值，而不是员工在岗位上表现出的技能和能力的价值或是其业绩的质量或数量，是饭店业最常见的薪酬支付方式。

薪酬与利润挂钩的支付方式，可以使薪酬成本更加明晰，对员工的激励效果也最为明显。当饭店经营好的时候员工可以分享收益，经营差的时候就与饭店共同承担困难。目前，大多数饭店都是在基本工资的基础上，利用薪酬与利润挂钩发放奖金，或是把员工薪酬一并纳入与利润挂钩的分配体系之中。

（四）调整

薪酬制度在执行的过程中，由于各种因素的变化，必须不断地加以调整，因为僵化不变的薪酬制度会使其激励的功能大大减弱。对于薪酬的调整主要包括以下几种：

1. 奖励性调整

奖励性调整是指当员工工作绩效突出时，适当地调整其薪酬水平。

2. 根据生活指数调整

根据生活指数调整是为了补偿由于通货膨胀而导致员工的实际收入无形减少的损失。

3. 根据效益调整

根据效益调整,是指当饭店效益优良的时候,普遍提高全体员工的薪酬水平;当效益欠佳的时候,将员工的薪酬调回到比较低的水平。需要注意的是,这种调整应该针对全体员工,否则就有失公平。

4. 根据工龄调整

根据工龄调整是指在调整员工薪酬时要考虑工龄,工龄的增加通常意味着工作经验的积累与丰富,代表着工作能力和绩效潜能的提高。

第三节 工资和奖金

一、工资等级制度

工资等级制度是根据工作的复杂程度、精确程度、负责程度、繁重程度和工作条件等因素,将各岗位的工资划分等级,按等级确定工资标准的一种人力资源管理制度。工资等级制度主要是由工资等级表、工资标准、技术(业务)等级标准以及职务(工种)统一名称表等内容组成。不论何种形式的工资等级制度,都离不开这些内容,但是侧重点会有所不同。工资等级制度的形式,归纳起来主要有能力工资制、岗位(职务)工资制、结构工资制和岗位技能工资制四种类型,其中结构工资制和岗位技能工资制是饭店业中比较常见的。

(一)结构工资制

结构工资制是把员工的工资划分成若干个组成部分构成动态性的工资结构模式,用工资分解的方式确定和发挥各部分工资各自不同的功能。它克服了传统工资制度中将员工的工作年限长短、技术水平高低、劳动态度优劣、贡献大小等因素混杂在一起,用混合式方法确定工资标准而带来的一些弊病。

结构工资制一般由以下几个部分组成:

1. 基础工资

基础工资是员工工资收入中的基本部分,是维持劳动力简单再生产、保障员工基本生活水平的工资收入。其标准应根据与员工基本生活需要的消费品的价格决定。但是,不同素质的劳动力再生产的费用也不一样,因此,原则上这部分工资额应根据需要有所区别。

2. 岗位(职务)工资

岗位(职务)工资是根据各个岗位(职务)的工作繁简程度、劳动量轻重、责任大小和劳动条件等因素确定的工资。它是结构工资制的主要组成部分,是体现劳动差别,贯彻按劳分配原则的关键部分。其功能主要是促进员工的工作责任心和上进心,激励员工努力学习和提高业务技术水平。为充分发挥这一功能,应将岗位(职务)工资部分与绩效考核相结合,根据绩效考核的结果确定岗位(职务)工资,并且建立饭店内部员工流动制度。

3. 技能工资

技能工资是根据员工的综合能力确定的工资。它主要是为了弥补岗位(职务)薪酬的不足,鼓励员工钻研技术、提高技能,也是对员工智力投资的补偿。饭店经济效益的提高,不仅取决于管理人员的管理水平,而且取决于员工的职业素质和综合能力。因此,在结构工资制中设立技能工资很有必要。一些饭店针对烹调、调酒、美容美发等岗位对技术水平要求比较高的特点,将技能工资与员工的技术等级挂钩,以促使员工重视自身技术水平的提高。

4. 工龄工资

工龄工资是指根据员工工龄的长短和每年工龄应计的工资额来确定的工资。它是对员工工作经验和劳动贡献的积累所给予的补偿,是随着工龄的增加而逐年增长的。为了使员工在本饭店安心工作,计发工龄工资时,可以采取连续服务工龄与一般工龄相区别的办法。考虑到员工所积累的劳动贡献随年龄的增长呈抛物线形,可以采取青年员工的工龄工资匀速增长、中年员工加速增长、老年员工缓慢增长的办法分配工龄工资。

5. 奖励性工资

奖励性工资是指以基础工资和岗位(职务)工资为基础,使员工的收入和饭店的发展、经济效益及本人贡献大小相结合,联产、联利,多超多得,少超少得,不超不得的工资。

对于以上五个工资的组成部分,各饭店可根据自身实际情况和分配需要,做出不同侧重点的具体规定,项目上可增可减,可以适当进行调整。实行结构工资制时,要注意合理安排各组成部分的分配比例关系。结构工资的水平要受到工资总额的制约,因此,基础工资、工龄工资的比重不宜过大,否则会影响岗位(职务)工资和奖励性工资的水平;当然,两者比重也不能过小,否则又很难发挥它们应有的功能。一般来说,应先在薪酬调查的基础上确定基础工资水平,然后再确定岗位(职务)工资水平,技能工资、工龄工资则次之,奖励性工资要视经营年度结束时的饭店整体效益而定。

(二)岗位技能工资制

岗位技能工资制是指以劳动技能、劳动责任、劳动强度和劳动条件等基本劳动要素评价为基础,以岗位工资、技能工资为主要内容的基本工资制度。从本质上说,它也是结构工资制中更为规范的一种具体形式。岗位技能工资制建立在岗位评价的基础之上,并且充分突出了工资中岗位与技能这两个结构单元的特点,更有利于贯彻按劳分配的主体原则和调动员工提高技术业务水平的积极性。

1. 岗位技能工资制的构成

岗位技能工资制由岗位工资与技能工资两大单元组成。岗位工资是指根据员工所在的岗位、所担任的职务或所在职位的责任轻重、劳动强度大小和劳动条件优劣而确定的工资。技能工资是指根据不同岗位、职位、职务对劳动技能的要求和员工所具备的劳动技能水平而确定的工资。

2. 岗位技能工资制的特点

(1)全面反映了员工的劳动差别。岗位技能工资制由岗位工资和技能工资两大单元构成,比较全面地反映了劳动者潜在、流动、凝结三种形态劳动差别的统一。

(2)从动态上反映了劳动差别和报酬差别。员工的劳动量不是固定不变的,它受主观和客观因素的影响,处在动态之中。岗位技能工资制的特点是员工工资随岗位、技能变化而变化,实行"易岗易薪,技变薪变"的原则。这种对应关系,使饭店的薪酬体系始终处于动态均衡之中。

（3）报酬与效益挂钩。岗位技能工资制较好地反映了按劳分配在市场经济条件下的实现特点,使劳动差别经过市场鉴定,通过经济效益反映出来,使工资收入不仅与劳动差别相适应,而且与经济效益相适应,这有助于建立起饭店内部推动生产发展的利益机制。

（4）为严格绩效考核提供了科学的依据。通过岗位测评实现劳动测评,使不同质的劳动量化,互相之间成为可比劳动。这种劳动差别的科学测评,使按劳分配进入规范化新阶段。同时,这种规范化的标准也为严格绩效考核提供了科学依据,从而减少了饭店内部分配中的矛盾,这是岗位技能工资制优于传统工资制的重要方面。

（5）有利于饭店基础管理工作的加强。有了较好的工资制度,若没有扎实的基础工作和严格的管理,按劳分配仍然是一句空话。岗位技能工资制的关键是岗位测评,要做到对员工劳动量科学评估,就必须有扎实的基础工作;同时,劳动量的评估必然要求整个基础管理和考试、考核制度的健全和完善。

在实行岗位技能工资制时,要科学地确定岗位工资单元与技能工资单元的比例。一般来说,技术要求高的岗位,如西餐厨师、歌舞厅音响师等,其技能工资单元的比重可以大一些;而劳动强度大、劳动条件差的岗位,如洗碗工、门童等,其岗位工资单元比重应该较大。

二、工资支付形式

饭店工资的支付形式,大多是根据所在地最低生活费标准和员工的工作效率来规定的,并且从减少劳动纠纷的角度出发,以劳资协议方式来执行。计时工资制和计件工资制是最为常见的工资支付形式。

（一）计时工资制

时至今日,"计时工资"仍是采用最为普遍的工资支付形式。所有按照员工工作时间长短来支付员工工资报酬的制度都属于这一基本类型。计时工资制最普遍的是以每小时为单位来计算员工工资。按照这种工资制度,员工工资收入是用员工实际工作时间乘以其小时工资额。计算公式为

$$W = R \times H$$

式中,W 为工资总额;R 为每小时工资额;H 为工作小时数。

例如,饭店员工一周实际工作时间为 40 小时,他们每小时工资为 10 元,那么其实际收入按公式计算则为:$40 \times 10 = 400$ 元。计时工资制之所以被广泛采用,主要原因是:简单明了、计算简便;奖罚不十分严格;比较注意产品质量而不十分注重数量。这种工资制度的缺点是没有重视员工内在潜力的发挥。

（二）计时奖励工资制

计时奖励工资制是以计时工资制为基础,并有所发展和修正,主要变化在于员工的小时工资率将定期根据总体工作情况加以重新修订。

采用这种工资制度,员工的实际收入是根据其基本工资率和其他若干部分的奖金百分比综合计算的。这些方面包括:员工工作数量、质量、可靠性、各方面能力、与同事之间的关系、出勤情况等。这些方面的评定往往采用员工绩效考评的结果,并定期加以修改。

这种工资制度的优点是:员工的收入很容易计算,同时又能满足鼓励员工、提高服务质量的需要。此外,员工的实际收入不取决于单一的因素,而是综合评判的结果,因而容

易反映出员工的实际工作业绩,在员工心理上形成一种相对公平感。目前,我国很多饭店都是以此为基础,采用修订式的计时奖励工资制度。

(三)计件工资制

1. 计件工资制的合理应用

计件工资制是指员工的收入是根据他所完成的合格产品或服务工作的数量来决定的,而不是以工作时间为单位来计算的工资制度。每件工作或服务项目都预先确定了单价,称为计件单价。通常情况下,计件单价是根据工时的分析研究制定的,有时,也是根据估算结果制定的。计算公式为

$$W = N \times U$$

式中,W 为工资额;N 为每件工作的单价;U 为工作的件数。

计件工资制在一些部门还是适用的。例如,客房部在规定客房服务员工作量和工作制度时,就可以参考这一办法。因为,客房清洁工作通常要求服务员按照固定程序独立完成,规定了完成一间客房清洁工作的工资额,往往能刺激员工的工作积极性。此外,洗衣房工作也具有同样的特点。计件工资制在一定程度上节约了劳动力支出,激发了员工的工作热情。当然,采用这种方法,工作质量要保证。计件的工作必须是合格的工作,被查出的不合格工作不但不能计算在内,而且还有一定的惩罚措施。

计件工资制的优点是:奖励员工高效率的工作,并且奖金以工资形式兑现;简单易懂,计算方便;预算人工成本比较直接、简便。

2. 计件工资制所面临的困难

许多员工团体已形成了工作常规,这一常规通常会成为提高产出的障碍。如果某些员工的工作量超过了这一常规,往往会受到巨大的团体压力,只好由此而减少产出。这是由于员工希望被团体所接纳及被同事尊重的欲望超过了增加收入的欲望而造成的。具体来讲,抵制计件工资制的动机主要有以下五种:

(1)计件论酬,若产量太高、工作标准有被提高的可能,造成短期内收入较多,一旦工作定额被提高了,员工则必须付出更大的劳动才能得到与从前相等的工资。

(2)员工们常假定,若能力高者产量大,收入也高,则大多数能力差者都会失业,因此限制产出量,保护团体中效率较低者的工作。

(3)如果大家都争着赚钱,团体中的社会结构就会破裂,且竞争加剧会导致彼此间的不信任及个人孤立,因此只好限制产出量。

(4)员工有一种控制个人行为、摆脱被管理者操纵的意识。

(5)员工为了长久的利益,会尽力压低工作标准。

因此,使用计件工资制应小心行事。否则,员工对工资不满、降低工作质量、与管理人员争执和抱怨的现象会层出不穷。

(四)计点奖励工资制

这是一种被长期使用的刺激工资制度。按照这种工资制度,将个人完成一项工作所节约的时间部分,按一定百分比提取奖金。计算公式为

$$W = (H \times R) + [(S-H)R]P$$

式中,W 为工资额;H 为实际工作时间;S 为标准工作时间;P 为奖金百分比;R 为每小时工资额。

例如，饭店客房部服务员每小时工资额为 5 元，清理一间客房所用标准时间为 25 分钟，奖金率为节约时间的 75%，该服务员仅用 20 分钟完成了清理工作，那么其清理一间客房的工资额应为：

$$W=(20/60\times5)+[(25-20)/60\times5]\times75\%=1.98 \text{元}$$

这种工资制度的优点是：其一，员工的奖金按具体工作时间来决定，若工资需要调整，只改变奖金率就可以了；其二，由于员工奖金部分是根据对某项工作标准时间的节约而确定的，因此它可以成为直接影响员工工作态度的积极因素，对员工心理上的影响比计件工资制的影响要大，从而有利于鼓励员工改进工作，提高效率。

（五）管理人员的薪金

管理人员和普通员工工资的合理差异是员工工资分配中的另一突出问题。因为管理人员自然会将自己的收入与其他员工相比较，又要同其他行业里的同级管理者相比较，所以，如果工资过低，必然会影响其工作积极性，从而对饭店发展造成不利的影响；如果工资过高，会使其他员工造成抵触情绪，影响员工的劳动积极性。

1. 高级管理人员的薪金

在国内外的饭店业中，一般对管理人员采用固定工资制，即按月领取固定工资。这是由于饭店管理工作，尤其是高级管理人员所担负的工作内容大多是由许多变化不定的、难以预料的方面所组成，而对这些因素进行直接测定是非常困难的事情。然而，单纯采用这种方法很难调动员工的积极性。因此，除了上述方法之外，一些饭店还采用了以间接工作成绩测定管理人员工作绩效的方法，以饭店的利润、销售和成本情况为依据，为管理者规定一定的奖金比例。大多数饭店希望管理人员的工资与饭店的经济效益挂钩，在某一经济效益指标的基础上确定管理者收入的比例，以真正体现报酬的含义，激发管理者的工作热情。因此，年薪制成为最近几年针对高级管理人员比较流行的工资制度。以下是结合某饭店的具体情况，列举的年薪制操作过程：

（1）饭店所有者与负责饭店经营的总经理双方协商，确定在没有基薪的情况下（每月应付一定数量的生活费，约占全部年薪的 30%），年薪为 28 万元。

（2）受聘的总经理交纳一定数量的风险抵押金（约为全部年薪的 10%）。

（3）确定经营、利润两项目标底薪：如果完成营业额目标 8000 万元，则领取经营目标底薪 8 万元；如完成利润目标 400 万元，则领取利润目标底薪 20 万元。

（4）年底收入兑现时，饭店将预付的生活费扣除，并将风险抵押金返还给总经理。

这种分配方式还应另外规定，如利润指标超出 400 万元，超出部分完税后，可给经营者一定比例提成；如利润指标未达到 400 万元，则应按一定比例扣减利润底薪。

2. 普通管理人员的薪金

饭店业对于职位较低的普通管理人员通常采用固定工资加奖金的薪金制度。对于不同部门的管理人员，依据该部门的工作特点，在固定工资的基础上，确定奖金或附加收入的比例。通常的形式是根据下属的奖金收入来确定管理人员的奖金额度。如果按照计点奖励工资制，主管人员得到的部分是根据下属人员节约的时间或工作效率的提高或服务质量的保证等因素所确定的。员工按奖金的 75% 分配，而主管人员由于间接的努力，帮助下属员工创造了效率，因而得到其中 25% 的奖金。这种方法在饭店中的运用，有利于主管人员与员工的团结努力，共同保证服务质量。

三、奖励的形式

奖励员工的形式及种类有很多，大致可以分为物质奖励、精神奖励以及工作本身的奖励。

1. 物质奖励

物质奖励主要有货币奖金、实物奖品等奖励形式。

2. 精神奖励

精神奖励主要包括口头表扬、书面表扬、记功、证书、奖状等，其作用是使获奖者得到精神上的满足。

3. 工作本身的奖励

工作本身的奖励主要有两个目的：一是对具有发展潜力、工作成绩突出者给予职务晋升，使其做出更大的成绩；二是通过调派工作，使其更好地发挥个人所长。

在实际工作中，许多饭店通常采取的奖励形式是将以上三种奖励方式有机结合。

本章小结

薪酬管理的原则包括合法性、公平性、适应性、激励性、平衡性、战略性等。薪酬制度的基本步骤是制定薪酬制度的指导方针、工作分析、职位分析、薪酬调查和数据分析、确定薪酬结构和水平、薪酬调整和控制。

综合案例

早上5:30，第一批上早班的工人来到了位于芝加哥市中心的马里奥特饭店，他们住在离大都市中心区最远的城市边缘，并且来自世界的各个角落。他们的工资是每小时7美元。马里奥特国际公司所雇用的134 417名房屋清洁工、洗衣工、洗碗工以及其他小时工的工资也基本上属于这个水平。马里奥特公司认为这一工资水平是由劳动力市场决定的："如果我们所支付的工资超过了雇员为我们做出的贡献，那么我们将会使自己失去竞争力。"

但是低工资雇员的需要是很容易被忽视的。毕竟，如果一位低工资雇员辞职，总会有其他人兴高采烈地跑来接替他的工作。但马里奥特国际公司与其他一些低工资雇主却把低工资雇员当成是一个富于调整性的、越来越重要的群体看待。他们反对用支付更高工资的做法来吸引质量更高的工人。不过，这些公司却采取了许多方式解决员工的待遇问题，其中包括雇员股票选择权、社会服务求助网、日托以及从接受福利求助到自食其力的工作培训课程，而他们设计所有这些项目的目的都在于留住员工，同时使客户满意。

一些批评家认为，马里奥特公司实际上是在利用那些雇员的脆弱而占他们的便宜，因为，他们在别处很难找到工作。尽管这些做法在某种方式上又重新回到老式公司中所存在的那种家长制劳动力战略上去，但是它也引发了一些新的动向，即力图建立起一种更持久的、更富有生产率的关系。

在前所未有的竞争中,马里奥特公司只有提供更高的生产率和世界级的服务才能生存下去。而它的人力资源战略成功地使得雇员表现出对饭店的忠诚甚至热情,许多人感到自己在公司内有发展的机会。分析家认为,马里奥特公司的雇员流动率大大低于其他大多数竞争对手。

马里奥特公司毫无疑问地已经与许多雇员建立起了密切的关系。"每天我穿上制服,觉得自己就像是一位NBA球员。"李松这位在位于西雅图的马里奥特饭店工作已经长达16年的吧台服务员自豪地说。李松永远不会忘记当他到这家饭店的洗衣房工作才一天的时候,他的老板就在第二天下令洗衣房关上门,让所有的人都参加他母亲的葬礼。这一姿态得了李松对公司一生的忠诚——尽管在那时公司为所有的雇员提供的股票期权还没有见到影子。而现在,他利用自己从马里奥特公司得到的股票和工资已经拥有了自己的几处可供出租的房产。

在美国境内的马里奥特饭店为工人提供英语学习课程培训班——这是一种相对便宜但效率很高的手段。此外,马里奥特公司还在美国15个城市的饭店开设一种培训班,这种培训班专门为过去政府福利救助者提供基本技能培训。在当年6月,该公司刚刚完成了建立资源阵线联合会的工作。这是一项可以使本公司雇员与地方的社会服务对接起来的全国性免费服务提供系统。在12月份时,公司将在华盛顿特区及其他两个地方开始一项新的计划,即培训员工,教他们如何成为更好的父亲和合作伙伴。第二年,马里奥特还将和其他两家饭店集团一起为亚特兰大的一个儿童之家举行开业典礼,这个儿童之家是一个带有资助性质的24小时看护服务中心。

马里奥特公司还率领28家公司(包括蓬尼公司、海特公司、麦克唐纳公司等)来研究如何改善最低工资雇员的管理。在家庭与工作研究所(一家位于曼哈顿的非营利研究机构)的帮助下,一种所谓的雇主团体计划建立起来了,这一组织的主要目的在于分享最优的管理实践经验。

但是,无论是饭店还是工会,对于低工资的工人和他们的需求相对来说了解得都还太少,马里奥特公司只是从1993年才开始着手研究便很快发现,四分之一的工人存在某种语言障碍——其中最大的困难是不会说英语,马里奥特公司的工人在阅读和书写着65种不同的语言。

在这样的一种环境中,语言障碍几乎破坏了饭店的正常运转——有时情况会更糟。在美国境内的马里奥特国际公司中,有一半以上的饭店为工人提供英语课程培训班。然而,除了语言的问题之外,管理人员所遇到的更为紧迫的挑战却是非常大的文化差异。

马里奥特公司能够为了运用从总部传下来的这套人力资源管理系统创造出相同的献身精神吗?从某种意义上说,这种标准化项目的有效性是很容易得到证明的。马里奥特特公司的资源阵线联合会以100多种语言提供服务,这是任何一位经理人员都无法掌握的外语数量。到目前为止,已经有大约7000个电话打进来要求其提供服务,并且公司为他们安排了社会工作者,这些雇员发出在自己所在的社区能够得到的服务。根据马里奥特公司的预测,由于自己在人员流动、缺勤以及消极怠工等方面所获得的收益,而获得的成本节约可以达到其200万投资额的5倍。

不过,马里奥特公司批评者们仍然在不停地问,为什么不能简单地支付更多的工资呢?

"他们的伪善做得实在是登峰造极了!"饭店工人工会的财务秘书这样评价说。而坚持使自己的工资与工会工资具有可比性的马里奥特则坚持认为,公司一直都是在努力实现对工人的公平对待:"我们雇用了以前从来没有找到工作的人,我们给了他们机会。"这种说法在很大的程度上是对的。但是,这并不是一个利他主义的完美故事。马里奥特公司对待低工资这一困境的非同寻常的做法实际上是受自我利益的驱使:帮助工人可以在降低成本的同时提高生产率。这对公司无疑是有很大好处的。

案例评析

从本案例中我们可以看出,对低技能员工的保留也是需要花钱的,而且有些计划的成本还相当高。那么,这些雇主为什么愿意以这种方式花钱,而不是像某些人建议的那样仅仅采取提高工资从而吸引高技能的劳动力的做法?马里奥特的成功经验绝非仅适用于一家饭店,那么,您所在的饭店采取什么样的薪酬策略,其有效性如何?该如何改进,从而使薪酬能够产生更大的激励作用?

实训练习题

组织学生到当地至少三家星级饭店进行有关该饭店工资待遇的调查,并结合所学知识,设计一份适合当地饭店实际情况的合理的薪酬体系。组织老师和学生共同讨论完善。

复习思考题

1. 饭店薪酬管理的政策取向主要有哪些侧重点?
2. 有哪些内、外部因素会影响饭店的薪酬水平?
3. 饭店是否应该定期进行薪酬调查?为什么?
4. 薪酬结构的模式有几种?你认为这些模式分别适合哪些类型的饭店?
5. 试比较分析结构工资制和岗位技能工资制的区别和联系。
6. 在什么情况下奖金才有可能充分发挥其应有的最大效果?

第十章 饭店劳动关系管理

学习目标

- 能够签订、变更、解除劳动合同
- 能够处理合同执行过程中产生的劳动争议

知识目标

- 理解劳动关系的基本含义、劳动关系的调整方式
- 了解饭店医疗与健康保障制度

> **课程导入**

潘玉凤该怎么办？

青岛饭店大学的应届毕业生潘玉凤这几天很高兴，因为她被本市最好的酒店——万乘大酒店录用了。酒店通知她于2013年7月1日报到，和新进的员工参加为期3个月的脱产培训，培训结束后进行考核，考核合格的签订3年的劳动合同，不合格的不签。

3个月后，经过努力，潘玉凤通过了饭店的培训考试。这天，人力资源部把考试合格人员召集到办公室，准备签订劳动合同。由于人多、时间紧，填写好个人信息和签完字后，潘玉凤没来得及仔细看合同内容就被请出了办公室。

工作了5个月以后，潘玉凤发现很多情况和饭店之前说的不一样，工资低、劳动强度大、休息时间没有保证，便萌生了离职念头，于是向饭店递交了辞职报告，饭店很快批准了她的申请，但要她缴纳600元的培训费。她不明白，不是说不能收取违约金了吗？怎么还要交钱呢？这时人事主管拿出之前签的合同，潘玉凤这才仔细看了一下合同内容，主要内容是这样约定的：

合同期限3年，自2013年10月1日～2016年9月30日，试用期6个月，在服务岗位工作，工作时间执行综合计算工时制，每月休息4天（倒休）。每月工资1300元，试用期工资610元。社会保险缴纳3险1金。按照国家有关劳动安全、卫生的规定配备安全防护措施。合同期间若离职，需向饭店缴纳600元培训费。

潘玉凤拿着这份合同傻了眼，她到底该怎么办呢？

第一节　劳动关系

一、劳动关系的概念

人力资源管理所讨论的劳动关系，通常是指饭店的所有者或其委托代理人、饭店的经营者与员工及其组织（主要是工会组织）之间基于有偿劳动所形成的权利义务关系。劳动关系是人力资源管理的重要内容之一，它所涉及的主要内容包括：员工同饭店在劳动用工、工作时间、休息休假、劳动报酬、劳保福利、劳动培训以及裁员下岗等方面所形成的劳动关系。同时，劳动关系还涉及代表单个员工利益的工会同饭店在就业、报酬、奖金、考评、社会保险、裁员等方面的参与决策所形成的劳动关系。

二、劳动关系的主要内容

劳动关系的内容包括劳动关系主体双方依法享有的权利和承担的义务。根据不同标准，劳动关系的内容可有不同的划分方式。

（一）劳动关系的主体

1. 员工的权利与义务

（1）员工依法享有的主要权利有：劳动权、民主管理权、休息权、劳动报酬权、劳保护权、职业培训权、社会保险权、劳动争议提请处理权等。

(2)员工承担的主要义务有:按质、按量完成生产任务和工作任务;学习政治、文化、科学、技术和业务知识;遵守劳动纪律和规章制度;保守国家和饭店的机密。

2. 饭店的权利与义务

(1)饭店依法享有的主要权利有:依法录用、调动和辞退职工;决定饭店的机构设置;任免饭店的行政干部;制定工资、报酬和福利方案;依法奖惩职工。

(2)饭店承担的主要义务有:依法录用、分配、安排员工的工作;保障工会和职工代表大会行使其职权;按员工的劳动质量和数量支付劳动报酬;加强对员工思想、文化和业务的教育、培训;改善劳动条件,搞好劳动保护和环境保护。

(二)劳动关系的客体

劳动关系的客体是指主体的劳动权利和义务共同指向的事物,如劳动时间、劳动报酬、安全卫生、劳动纪律、福利保障、教育培训、劳动环境等。在我国的社会制度和法律制度条件下,员工的人格和人身不能作为劳动法律关系的客体。

(三)劳动关系的阶段性

根据劳动关系中员工与饭店结合的不同阶段可以分为:

1. 双向选择阶段

在饭店与员工进行双向选择的阶段,主要表现为饭店所有者或其委托代理人与经营管理人员、普通员工的双向选择的程度、责任和权利,处理这方面的关系涉及合同的签订、解除等问题。

2. 双方合作阶段

经过双向选择后,饭店与员工达成合作,也就产生了双方的责、权、利关系。如何保障员工的合法权益是这一阶段劳动关系中的主要方面,具体包括员工的正当收益权、劳动保护权、社会保障权、民主权、参与权、个人尊严权等。

3. 双方重新选择阶段

当双方所形成的劳动关系由于时间、饭店经营状况、员工个人工作能力的相适应性发生改变而需要调整时,员工与饭店的责、权、利关系也会随之发生改变。这里的改变主要是指员工被辞退或员工辞职时双方拥有的义务、责任和权利,如事先得到通知权、申诉权、补偿权等。

三、改善劳动关系的重要意义

(一)保证饭店与职工的双向选择权,可以实现生产要素的优化配置

要发展社会生产力,就必须使各种生产要素在适当的流动中获得最佳结合。如果员工不能选择饭店,饭店不能选择员工,势必造成人力资源的浪费,阻碍生产力的发展。

(二)保证饭店内各方面的正当权益,调动各方面的积极性

合理的投资回报可以吸引更多的资金流入饭店,合理的工资、奖金和福利待遇可以吸收和稳定饭店所需要的人才,合理的利润留成有利于饭店的长远发展。

(三)改善饭店内部劳动关系,确保饭店组织建设和组织变革的顺利进行

饭店各方面的相互信任、相互尊重、互助合作,能创造出一个令人心情舒畅的工作环境,有利于饭店文化的形成和组织的建设。只有调整好各方利益,才能保证饭店在面对激烈的市场竞争和严峻的生存条件下及时地进行组织变革。

四、改善劳动关系的途径

(一)加强立法

劳动争议在很大程度上是由于相关法律、法规或政策不健全而造成的。因此,当饭店各方因利益冲突而产生矛盾时,常常无法可依、无所适从。国家和地方政府通过完善法律、法规,出台有针对性的政策,饭店各方的权、责、利就可以明确下来,并在法律、法规的基础上加以调整。

(二)发挥工会及职工代表大会的作用

通过设立工会和定期召开职工代表大会,拓宽员工与饭店协调劳动关系的渠道,能够起到兼顾员工与饭店的利益、避免矛盾激化的作用。

(三)培训主管人员

劳动争议的产生和劳动关系的紧张程度,常常与饭店主管人员的工作作风、业务知识、法律意识有关。通过对饭店主管人员的培训,能够增强他们的劳动关系意识,掌握处理劳动关系问题的原则及技巧。

(四)提高员工的工作生活质量

提高员工的工作生活质量是改善劳动关系的根本途径。主要内容包括:参与管理、职业生涯设计、周期性安排"培训-工作-休息",尽可能地满足员工个人正当、合理的要求,使员工感受到真正的工作意义。

(五)员工参与民主管理

员工参与民主管理可以使员工参与饭店的重大决策,尤其是涉及广大员工切身利益的决定,这样可以更好地使饭店的管理者在做出重大决策时充分考虑到员工的利益。

第二节 劳动合同

一、劳动合同的概念

劳动合同,又称劳动契约或劳动协议,是指员工与饭店之间确立劳动关系,明确双方权利和义务的协议。通过劳动合同的签订、履行、终止以及变更、解除,可以调节劳动力的供求关系,既能使员工有一定的择业和流动自由,又能制约员工在合同期履行劳动义

务和完成应尽职责,从而使员工有相对的稳定性和合理的流动性。

二、劳动合同的订立

(一)劳动合同订立的原则

1. 合法原则

合法原则即签订和变更的劳动合同不得与饭店所在地现行的法律、法规和政府政策相冲突,否则无效。

2. 平等自愿原则

平等自愿原则即签订和变更劳动合同的双方在法律地位上是平等的,并完全出于双方当事人自己的真实意见。

3. 协商一致原则

协商一致原则即签订和变更劳动合同的双方就合同的所有条款进行充分协商,达成双方意思一致。

(二)劳动合同的形式

劳动合同的形式可以分为口头形式和书面形式两种。其中,书面形式的劳动合同是最正规的合同形式,而且也便于管理和解决日后发生的劳动争议。书面形式的劳动合同通常又有主件和附件之分。主件一般是指在确立劳动关系时所订立的书面劳动合同;附件一般是指法定或约定作为劳动合同主件的补充,进一步明确当事人双方相互权利义务的书面文件。

(三)劳动合同的内容

劳动合同的内容即劳动合同条款,分为一般法定必备条款、特殊法定必备条款、约定必备条款。

1. 一般法定必备条款

一般法定必备条款是法律要求各种劳动合同都必须具备的条款,即必须包括:

(1)合同期限,除依法允许订立不定期合同的情况以外,都应当规定合同有效期限,其中应包括合同的生效日期和终止日期,或者决定合同有效期限的工作项目。

(2)工作内容,即关于员工的劳动岗位、劳动任务条款。

(3)劳动保护和劳动条件,即关于饭店应当为员工提供劳动安全卫生条件和生产资料条件的条款。

(4)劳动报酬,即关于劳动报酬的形式、构成、标准等条款。

(5)劳动纪律,即关于员工应当遵守的劳动纪律的条款。它一般不尽列劳动纪律的内容,只是表明员工同意接受饭店依法制定的劳动纪律。

(6)合同终止条件,即关于劳动合同在法定终止条件之外的哪些情况下可以或应当终止的条款。

(7)违约责任,即关于违反劳动合同的员工和饭店各应如何承担责任的条款。它不仅包括关于依法承担违约责任的抽象规定,而且含有关于在合法范围内承担或免除违约责任的具体约定。

2. 特殊法定必备条款

特殊法定必备条款是指法律要求某种或某几种劳动合同必须具备的条款。有的劳动合同由于自身的特殊性,立法特别要求其除一般法定必备条款外,还必须规定一定的特有条款。例如,外商投资饭店劳动合同和私营饭店劳动合同中应包括工时和休假条款;实习员工的劳动合同中应当有培训目标、实习期限、生活待遇等条款。

3. 约定必备条款

约定必备条款是劳动关系当事人或其代表约定劳动合同必须具备的条款。它是法定必备条款的必要补充,其具备与否,对劳动合同可否依法成立,在一定程度上有决定性意义。此类条款通常有试用期条款、保密条款和禁止同业竞争条款等。

(四)劳动合同的订立程序

1. 提出劳动合同草案

饭店向员工提出拟订的劳动合同草案,并说明各条款的具体内容和依据。

2. 介绍内部劳动规则

在提出合同草案的同时,饭店还必须向员工详细介绍本单位的内部劳动规则。

3. 商定劳动合同内容

饭店与员工在劳动合同草案和内部劳动规则了解的基础上,对合同条款逐条协商一致后,以书面形式确定其具体内容。对劳动合同草案,员工可提出修改或补充意见,并就此与饭店协商确定。对内部劳动规则,员工一般只需表示接受与否即可,而不能与饭店协商修改或补充其内容。但是,双方可以在劳动合同中做出不同于内部劳动规则某项内容或者指明不受内部劳动规则某项内容约束而对员工更有利的约定。

4. 签名盖章

员工和饭店应当在经协商一致所形成的劳动合同文本中签名盖章,以此标志双方意思表示一致的完成。凡属不需要鉴证的劳动合同,在双方当事人签名盖章后即告成立。

5. 鉴证

按照国家规定或当事人要求而需要鉴证的劳动合同,应当将其文本送交合同签订地或履行地的合同鉴证机构进行鉴证。凡需要鉴证的劳动合同,经鉴证后方可生效。

上述各个阶段是紧密相连、不可分割的连续过程,饭店招聘合同制员工,必须依次确定合同当事人、确定合同内容,才能在当事人之间确立劳动法律关系。

(五)劳动合同的法律效力

1. 劳动合同的有效性

劳动合同依法成立,从合同成立之日或者合同约定生效之日起就具有法律效力。具体表现在:

（1）当事人双方必须亲自全面履行合同所规定的义务。

（2）合同的变更或解除都必须遵循法定的条件和程序，任何一方当事人都不得擅自变更或解除合同。

（3）当事人违反合同必须依法承担违约责任。

（4）当事人双方在合同履行过程中发生争议，必须以法定方式处理。

2. 劳动合同的法律效力

劳动合同具有法律效力，必须以完全具备法定有效要件为前提。劳动合同的有效要件一般包括：

（1）合同主体必须合格

双方当事人都必须具备法定的主体资格，即一方必须是具有劳动权利能力和劳动行为能力的公民，另一方必须是具有用人权利能力和用人行为能力的饭店。

（2）合同内容必须合法

劳动合同必须完全具备法定必备条款，并且所载各项条款的内容都必须符合合同履行地的劳动法规、劳动政策和集体合同的要求。

（3）意思表示必须真实

签订劳动合同的双方当事人的意思表示都出于本身自愿，并且与自己内在意志相符。

（4）合同形式必须合法

要约式劳动合同必须采用法定的书面合同或标准合同形式；非要约式劳动合同应当采用当事人所要求的书面或口头合同形式。

（5）订立程序必须合法

劳动合同的订立必须完成各项法定必要程序，并且在订立程序中必须严格遵守法定规则，尤其应当遵守平等自愿和协商一致的原则。

3. 劳动合同的无效

劳动合同无效是指劳动合同由于缺少有效要件而全部或部分不具有法律效力。其中，全部无效的劳动合同所确立的劳动关系应予以消灭；部分无效的劳动合同所确立的劳动关系可依法存续，只是部分合同条款无效，如果不影响其余部分的效力，其余部分仍然有效。

"违反法律、行政法规的劳动合同"、"采取欺诈、威胁等手段订立的劳动合同"一般确定为无效合同。无效的劳动合同从订立的时候起就没有法律约束力。此外，"员工被迫签订的劳动合同或未经协商一致签订的劳动合同为无效劳动合同"。所谓"员工被迫签订的劳动合同"，是指有证据表明员工在受到胁迫或对方乘人之危的情况下，违背自己真实意愿而签订的劳动合同；所谓"未经协商一致签订的劳动合同"，是指有证据表明饭店和员工不是在双方充分表达自己意思的基础上，经平等协商、取得一致意见的情况下签订的劳动合同。劳动合同的无效由劳动争议仲裁委员会或者法院确认。

4. 劳动合同无效的处理

对无效劳动合同的法律处理规定有以下几种：

(1) 自合同订立时起至合同被确认无效时止，合同全部无效的，当事人之间仅存在事实劳动关系；合同部分无效的，当事人之间并存着部分劳动法律关系和部分事实劳动关系。事实劳动关系中当事人的权利和义务应当以劳动法规、劳动政策、集体合同和内部劳动规则的有关规定为依据重新确定。其中，员工如果未得到或者未全部得到劳动法规、劳动政策、集体合同、内部劳动规则所规定标准的物质待遇，饭店应当按照该标准予以补偿。

(2) 自合同被确认无效时起，全部无效的合同所引起的事实劳动关系应予以终止；部分无效的合同中，无效条款应当由劳动法规、劳动政策、集体合同和内部劳动规则中的有关规定所取代，或者由当事人依法重新商定的合同条款所取代。

(3) 饭店对员工收取的保证金或扣押的证件等，应当返还给员工。

(4) 劳动合同全部无效而饭店对此有过错的，如果当事人双方都具备主体资格而员工要求订立劳动合同的，在终止事实劳动关系的同时，饭店应当与员工依法订立劳动合同。这是因为，在这种情况下确认劳动合同无效，并未否定劳动合同订立程序的第一阶段（即确定合同当事人阶段）双方所做出的同意与对方订立劳动合同的意思表示，所以，可重新开始劳动合同订立程序的第二阶段（即确定合同内容阶段）；并且，这样做可避免员工因劳动合同无效而失业。

(5) 饭店对劳动合同无效有过错的，如果给员工造成损害，应当承担赔偿责任。

(六) 订立劳动合同时应注意的问题

1. 衡量本身是否具备招工和应聘条件

(1) 饭店要衡量是否具备为新员工提供工作以及生活等方面的物质条件，培养新员工的能力等；而应聘者则要对照饭店的招工简章，衡量自己是否符合招工饭店的招聘条件。

(2) 双方在确认自己具备招工和应聘条件的基础上，要了解对方是否确有招工或应聘的条件，即招工饭店要了解应聘者的基本状况，包括查看应聘者提供的户籍、学历、技术级别等证明；应聘者也可以通过招工简章、劳动中介机构或上级主管机关等途径了解招工饭店的基本状况。

2. 根据法律并结合实际订立合同

如果双方当事人在订立合同时抛开国家的法律、法规和政策，完全由当事人双方商定，那么有可能产生无效合同。但是，如果不结合实际做出具体规定，也会给履行合同带来困难，因此，合同不能千篇一律。

3. 合同内容要繁简得当

对国家法律、法规和政策规定较细致、具体的内容，可写明按照某项规定执行即可（必须把这些规定作为劳动合同的附件与劳动合同文本一并提交给合同制员工）；对于国家法律、法规和政策未做具体规定的内容,特别是容易产生劳动争议之处,则应该尽量做出详细的规定。例如,劳动合同的具体条款,如工种、岗位或者报酬等,就需要订得比较详细。此外,对具有行业特点的涉及双方切身利益的事项应做出明确规定,有些易误解的事项更要做详细说明和解释,否则容易产生劳动争议。

4. 语言表达要力求准确

劳动合同中的语言表达要力求准确、明白,避免使用易产生误解或歧义的词句。

5. 责任规定要明确

劳动合同责任是合同的核心,也是劳动合同法律效力的集中体现。如果责任规定得不明确,一旦发生争议,追究责任时,可能会造成互相推诿的局面,使争议迟迟得不到妥善解决。

6. 合同签订日期和生效日期要明确

合同日期是劳动合同的内容之一,如果在合同中不注明起止日期,也会产生争议。

三、劳动合同的履行

劳动合同的履行是指合同当事人双方履行劳动合同所规定义务的法律行为,即员工和饭店按照劳动合同的要求,共同实现劳动过程和各自的合法权益。劳动合同依法订立就必须履行。

(一)劳动合同的履行原则

劳动合同的履行应遵守以下几项原则:

1. 亲自履行原则

劳动合同的履行只能在签订合同的特定主体之间进行。员工一方的主体变更一般即视为合同解除,饭店一方对员工提供劳动义务的请求权也不应转让给第三人。劳动法律关系确立后,员工不允许请他人代为劳动,饭店未经员工同意也不能擅自将员工调动转移到其他单位。

2. 全面履行原则

劳动合同当事人双方都必须履行合同的全部条款和各自承担的全部义务,既要按照合同约定的标准及其种类、数量和质量履行,又要按照合同约定的时间、地点和方式履行。

3. 协作履行原则

(1)当事人双方首先应按照劳动合同和劳动纪律的规定履行自己应尽的义务,并为对方履行义务创造条件。

(2)当事人双方应互相关心,通过生产经营管理和民主管理,互相督促,发现问题要及时协商解决。

(3)无论是饭店还是员工,在遇到困难时,另一方都应在法律允许的范围内尽力给予帮助。

(4) 员工违纪，饭店应依法进行教育，帮助员工改正；饭店违约，员工也要及时反映问题，尽快协助饭店纠正，并设法防止或减少损失。

(5) 在合同履行过程中发生了劳动争议，当事人双方都应从大局出发，根据《劳动法》和劳动合同的有关规定，结合实际情况，及时协商解决，从而建立起和谐的劳动关系。

(二) 劳动合同的特殊规则

1. 履行不明确条款的规则

对于劳动合同中内容不明确的条款，应当先依法确定其具体内容，然后予以履行。一般认为，饭店内部劳动规则有明确规定的，按照该规定履行；饭店内部劳动规则未做明确规定的，按照集体合同的规定履行；集体合同未做明确规定的，按照有关劳动法律、法规和政策的规定履行；劳动法律、法规和政策未做明确规定的，按照通行的习惯履行；没有可供遵循的习惯的，由当事人双方协商确定如何履行。

2. 向第三人履行的规则

劳动合同的任何一方当事人，一般都只向对方当事人履行义务，并且要求对方当事人履行义务的请求权一般不得转让给第三人。换言之，只有在法律允许的特殊情况下，员工和饭店才能向第三人履行义务。

3. 履行约定之外劳动给付的规则

员工履行劳动给付义务，原则上以劳动合同约定的范围为限，在劳动合同未变更时，饭店一般不得指示员工从事劳动合同约定之外的劳动。但是遇有紧急情况时，如为了避免发生危险事故或者进行事故抢救和善后工作，饭店可指示员工临时从事劳动合同约定之外的劳动，员工应当服从这种指示。

四、劳动合同的变更

所谓"变更"，是指对原订合同的修改或增删。劳动合同的变更是指合同当事人双方或单方依法修改或补充劳动合同内容的法律行为。它发生于劳动合同生效之后尚未履行或尚未完全履行期间，是对劳动合同所约定的权利和义务的完善和发展，是确保劳动合同全面履行和劳动过程顺利实现的重要手段。劳动合同变更一般为协议变更。

(一) 变更原因

1. 饭店方面的原因

饭店调整主营业务或经营项目、重新进行劳动组合、修订劳动定额、调整劳动报酬或员工福利分配方案、发生严重亏损、防止泄露商业秘密等。

2. 员工方面的原因

员工身体健康状况发生变化、劳动能力部分丧失、所在岗位与其职业技能不相适应、职业技能提高到一定等级等。

3. 客观方面的原因

国家的法律、法规和政策发生变化、物价水平大幅度变化、国民经济调整、社会动乱、

自然灾害等。

(二)变更条件

根据规定,劳动合同的变更应具备以下三个条件:

(1)双方当事人原来已经存在着劳动合同关系。

(2)订立合同时所依据的情况发生变化。劳动合同依法订立后就具有法律的约束力,当事人双方都必须严格按照劳动合同规定的条款履行自己义务。只有出现情况变化时,才允许变更劳动合同。

(3)劳动合同变更必须经双方当事人同意。劳动合同在签订时要贯彻平等自愿、协商一致的原则。这种当事人之间通过协商一致形成的法律关系一般也应通过协商一致才可予以变更。

(三)变更程序

1. 预告变更要求

需要变更合同的一方当事人应当按照规定时间提前向对方当事人提出变更合同的要求,说明变更理由、条款、条件以及请求对方当事人答复的期限。

2. 按期做出答复

得知对方当事人提出变更合同的要求后,通常应当在对方当事人要求的期限内做出答复,可以表示同意,也可以提出不同意见而要求另行协商。如果不属于法定应当变更合同的情况,也可以表示不同意。

3. 签订书面协议

当事人双方均同意变更合同的,应当就合同变更达成书面协议,并签名盖章。协议书中应当指明变更的条款,并约定变更条款的生效日期。

4. 鉴证或备案

凡在订立时经过鉴证或备案的合同,签订变更合同协议后也要办理鉴证或备案手续。

五、劳动合同的解除

(一)劳动合同解除的含义和种类

劳动合同解除是指劳动合同生效以后,尚未全部履行以前,当事人一方或双方依法提前消灭劳动关系的法律行为。劳动合同的解除主要包括以下几种:

1. 以解除方式为标准分类

(1)协议解除,即劳动合同经当事人双方协商一致而解除。

(2)单方解除,即享有单方解除权的当事人以单方意思表示解除劳动合同。员工可以无条件地预告辞职,但即时辞职要受一定条件的限制。就辞退而言,饭店在符合法定或约定条件的情况下可辞退员工。

2. 以解除条件的依据为标准分类

(1)法定解除,即员工或饭店在符合劳动法规定的合同解除条件的情况下,单方解除劳动合同。

(2)约定解除,即员工或饭店在符合集体合同或劳动合同依法约定的合同解除条件的情况下,单方解除劳动合同。

3. 以解除原因中有无过错为标准分类

(1)有过错解除。由于对方当事人的过错行为而导致的劳动合同解除,属于有过错解除。解除合同的主动权在无过错方,由其提出的解除要求对有过错方具有强制性,并可不经预告就行使单方解除权。如果饭店是有过错方,就应当赔偿员工因辞职所受的损失;如果员工是有过错方,就无权要求饭店因辞退而给予经济补偿,或应赔偿饭店所受的损失。

(2)无过错解除。在对方当事人无过错行为或者其过错行为轻微的情况下单方解除劳动合同,属于无过错解除。为了避免或减少合同解除可能给对方当事人造成的损失,员工或饭店在解除合同前均应向对方当事人预告。尤其是饭店辞退员工要严格按照规定的条件执行,并且还应对辞退或辞职的员工给予一定的经济补偿。

(二)劳动合同解除的条件

劳动合同的解除分为双方协商解除和单方依法解除两大类。

1. 双方协商解除

双方协商解除是指劳动合同的双方当事人经协商达成一致,从而解除劳动合同。

2. 单方依法解除

单方依法解除是指劳动合同的一方当事人不需对方同意即可单方面行使劳动合同解除权。

按权利主体不同,单方依法解除可以分为饭店解除劳动合同和员工解除劳动合同。

(1)饭店解除劳动合同。饭店单方行使劳动合同解除权,又可分为因员工的原因行使解除权和因饭店的原因行使解除权。

因员工的原因解除劳动合同时,饭店必须根据员工的情况区别为主观过错和客观原因,相应的分为解除合同前不需提前预告和需提前预告两种情况。

员工主观过错包括:

①在试用期间被证明不符合录用条件(简称试用不合格);

②严重违反劳动纪律或者饭店规章制度(简称严重违纪);

③严重失职,营私舞弊,对饭店利益造成重大损害;

④被依法追究刑事责任,即员工在劳动合同存续期间,因严重违法构成犯罪,被法院依法判处刑罚或者裁定免予刑事处分;

⑤被劳动教养,即员工在劳动合同存续期间,因违法而被公安机关依法处以劳动教养。

从解除合同的程序看,符合以上五种情况之一的,饭店一经证实后,就可以解除劳动合同,无须提前通知,也不必给予经济补偿。

员工客观原因包括:

①员工患病或非因工负伤,医疗期满后,既不能从事原工作也不能从事由饭店另行安排的工作。这里的医疗期,是指员工根据其工龄等条件,依法可以享受的停工医疗并发给病假工资的期间,而不是员工病伤治愈所实际需要的医疗期。员工在规定的医疗期届满后,其病伤尚未医疗终结或者医疗终结但其劳动能力受损,经劳动鉴定机构证明,缺乏或丧失从事原工作或者饭店在现有条件下为其所安排新工作的劳动能力,因而无法继续履行劳动合同。

②员工不能胜任工作,经过培训或者调整工作岗位后,仍不能胜任工作。

③劳动合同订立时所依据的客观情况发生重大变化,致使原劳动合同无法履行,经当事人协商不能就变更劳动合同达成协议。这里的客观情况,是指履行原劳动合同所必要的客观条件,如自然条件、原材料或能源供给条件、生产设备条件、产品销售条件、劳动安全卫生条件等。

从解除合同的程序上看,符合以上三种情况之一的,饭店必须履行预告义务,即应当提前30日以书面形式通知员工本人方可解除劳动合同,同时还应依法给予经济补偿。

(2)员工解除劳动合同。员工单方行使劳动合同解除权,也可以饭店是否有过错为主要依据,分为需提前预告和不需提前预告两种情况。

(三)关于辞退员工的禁止性条件

我国的《劳动法》关于辞退的禁止性条件规定,以下情形之一不得解除劳动合同:

1. 患职业病或者因工负伤并被确认为丧失或者部分丧失劳动能力。劳动能力丧失的程度,须由法定机构(劳动鉴定委员会)鉴定和证明。

2. 患病或负伤并在规定的医疗期内。员工患普通疾病或者非因工负伤,饭店应依法给予一定的医疗期,并在此期限内负有保障其医疗和生活的义务。

3. 在孕期、产期、哺乳期内的女员工。以此作为禁止性条件,旨在保护妇女和儿童的特殊权益。孕期、产期和哺乳期为一个连续的过程,其中,产期长度应当以生育顺产、难产或流产的法定产假期为准;哺乳期长度也应当与法定界限相符,一般限于婴儿周岁。

4. 法律、行政法规规定的其他情形,饭店均不得解除劳动合同。例如,在法定年休假、法定节假日和其他合法假期间,在劳动争议处理期间,员工不得被辞退。员工因实施工会行为或员工代表行为,也受特别保护,不得被辞退。

(四)劳动合同解除的程序

劳动合同解除的程序,因解除的方式、条件等差异而有所不同。

1. 辞退通知前的环节

饭店在发出辞退通知以前,必须经过对员工批评教育、纪律处分或辞退警告无效。

2. 解约的协议或通知

(1) 劳动合同的协议解除,应当由合同当事人双方就合同解除的日期和法律后果依法签订书面协议。

(2) 劳动合同的单方解除,应当由饭店或员工提前或即时以书面形式将解除劳动合同的决定通知对方。在实践中允许饭店以向被辞退者支付与预告期间劳动报酬额相等的补偿的方式取代预告期,即饭店在支付此项补偿费的前提下即可辞退员工。

3. 解约协议或通知后的环节

在劳动合同当事人就劳动合同解除签订协议或发出通知以后,依法还必须或可能经过一些特定环节。其中主要有:

(1) 工会干预。工会认为辞退不适当的,有权提出意见,饭店对工会意见应当认真研究。如果辞退违法或违约,工会有权要求饭店重新处理。

(2) 争议处理。因劳动合同解除发生争议的,应当依法遵守调解、仲裁、诉讼的程序处理。

(3) 备案。

六、劳动合同的终止

(一) 劳动合同终止的概念

劳动合同的终止是指劳动合同的法律效力依法被消灭,劳动合同所确立的劳动关系由于一定法律事实的出现而终结,员工与饭店之间原有的权利和义务不复存在。

(二) 劳动合同终止的原因

引起劳动合同终止的原因主要有以下几种:

1. 合同期限届满
2. 约定终止条件成立
3. 合同目的实现
4. 员工死亡
5. 员工退休
6. 饭店消灭(饭店依法被宣告破产、解散、关闭或撤销,其劳动合同随之终止)
7. 合同解除

(三) 劳动合同终止的法律后果

劳动合同终止的法律后果是指在终止劳动关系并消灭当事人双方权利义务的同时,对当事人双方随之产生新的权利义务。

1. 饭店的义务

(1) 支付经济补偿金。劳动合同经协议解除或者由饭店解除(因试用不合格或员工有过错行为而解除的除外)的,按员工在本单位工龄,每满一年给予相当于一个月工资的经济补偿金。但是,经协议解除或者因员工不胜任工作被饭店解除的,最多给予不超过12个月工资的金额。

(2)支付失业补偿费。饭店因破产或歇业而解除劳动合同的,合同未满的时间每一年发给员工相当于一个月工资的失业补偿费,但最高不超过12个月工资的金额。

(3)支付禁止同业竞争补偿费。约定员工为保守饭店商业秘密而在劳动合同终止后一定期间不与该饭店进行同业竞争的,饭店应当给予该员工一定数额的经济补偿。

(4)支付医疗补助费。劳动合同因员工患病或非因工负伤而由饭店解除的,在发给经济补偿金的同时,还应发给不低于6个月工资的医疗补助费。对患重病或绝症者要增加医疗补助费。其中,患重病的增加部分不低于医疗补助费的50%,患绝症的增加部分不低于医疗补助费的100%。

(5)向社会保险经办机构缴纳有关费用。凡是依法应当由饭店为员工缴纳的社会保险费用,在劳动合同终止时饭店应当负责全部缴足。

(6)出具劳动关系终止证明书。饭店应当在劳动合同终止的当时或者应员工事后请求,免费向员工出具终止劳动合同的证明书,以证实原劳动关系已经消灭。

(7)为被裁减人员提供一定就业保障。有条件的饭店,应当为被裁减人员提供培训或就业帮助。

(8)返还员工寄存财产。在劳动关系存续期间员工寄存于饭店的各项财产,当劳动合同终止时,饭店应当返还给员工。

(9)继续提供住房。劳动关系存续期间由饭店提供住房的员工,在劳动合同终止后一定时间内,饭店应当让其继续居住该住房。

在上述各项经济补偿中,对于以月工资作为计算基准的饭店来说,月工资是指在正常生产经营情况下,劳动合同解除前12个月员工本人的月平均工资。另外,经济补偿金在饭店成本中支出,不得占用饭店按规定比例应提取的福利费用。

2.员工的义务

(1)赔偿损失。员工对劳动合同解除有过错的,应当按照法定或约定的要求,向饭店赔偿因此所受的损失。

(2)结束并移交事务。劳动合同终止后,员工应当依饭店对其忠实义务的要求,结束其正在进行中的事务,对紧急事务做应急处理;同时,向饭店办理事务移交手续;对原归其保管的物品,在交接前继续保管。

(3)继续保守商业秘密。员工对其在劳动关系存续期间得知的商业秘密,在劳动合同终止后一定期限内应当继续保密。

第三节　劳动争议的处理

一、劳动争议的概念

饭店劳动争议,又称饭店劳动纠纷,是指饭店劳动关系的双方主体及其代表之间在实现劳动权利和履行劳动义务等方面产生的争议或纠纷。饭店劳动争议,就其本质来说,主要是双方主体围绕经济利益而产生的权利和义务的矛盾和争议。

二、劳动争议的主要内容

(1)劳动合同的执行、解除、变更和终止等问题而发生的争议。
(2)员工的录用、辞退、辞职和工作变动等问题而发生的争议。
(3)工资、津贴和奖金等问题而发生的争议。
(4)就业培训和职业训练等方面的问题而发生的争议。
(5)劳动保险、劳动福利以及女员工、未成年员工特殊保护等方面的问题而发生的争议。
(6)社会宏观因素和饭店外部环境,如通货膨胀、失业、社会保障、外国投资、政治因素和税率等问题而发生的争议。
(7)有关工会的成立、运作、管理和代表权等问题而发生的争议。
(8)有关工作安全和劳动卫生等问题而发生的争议。
(9)有关工作时间和休息、休假等问题而发生的争议。

三、劳动争议的处理原则

(一)合法原则

合法原则是指饭店劳动争议处理机构在处理争议案件时要以法律为准绳,并遵守有关法定程序。同时,对双方当事人应该享受的请求解决争议、举证、辩解、陈述和要求回避等有关程序的权利要给予平等的保护。

(二)公正和平等原则

公正和平等原则是指在饭店劳动争议案件的处理过程中,应当公正、平等地对待双方当事人,处理程序和处理结果不得偏向任何一方。公正和平等原则要求饭店劳动争议的任何一方当事人都不得有超出法律和有关规定以外的特权。

(三)调解原则

调解原则是指调解这种手段贯穿于饭店劳动争议第三方参与处理的全过程。不仅饭店调解委员会在处理饭店劳动争议中的全部工作是调解,而且仲裁委员会和法院在处理饭店劳动争议中也要先行调解,调解不成时再行使裁决或判决。同时,即使是仲裁委员会的裁决和法院的判决也要以调解的态度强制执行,否则,其法律效力的发挥就会大打折扣。

(四)及时处理原则

及时处理原则是指饭店劳动争议的处理机构在处理劳动争议案件时,要在法律和有关规定要求的时间范围内对案件进行受理、审理和结案,无论是调解、仲裁还是诉讼,都不得违背在时限方面的要求。

> **资料链接**
>
> 李勇是一家饭店的厨房临时工,在一次事故中受伤,公司以合同为由不予认定工伤。如果不能认定为工伤,李勇就无法得到与治疗相关的待遇,全家人为此着急万分。

案例分析

职工个人申请认定工伤时,如果劳动关系还未确定的话,由个人提供有关证据,如工资报酬的领取证明、工友同事的书面证明,由劳动行政部门认定存在劳动关系。李勇应先向劳动部门申请认定(与公司)存在劳动关系并提交有关存在劳动关系的证明材料,然后再按照工伤认定的程序提出工伤认定申请。法律依据见《工伤保险条例》第18条的规定。

四、劳动争议处理的一般方法

(一)劳资双方自行解决

协商解决的办法,主要是指劳资双方在平等的地位上就彼此争议的问题和焦点进行协商,以求得问题的解决。

集体谈判制度是市场经济国家一种重要的饭店劳动争议的处理制度。饭店所有者或其代理人主要通过争议双方协商制度来阻碍或缓和工会参与管理的要求;工会则在协商阶段将有关问题和信息集中起来,强化自己的地位,为确立自己在集体谈判中的有利地位奠定基础。

(二)第三方参与解决

一般来说,饭店劳动争议处理中的第三方参与主要有三种情况:调解、仲裁和诉讼。

五、劳动争议调解

劳动争议调解是指调解委员会在查明事实、分清责任之后,促使争议当事人双方在法律法规的基础上和在相互谅解的基础上达成协议的处理方法。

对劳动争议的调解必须以双方当事人自愿为前提,不得强行调解。调解机构是饭店内部的群众性组织,既不是司法部门,也不是行政机关。

六、劳动争议仲裁

劳动争议仲裁是指由劳动争议仲裁委员会在查明事实、分清责任的基础上,根据国家法律、法规和政策对纠纷事实和当事人责任的认定和裁决。

案例分析

2005年7月张涛从旅游高职院校毕业,同年8月1日被和平酒店录用为客房服务员,双方签订了5年期的劳动合同,约定试用期为4个月。张涛在工作期间迟到数次,又因客房打扫问题多次与顾客争吵,并且不服从领班和值班经理的批评教育。11月1日,和平酒店人力资源部书面通知调动张涛到洗衣房工作,如对方不同意,限期3个月内另谋出路,在此期间,只按当地最低工资标准发放工资。张涛接到通知后不同意工作调动,也表示找不到其他工作。同时,张涛仍存在迟到和与顾客吵架现象,3个月后即2006年2月1日,和平酒店以"试用期严重违反劳动纪律,不服从工作安排"为由,解除与张涛的劳动合同。张涛随即申诉到劳动争议仲裁机构,要求维持原劳动关系。

问题:你认为劳动争议仲裁机构会维持张涛的原劳动关系吗?为什么?

七、劳动争议的法院审理

劳动争议的法院审理是指人民法院对不服仲裁结果而提出诉讼的劳动争议依法进行审理并做出判决,即劳动争议发生后,当事人不能直接向法院起诉,必须先申请仲裁,不服仲裁裁决时才可以进入诉讼程序。

根据《民事诉讼法》规定,劳动争议引起的诉讼实行二审终审制,由各级人民法院的民事法庭受理,包括劳动争议案的起诉、受理、调查取证、审判和执行等一系列诉讼程序。举证责任与劳动争议仲裁的举证责任相同,即在履行劳动合同而发生的争议中,"谁主张谁举证",而在饭店处罚职工的劳动争议中,"谁决定谁举证"。

八、劳动监督检查

劳动监督检查是指依法有监督检查权的机构对饭店、事业、机关、团体等饭店执行劳动法情况所进行的行政监察、行政监督、群众团体监督等法律制度的总称。劳动监督检查包含了众多内容,不仅是对饭店执行劳动安全卫生法规的监督检查,同时也是对有关劳动就业、劳动报酬、工时休假、劳动合同、职业培训、奖励惩罚、劳动保险等全部劳动法内容的监督检查。

本章小结

本章阐述了饭店劳动关系的概念、主要内容,明确了改善饭店劳动关系的途径和重要意义;阐述了饭店劳动合同的概念、合同的订立、变更、解除和履行,以及饭店劳动争议的处理方法等内容。

综合案例

新的《劳动合同法》马上就要实施了,对此,我们饭店在人事管理上有了很多调整。其中就有一例:有一个四十多岁的女士,9年前进入饭店工作,从事员工宿舍管理员的工作。班次是:第一天早8点上班,第二天早8点下班,第三天早8点上班,以此循环。她目前52岁,已经过了交保险的年龄了(饭店以前一直没有为她交),刚好她今年的合同12月底要到期,饭店考虑到新法的实施,故想赶在新法实施前,与她不再续签合同。于是提前一个月找她谈话,同意支付其一个月的工资作为补偿将其辞退。

女士不同意:首先,她上的班次是24小时倒一次班,没有其他任何休息日,相当于每月上班24×15=360个小时。因此要补偿她几年来的加班工资(饭店说法是宿舍管理员晚上在宿舍有休息的时间,故24小时不能全算上班,只能折半)。其次,劳动合同到期,单位提出解除,按她工作9年算,要支付她9个月的工资作为补偿。

实训练习题

让学生以一份实际的饭店劳动合同为蓝本,组织学习并讨论其合理性、合法性。

复习思考题

1. 饭店劳动关系的主体是什么?
2. 饭店劳动合同的主要构成内容有哪些?
3. 作为饭店员工,签订劳动合同时应注意哪些问题?
4. 饭店如何合法地解除与员工的劳动合同?

参 考 文 献

1. KATHLEENM. IVERSON. 张文等译. 饭店业人力资源管理. 北京:旅游教育出版社,2003
2. ROBERT H. WOODS. 张凌云,马晓秋主译. 饭店业人力资源管理. 北京:中国旅游出版社,2003
3. MARY L. TANKE. 徐虹主译. 饭店业人力资源管理(第二版). 大连:东北财经大学出版社,2004
4. 贺湘辉,徐明. 酒店人力资源管理实务. 沈阳:辽宁科学技术出版社,2005
5. 李志刚. 饭店人力资源管理. 北京:中国旅游出版社,2005
6. 袁继荣. 饭店人力资源管理. 北京:北京大学出版社,2006
7. 廖钦仁. 酒店人力资源管理实务. 广州:广东经济出版社,2006
8. 魏洁文. 现代饭店人力资源管理. 北京:人民邮电出版社,2006
9. 王伟. 饭店人力资源开发与管理. 北京:旅游教育出版社,2006
10. 王大悟,刘耿大. 酒店管理180个案例分析. 北京:中国旅游出版社,2007
11. 王珑,徐文苑. 酒店人力资源管理. 广州:广东经济出版社,2007
12. 张满林,周广鹏. 旅游企业人力资源管理. 北京:中国旅游出版社,2007
13. 栗书河. 饭店人力资源管理. 北京:旅游教育出版社,2007